# 岩画文化遗产保护

# 与数字人文

束锡红　夏亮亮　著

上海古籍出版社

国家社科重大项目

《中国北方岩画文化遗产资料集成及数据库建设》

（项目编号：18ZDA328）

# 目　　录

## 第一编　岩画研究与分布

## 第五编 岩画文化遗产数字人文研究专题

# 绪　　论

　　2020 年 5 月，习近平总书记在山西考察云冈石窟时强调："历史文化遗产是不可再生、不可替代的宝贵资源，要始终把保护放在第一位。发展旅游要以保护为前提，不能过度商业化，让旅游成为人们感悟中华文化、增强文化自信的过程。"总书记在中央政治局第二十三次集体学习时强调："历史文化遗产不仅生动述说着过去，也深刻影响着当下和未来；不仅属于我们，也属于子孙后代。保护好、传承好历史文化遗产是对历史负责、对人民负责。我们要加强考古工作和历史研究，让收藏在博物馆里的文物、陈列在广阔大地上的遗产、书写在古籍里的文字都活起来，丰富全社会历史文化滋养。"可见，让文化遗产"活起来"成为新时代文化、经济建设的重要内容。2021 年 3 月，《中华人民共和国国民经济和社会发展第十四个五年规划和 2035 年远景目标纲要》正式颁布，指出"中国将实施数字化发展，建设数字中国""推动景区、博物馆等发展线上数字化体验产品，建设景区监测设施和大数据平台，发展沉浸式体验、虚拟展厅、高清直播等新型文旅服务"，一系列政策举措为文化遗产保护、开发、利用指明了正确的方向。

　　岩画作为我国历史文化遗产的重要组成部分，因其广泛分布在峡谷崖壁、森林草原等人迹罕至之地，导致我们难以对其进行有效的保护传承与开发利用。岩画文化遗产是早期人类文化的典型代表，对岩画文化遗产实施数字化保护、开发、利用，不仅有助于实现岩画的经济社会价值，更是我国远古文化精髓走向回归和复兴的有效途径，也是实现中华民族"两个百年"愿景之文化发展目标的必然选择。

## 一、岩画文化遗产概述

　　岩画作为人类早期重要的历史文化遗存，是一种遍布世界的历史文化现象，或制作于崖壁上、或制作于洞穴中、或制作在大小不一的单体岩石上，因其题材多样、内容丰富、形象生动，从而具有十分独特又极为深厚的历史文化底蕴。在数以百万计的岩画中，不管是让人一目了然的具体形象，还是引人思索的抽象符号，抑或是让人百思不得其解的各式各样图像，这些海量的岩画都是早期人类思维活动、生产活动的生动图像表达。制作者通过构图、题材、内容、色彩、制作方法以及对岩石的选择，在有意或无意之间，形象或艺术地反映了早期人类自身的意识、对周围的认知、不同的心理活动，以及文化背景、经济条件、生产生活方式等社会情况，表现了人们对早期社会生产生活的认识及对艺术的感觉，揭示了远古时期人类对精神生活的追求和对艺术美学的倾向，反映了人类早期的智力、才能和思想，展示了制作者深刻的内心世界。

国际岩画委员会前主席埃玛努尔·阿纳蒂（Emmanuel Anati）在《世界岩画研究概况——一份送交联合国教科文组织的报告》中说道："岩画这种艺术，体现了人类抽象、综合和想象的才能，它描绘出人类经济和社会的活动、观点、信仰和实践，对认识人类的精神生活和文化样式，提供了无比丰富的材料。"[1]岩画以一种越过数千年的洞察力，一种对人类行为更广泛的了解，把我们和早期的先民紧密地联系起来，不仅在文化、美学和历史上有着巨大的意义，而且可以唤起我们对人类文明一致性的认识，并促使我们更加深入地去理解人类起源、发展、演变的过程。

中国是一个岩画古国，更是一个岩画大国，中国岩画历史悠久、内容丰富、分布广泛、数量巨大，是世界岩画的重要组成部分。但是，直至20世纪80年代，中国岩画一直不为国际岩画学界所知晓。1983年发表于美国《考古学》杂志上的一幅"世界岩画分布图"上没有任何关于中国岩画的标注。1984年，埃玛努尔·阿纳蒂在《世界岩画研究概况》一文仍未提及中国岩画。

千百年前，在中国古典文献中就已经有了关于岩画的记载。公元前3世纪战国时期的《韩非子》中就有关于凿刻脚印岩画的记载，《韩非子·外储说左上第三十二》："赵主父令工施钩梯而缘播吾，刻疏人迹其上，广三尺，长五

---

① ［意］埃玛努尔·阿纳蒂著，陈兆复译：《世界岩画研究概况——一份送交联合国教科文组织的报告》，原发表于《卡莫诺史前研究中心公报》第21期。引自陈兆复、邢琏：《外国岩画发现史》附录，上海人民出版社，1993年，第393页。

尺,而勒之曰:'主父常游于此。'"①这里所说的"疏人迹"即人的脚印。另据《资治通鉴·周纪三》记载:"十六年(公元前 299 年),五月戊申,大朝东宫,传国于何。……武灵王自号主父。主父欲使子治国,身胡服,将士大夫西北略胡地。"②由此可知《韩非子》记载的赵主父就是胡服骑射、抵御北方游牧民族入侵的赵武灵王,文中记录了他凿刻脚印的故事。此外,在公元前 1 世纪西汉时期的《史记》和之后的一些文献、著作、地方志中对岩画都有零星的记载,但大都较为零散、模糊,难以明确其所载岩画所处何地,是何内容。

至公元 5 世纪,北魏郦道元所著《水经注》里有关岩画的记载较多,如《水经注·卷二》记载:"今晋昌郡南及广武马蹄谷,盘石上马迹若践泥中,有自然之形,故其俗号曰天马径。夷人在边效刻,是有大小之迹,体状不同,视之便别。"③《水经注·卷三》记载:"河水又东北,历石崖山西,去北地五百里。山石之上,自然有文,尽若虎马之状,粲然成著,类似图焉,故亦谓之画石山也。"④

综合《韩非子》《史记》《水经注》等文献记载,可以说我国是世界上最早发现并记录岩画的国家。

目前全国发现岩画的省、自治区、直辖市有 30 余个,随着我国岩画的不断发现,在地处中原的河南、河北等省,中西部的山西、陕西等省,以及东北地区的辽宁、黑龙江等省也相继发现岩画遗存,进一步丰富了我国岩画的内容与题材,推动了岩画研究的深入发展。

中国岩画在世界岩画之林具有举足轻重的作用和独特的历史文化地位,体现了我国悠久的历史和灿烂的文化。近现代科学研究意义上,中国岩画的考察与研究最早始于 1915 年黄仲琴先生对福建华安汰溪仙字潭岩画的调查,随着 1935 年黄仲琴先生《汰溪古文》⑤一文的发表,中国岩画研究拉开了序幕。此后,中国岩画的调查与研究一直处于缓慢发展阶段,直到 20 世纪 50 年代至 80 年代初,中国岩画开始被大规模发现并进行了广泛的调查研究。这一

---

① (清)王先慎:《韩非子集解》,中华书局,1988 年,第 276 页。
② 《资治通鉴·周纪三》,中华书局,1956 年,第 111 页。
③ (北魏)郦道元著,史念林等注:《水经注》,华夏出版社,2006 年,第 34 页。
④ 同上书,第 74 页。
⑤ 黄仲琴:《汰溪古文》,《岭南学报》第 4 卷第 2 期,1935 年。

时期内,广西花山岩画,云南沧源岩画,新疆阿尔泰山岩画,宁夏贺兰山岩画,内蒙古阴山、桌子山、乌兰察布岩画,甘肃黑山岩画,江苏连云港将军崖岩画,台湾万山岩雕,青海岩画,西藏岩画等相继被发现,从而使中国成为世界上岩画遗存最丰富的国家之一,并在国内外学术界掀起岩画研究的热潮。

作为一个统一的多民族国家,在历史发展的长河中,岩画以其独特的文化形式反映了文字出现以前中华文明的形成与发展,从历史的深度和广度再现了中华民族的伟大创造。中国岩画,是远古时期中华民族先民流传下来、反映远古中国社会生产生活的艺术创作,是一部传承千古的艺术史诗,生动地反映了当时人们的生产生活水平与艺术创作能力,先民以岩画的方式形象地对远古时期的经济形态、文化艺术形式、思想意识状态及当时的自然环境进行了记载。

## 二、数字人文理论方法

作为中华文明的重要组成部分,中国岩画为学界研究我国古代社会的历史、文化、艺术、宗教、美术、科技等提供了大量的原始资料。同时,借助对岩画的研究,可以从全新的角度认识和解读中华远古文明,对中国岩画这种文化遗产进行保护,对研究中国古代文明、挖掘中华各民族的交往交流交融、铸牢中华民族共同体意识,都具有重要的历史价值和现实意义。

利用数字人文技术,对中国岩画进行数字性保护,通过对岩画的开发、利用,让中国岩画以数字形态安全、便捷地进入公众视野,以便在更开放的实体和虚拟空间中,可持续地发挥文化遗产的普及与交流功能,激发出中国岩画强大的文化凝聚力和经济价值。

推进数字人文技术与岩画的有效融合,使岩画文化遗产保护从实体保护为主发展为虚实结合的保护模式,要在创新数字人文技术、构建岩画文化遗产数据库下功夫,进一步加强岩画信息的采集并构建统一的著录标准。综合利用各种数字技术手段,拍摄、采集岩画图像信息资料,比对、分析岩画资料信息数据,同时构建统一的岩画著录标准,为建设岩画文化遗产资料数据库奠定基础,进而挖掘岩画文化遗产的基础性数据及文化信息。通过建立岩画文化遗产资料数据库,结合数字人文的理念与技术,将考古学、图像学、人类学、类型学等学科方法运用到岩画分类与文化解读之中,扩大岩画专项研究的广度;运用现有已知的岩画断代方法对岩画文化遗产的制作年代、分期进行综合判断,解决岩画制作年代这一世界性难题;对不同地区岩画文化遗产的相似性进行探究,解决岩画文化遗产与文化传播的关系,进而为人类早期的迁徙提供证据;综合运用先进的编程语言、操作系统等开发工具,设计、开发中国岩画数据信息系统,将岩画数据资料信息及相关研究成果纳入该系统,从而进一步丰富岩画数据信息,发挥数据信息系统在岩画研究、保护方面的综合作用。

结合数字人文技术,运用网格化方法,形成数字化、特色化保护体系。运用无人机航测、三维激光扫描、GPS、GIS(地理信息系统)等数字技术,对各岩画区域完成"无死角"岩画实体保护和图像信息的采集工作,进一步丰富数据资料信息,形成岩画遗产数字化、特色化信息保护体系。

岩画作为世界性的文化遗产,尚需从世界范围内探寻相关证据。而国家、地域上的划分阻碍了岩画数据资料信息的全球性共享与跨国研究。运用数字人文技术对各国岩画图像信息数据进行标准化采集、系统化比对,为世界各国民族迁徙、流动、交往提供佐证;以数字网络为媒介,统一岩画著录标准,将世界各地彼此孤立的岩画文化遗产进行信息整合与传播,重构岩画交流体系。

通过培育数字人才的方式,激发公众参与岩画保护的动力。利用数字人文理念和数字人文技术,展现岩画文化遗产的整体风貌,普及岩画知识,增进公众对岩画文化遗产的认知,进而提高公众保护岩画的积极性与主动性,为岩画保护扩大群众基础。数字人文不仅推动岩画适应社会需要的数字化转型,还在公共文化机构中推动了岩画知识向更大范围的公众开放,使得普通人也能够更加便捷有效地学习和了解岩画蕴含的远古文明,触摸到中华优秀传统文化的最初形态。随着大数据、人工智能等数字人文技术的发展,数字技术与岩画学科的交叉、融合逐步深化。时至今日,在岩画研究领域,数字人文已经形成了值得重视的研究途径和强大的技术推动力量,并且愈来愈深入地进入岩画文化生态、知识生产的核心之中,成为一种数字时代岩画学术研究的重要驱动力。数字人文提倡使用数字媒介的工具和方法来考察岩画深藏文化内涵的同时，又借助岩画研究的范式和方法来探索数字的功能与意义，对保护、解读、探索岩画文明具有十分重要的意义和强大的促进作用。

### 三、数字人文与岩画文化遗产

将数字人文理念和数字人文技术引入岩画领域，不仅为岩画保护带来全新路径，同时对解读岩画文明也具有重大的现实意义。国内外关于数字人文的研究著作、文章较多，但大多数是从图书馆、档案、文献、数据等方面进行相关研究，目前尚未有专家学者从数字人文的角度对岩画开展相关研究。

由于岩画研究是一项需要大量资料、信息、数据支撑的科研工作，岩画资料、信息的数据性、系统性、整合性、广泛性、共享性是推进岩画研究的一种趋势。与我国数量巨大的岩画资源极不相称的事实是，到目前为止，除中国岩画学会所建岩画网站、宁夏图书馆所建立的宁夏岩画多媒体资源库、银川市贺兰山岩画管理处网站上规模很小的图片资料库外，还没有一个机构或部门对中国岩画资源进行全面、系统、有效地搜集、整理、宣传，并使之通过数字人文的方式进行广泛的传播和利用，这不得不说是几十年来我国岩画研究的一个重大遗憾。

我国早期田野调查因人力、物力、财力的不足以及在调查方法、理念、技术乃至设备方面的缺憾，导致绝大部分岩画资料以临摹、描绘岩画而成的线描图为主，其中又绝大多数未形成电子档案，其保存与后期查阅存在诸多困难，而且一旦遗失、损坏就难以补救。同时缺乏岩画尺寸、个体数量、经纬度坐标、海拔、岩画岩石的颜色、完残程度等详细的数据信息，相应的岩画数据信息资料库更是无从谈起。

早期岩画普查中所获取的岩画信息资料与岩画本身有很大误差，这种误差主要是受当时的技术、设备和调查方法的限制而产生的，同时也受当时客观条件限制。

进入 21 世纪后，岩画研究保护工作在开始注重在实际工作中的运用数字化的设备、技术。在岩画田野调查中开始使用数码相机、GPS 手持机、制作并填写岩画信息登记表等获取了大量的岩画数据信息，为岩画保护与研究奠定了坚实的资料基础。但绝大部分出版的著作所选用的均是制作精美、题材多样、内容丰富的岩画,大量制作简单、内容单一的岩画未被收录。拍摄的岩画照片、制作的拓片、线描图及相关数据信息资料虽以电子版的形式存在,但并未建成相应的岩画数据信息资料库,查阅相关岩画信息时,只能翻阅已出版的著作,岩画信息的共享性较差。

国外对岩画的研究与保护全面且深入,美国、英国、意大利、西班牙、法国、瑞典、挪威、俄罗斯、澳大利亚等国家均有相应的岩画研究机构。多年来,他们在岩画普查、研究上取得了丰硕的成果,并出版、发表了大量的岩画著作、论文,引领国际岩画研究的方向。特别是在岩画资源的数字化利用方面,如法国拉斯科洞窟网站(http://archeologie.culture.fr/lascaux)、法国肖维洞窟网站(http://archeologie.culture.fr)、美国岩画之家网站(http://www.arara.org/index.htm)、美国布拉德肖基金会网站(http://www.bradshawfoundation.com)、英格兰岩画网站(https://archaeologydataservice.ac.uk/era/)、非洲岩画网站(http://africanrockart.org)等等,这些网站内容丰富,各具特色,以专业、翔实的岩画图片、视频、动态图、岩画文章、著作等向公众展示不同国家、地区的岩画资源及研究动态,所有岩画图片、视频、文章、著作等均可以下载使用,极大地满足了世界各地岩画研究人员及普通大众对岩画资料信息的需求,而且这些网站多年来一直在不断更新之中。正是在全面、详细的岩画普查的基础上,国外岩画数据库、网站建设成果显著,以此为基础,国外岩画研究也逐渐向更为深入的层次发展。

相较于欧美国家对岩画进行的多角度、全方位、深层次的研究、保护、利用,我国岩画的研究保护长期处于低层次水平,大部分岩画点没有专门的部门和机构进行保护与研究,对岩画的研究还处于岩画田野普查、建立岩画档案的初始阶段,在岩画的数字化利用方面也存在较大不足。就国内岩画的数字化利用与研究现状来看,专业的岩画网站几乎没有,中国知网上关于岩画数字化利用文章也仅寥寥数篇。陈兆复先生早年所建世界岩画网站虽包含有大量的国外岩画资料,但近年来因人力、物力等原因难以运转,仅留有网站光盘在国内岩画学界流传;中国岩画学会的官网虽已建有国内各省区岩画资源的架构,但并无内容;宁夏图书馆近年来花费大量人力物力建立了宁夏岩画多媒体资源库,可以说是国内岩画文化资源数字化利用与研究的一次有益尝试，取得了显著的效果。此外，国内再无全国性、综合性、专业性的岩画网站，各岩画资源大省也同样没有一个可以全面详细介绍、展示本省区岩画的数字资源库，这种现状与我国丰富的岩画资源、飞速发展的数字化社会、蓬勃发展的大数据时代极不相符。

岩画保护是一项世界性的难题，如何真正实现岩画的保护与传承至今仍未找到切实可行的办法，绝大多数的岩画保护工作只是在延续岩画的生命，而非真正地使岩画能够完好地继续保存下去。在岩画逐渐消亡难以避免的前提下，必须建立全面、系统的岩画数据库，以岩画档案作为延续岩画生命的重要手段，以岩画档案作为岩画保护的最后一种方式。在这个前提下，岩画学与数字人文相结合就显得尤为必要。作为一门新兴学科，岩画学的发展更容易和同样作为新兴学科的数字人文相结合，两门学科的特性可以相互促进、相互补充，进而推进我国岩画研究保护不断向前发展。

新兴的数字技术在世界范围内风起云涌，当今的中国，数字技术正以多角度、全方位的方式，有力地促进数字中国的构建；让数字科技和岩画保护相互融合传承中国远古文明，借助数字媒介和人工智能，积极地引领岩画实现数字化转换，并展现出它深厚的文化魅力。

本书在对世界岩画、中国岩画、中国北方岩画进行概述的前提下，重点从数字人文研究角度出发，分别就岩画文化遗产数字人文保护的新形势、新模式、新方法、岩画文化遗产档案数字化保护及数据库建设等研究方向进行深入探讨，并以岩画文字符号与甲骨文数字化比较、黑龙江流域人面像岩画类型及数字化研究、中国岩画断代现状及发展趋势、数字方法在岩画田野调查的应用、岩画文化遗产数据库建设与开发利用为专题，进一步拓展和丰富本书的研究内容，本书以内蒙古阴山岩画、呼伦贝尔岩画，宁夏贺兰山岩画、大麦地岩画等区域典型岩画为重点研究对象，在以往岩画保护研究所取得成果的基础上，结合数字人文相关研究方法、技术进行综合展示，进而为岩画与数字人文的深入结合探寻出一种全新的发展路径。

# 第一编

# 岩画研究与分布

岩画作为人类历史文化遗产,是远古人类留给我们的一部百科全书,是研究远古时期人类生存、生活以及宗教、艺术、文化等人类历程发展足迹的"活化石",是先民智慧的结晶,是隐藏于深山、草原、荒漠、戈壁的瑰宝,不仅具有重要的艺术价值,而且具有不可忽视的历史文化内涵。从目前已发现岩画的分布情况来看,几乎全世界的部落社会都曾有创作岩画的习惯,可以说,岩画是人类社会发展到特定历史时期的产物,在很大范围内不约而同地发展起来,而且具有相似性。因此,岩画是一种世界性的文化现象,是人类文明的重要组成部分。

# 第一章　岩画研究综述

## 第一节　岩画的定义与研究

关于"岩画"一词的定义，自岩画被发现伊始就处于不断的变化之中，各个国家或地区因岩画的制作者、年代、制作方法及其所蕴含历史文化内涵的不同而出现了不同的解释，并且随着岩画研究的深入而不断丰富、合理。欧洲作为岩画学的兴起之地，通常用"Rock Art（岩石艺术）"作为"岩刻（Rock Engraving）"和"岩绘（Rock Painting）"的总称，这个词语作为岩画的总称已经被普遍使用。

意大利埃玛努尔·阿纳蒂教授认为："岩画是一种无城镇、没有文字社会的一种现象。在所有被调查的地区，大多数地方岩画出现的地区没有与之有联系的人类居住。"法国岩画学家让·科特迪斯（Jean Clottes）认为：岩画这个术语指的是存在于世界各地最古老的艺术表现形式。……它反映了我们艺术灵感的源泉，以及基于人类交流、创作、描述和对生活内容影响作用的根源。总之，它提供给我们其他艺术形式无法表现的证据。[1] 美国岩画学家卡姆拜·格冉特（Campbell Grant）对岩画一词所做的总结是：简单地说，岩画可以定义为被凿刻或图画在不可搬动的石头上的东西。[2] 澳大利亚《岩画研究》（ROCK ART RESEARCH）在 2000 年 11 月的期刊上对岩画进行了定义：岩画是人类遗留在岩石表面非实用性的人类遗迹，它或者是一种添加的

---

[1]　Jean Clottes, *The Getty Conservation Institute*, Los Angeles, 2002, p.38.

[2]　Campbell Grant, *Rock Art of the American Indian*, New York: Thomas Y. Crowell, 1967; *The Rock Art in the North American Indian*, Cambridge University Press, 1983, p.1.

方式（图画文字，涂绘），或者是一种简化的方式（petroglyph，凿刻）出现。①

　　国内学者对岩画也有着不同的定义与解释，并且在研究过程中根据岩画图像的制作方法及个人理解的不同，先后出现过"岩刻""岩雕""摩崖石刻""崖壁画""岩画"等等不同的称谓。随着研究的不断深入以及对"岩画"这一文化遗产的认识不断加深，"岩画"一词逐渐成为国内学界普遍认可的称谓，并运用到相关的研究和保护之中。

　　从"岩画"一词字面上的意思分析，"岩画"主要是针对制作岩画的两种方法——即刻制、描绘而成的图像的一种笼统的说法，我国岩画学家陈兆复认为："岩画在中国从古到今曾有过许多不同的名称，如石刻、刻石、画石山、摩崖石刻、崖画、崖壁画、岩画、岩刻、岩雕等等。现在我们通称为岩画，国外称为'岩石艺术'。……中国的岩画分凿刻和图绘两种，前者称为'岩刻'，后者称为'崖壁画'或'崖画'，而'岩画'则作为两者的通称。"②李福顺指出：岩画，指刻或画在岩石表面的图画。③张亚莎教授在《西藏的岩画》中认为："岩画是指远古时期的族群有意识而又成规模地凿刻在岩石上的图像。它属于人类早期的文化活动，带有明显的原始思维特征。"④王晓琨、张文静在《阴山岩画研究》一书中认为："岩画是指古代人类描绘或刻制于洞窟石壁或露天岩石上的图像和符号，它一般由古代先民采用石制、金属工具刻制或使用矿物颜料描绘而成。"⑤杨超、范荣南在《追寻沙漠里的风——巴丹吉林岩画研究》一书中通过分析、总结国内外关于岩画的各种不同定义与解释，将"岩画"定义为：岩画是人类借助某种工具或者颜料，雕刻或者绘制在不可移动的岩石上的图画或者符号，它主要包括"雕刻"技术的"岩刻"和凭借颜料"绘制"技术的"岩绘"两种方法。它是史前没有文字人类和某些没有文字的部落或者族群的主要交流形式，它们主要表达了那个时期或者那个特定范围内人们的生产、生活、思想以及艺术表达的形式。⑥

---

①　Rock Art Clossary, *Rock Art Research*, Volume 17, Number 2, November 2000, p.153.
②　陈兆复：《古代岩画》，文物出版社，2002年，第2页。
③　李福顺：《中国岩画创作中的审美追求》，《文艺研究》1991年第3期，第127页。
④　张亚莎：《西藏的岩画》，青海人民出版社，2006年，第1页。
⑤　王晓琨、张文静：《阴山岩画研究》，中国社会科学出版社，2012年，第1页。
⑥　杨超、范荣南：《追寻沙漠里的风——巴丹吉林岩画研究》，九州出版社，2010年，第10页。

虽然国内外学术界对"岩画"的定义与解释存在种种不同，所侧重的方向也不同，但作为一个学术术语，"岩画（Rock Art）"一词已经被全世界所认同。而且随着越来越多的岩画被发现以及岩画研究的不断深入，岩画的定义与解释也在不断扩展，其内涵不断丰富，涵盖了越来越多的有关人类学、民族学、历史学、考古学、地理学、宗教学、艺术学等的信息。

世界上绝大部分岩画的分布区是人迹罕至的沙漠、戈壁、荒山、丘陵，到达岩画点需要长时间的奔波、跋涉，这就使得岩画研究面临缺少第一手调查资料的难题，很多学者只能借助岩画图片资料开展对岩画的研究工作，即便是亲临岩画点，也大多是匆匆考察一番就离去，难以在岩画点进行长时间的深入研究。在这种情况下，为岩画研究者提供真实、客观的第一手岩画资料就成为进行岩画研究的首要工作。从国内几十年的岩画研究情况来看，岩画研究与岩画普查是两项相辅相成的工作，一些高校、科研院所侧重于对岩画的历史、内涵、年代进行研究，并出版、刊发了大量的岩画著作与科研论文，如北方民族大学与上海古籍出版社合作出版的《大麦地岩画》《贺兰山岩画》以及与内蒙古巴彦淖尔市合作出版的《阴山岩画》等大型图录、宁夏岩画研究中心编著的《宁夏岩画》等，将宁夏大麦地、贺兰山岩画和内蒙古阴山岩画展现给世人，引起广泛关注，并得到当地政府部门的重视，使岩画得到了更加全面的保护。而文保机构、岩画保护管理机构则侧重于岩画普查工作，连续多年开展的岩画野外普查工作，记录、发现了大量岩画，并逐步对外公布，为岩画研究奠定了坚实的资料基础，如银川市贺兰山岩画管理处连续十余年开展贺兰山岩画野外普查工作，在以往岩画普查的基础上新发现了大量的岩画，进一步增加了岩画的数量，丰富了岩画的内容，同时在详尽、全面普查的基础上建立了完善的贺兰山岩画数据信息档案，取得了显著的成就；宁夏岩画研究中心也全面开展了对宁夏岩画的野外普查工作，先后出版《宁夏灵武岩画考察报告》《宁夏石嘴山岩画考察报告》等，为这两地的岩画研究奠定了坚实的基础。此外，新疆、甘肃、青海、四川、云南、广西、广东、浙江、河南、江苏等省区的文保机构也不断进行岩画普查与研究保护工作，同样取得了显著的成就，为我国岩画研究与保护的不断深入奠定了坚实的基础。

# 第二节　世界岩画研究热潮

## 一、世界岩画的发现

1627年，挪威教师彼得·阿尔弗逊（Peter Alfsson）在瑞典的波罕斯浪（Bohuslaan）首次发现史前岩画，并对这些岩画进行了临摹拷贝。这次田野调查工作，第一次把岩画这种史前艺术品展现在世人面前。此后，不断有来自不同国家和地区关于岩画的报道，在悬崖峭壁、深山沟壑、洞窟以及露天的岩石表面，这种人类史前艺术被人连续发现。1869年，西班牙阿尔塔米拉洞穴岩画被发现，但其真实性在当时却饱受质疑。直至1901年，法国著名史前考古学家步日耶（Abbe Breuil）与卡皮丹（L. Capitan）、皮隆尼（D. Peyrony）在法国多尔多涅省的依则斯山谷附近先后发现了列斯·康巴里勒斯（Les. Combarelles）和冯特·高姆（Font de Gaume）两个洞窟的岩画，欧洲旧石器时代洞窟岩画的真实性才逐渐得到学界的承认。

对非洲岩画的考察和研究可以追溯到约300年前。1721年，葡萄牙传教士最早在莫桑比克发现布须曼人的岩画，引起了欧洲学者的注意。1752年，一支荷兰考察队在现今南非境内大鱼河沿岸的峭壁岩洞发现了大量原始部族人的岩画。随后非洲北部阿尔及利亚、乍得、利比亚等地撒哈拉沙漠的岩画陆续被发现。

亚洲对岩画的考察与研究始于20世纪末。这里仅就东亚、中亚和南亚一些国家的情况略作介绍。蒙古岩画早在19世纪末就引起了俄国科学院鄂尔浑考察队的注意。值得一提的是，苏联学者A·N·奥克拉德尼科夫和蒙古学者H·色勒—奥德扎布在1960年所从事的研究工作中就对岩画特别留意，除对伊赫—阿雷克岩画和都尔伯勒镇岩画进行过考察外，还发现了中戈壁省塔克塔岩画、中央省察干楚鲁岩画。20世纪70年代蒙古岩画研究工作取得了长足进步。1970年夏蒙古考古学家H·道尔吉苏荣在戈壁阿尔泰省查干河畔蒙古阿尔泰山发现车辆岩画。1975年苏联和蒙古科学院在蒙古北部德勒格尔—穆连和特斯河谷发现一批很有特色的岩画，既有人和动物的足迹岩画,又有人群和动物的大型岩画。1977 年至 1978 年,苏联、蒙古的学者考察了杭爱省楚鲁特河畔的大批岩画,并出版了专著。

随着对蒙古岩画研究的深入,不断有新的岩画点被发现,岩画分布范围也越来越广泛,对研究工作提出了许多新课题,研究成果也在不断涌现。1978 年出版的《蒙古的考古学与民族学》载有专文论述蒙古岩画。1981 年由列宁格勒科学出版社出版的《蒙古岩画》一书,是 A·N·奥克拉德尼科夫多年来在蒙古进行实地考察的总结,集蒙古岩画之大成。该书收集了作者与其同事自 1949 年起在蒙古境内考察得到的资料,所有岩画分布于蒙古 11 个省 46 个地点,其中 8 个省的 36 个地点的岩画有附图,这部资料汇集概括了蒙古岩画的总貌。

苏联亚洲部分岩画的考察工作,约始于 1881 年阿加皮托夫对于贝加尔湖岩画的考察、记述和临摹。俄国学者于 1903 年考察了中亚费尔干山赛马里塔什岩画,1913 年季莫菲伊·伊万诺维奇·萨温科夫再次考察了贝加尔湖查干扎巴湖湾岩画。1929 年 A·N·奥克拉德尼科夫考察了勒拿河畔希什金诺村岩画。其后,他又于 1941 年和 1947 年再次考察希什金诺岩画,并出版了学术专著。1946 年伯恩施坦最先发现了中亚费尔干的奥希地区阿拉湾的彩绘岩画。1948 年济马考察了赛马里塔什东部岩画。1957 年至 1959 年俄国学者又发现了哈萨克斯坦南部阿克托贝的动物岩画。A·N·奥克拉德尼科夫及其所领导的西伯利亚分院历史、语文、哲学研究所,于 1968 年至 1974 年对贝加尔湖岩画进行了考察。1977 年 A·N·奥克拉德尼科夫等人对西伯利亚库尔通河沿岸做了考察,并发现了用红色颜料画的岩画。

日本岩画,最早的是在 1866 年被发现的北海道小樽市手宫洞岩画,其后是 1950 年于北海道余市富戈贝洞穴发现的岩画。近几年来,九州岛南部一个山洞中发现了日本最早的岩画。

韩国岩画,由东国大学博物馆工作人员于 1970 年至 1977 年在蔚州川前里和大谷里发现。

印度岩画,首先由卡莱尔(Archibal Carlleyle)在 19 世纪 60 年代在米尔扎布尔发现,从此人们才开始注意印度的岩画。第一位专门研究印度岩画的是卡克波恩(J. Cockburn),1899 年发表了他在米尔扎布尔地区的岩画考察成果,并与澳洲、南非、北美、南美的岩画作了比较研究。20世纪初,傅瑟特(F. Fawceu)、傅拉恩彻(A. H. Franche)和锡尔贝拉德(C. A. Cilborrad)的关于印度岩画的研究报告相继问世。此后,在20世纪的前40年,克施(Manororyan Ghosh)、伽斯瓦尔(K. Laisnal)、阿尔金(F. R. Archin)、安德逊(Andeson)和两位戈登(D. H. Gordrn and M. E. Garden)等人进一步深入研究了印度岩画。

进入20世纪80年代,南亚、东南亚许多国家,如巴基斯坦、泰国、缅甸等都传来了发现岩画的信息。

北美洲岩画于17世纪被一个英国移民在马萨诸塞州殖民区的汤顿河东岸发现,该地岩画主要是磨刻制作的抽象化图案和高度风格化的人类图像,是北美印第安人的作品。1937年格雷斯曼对俄勒冈州的岩画进行了系统的研究,1938年杰克逊对得克萨斯州的岩画进行了研究,1950年凯恩对华盛顿州中部的岩画进行了一定的研究。在20世纪60年代,岩画研究有了重大突破。1962年,罗伯特·F·海泽和马丁·鲍姆霍佛出版了关于大盆地岩绘和岩刻的专题论文,其成就远远超过1929年斯图尔德的研究,他们共标记了58个岩画地点,对制作岩画的原因提出了看法,并对大盆地丰富多彩的岩画年代做了推断,其对大盆地岩画风格的描述,今天看来仍然正确无误。随着人们对岩画的关注,有关美洲岩画的论文和图书大量出版。但只有格兰特和韦尔曼对整个美洲大陆的岩画进行了较为全面的综合性研究:格兰特把当时所有与岩画有关的知识收集起来,在德国发表了一篇优秀论文,此文运用地区划分的分析方法,取得了很大成功;1976年,韦尔曼的《北美印第安岩画探索》出版,这本书有900个注解,1 000多条论文索引,对于今后的岩画学者来说,是一部重要的基础参考书。大批岩画论著的出版,进一步增强了岩画学者对于信息交流的渴望。1969年,加拿大岩画研究联合会(CRARA)成立;1974年,美国岩画研究联合会(ARARA)创建,并在新墨西哥州的法明顿举行岩画讨论会。这两个研究机构定期出版简讯,每年在不同地区召开年会,在会上交流有关岩画研究的论文。机构成员包括考古学家、人类学家、艺术史家、岩画学家和业余爱好者。

虽然各大洲不断有岩画被发现并开展了深入的研究工作,但学界与公众对岩画的认识与研究经历了漫长的过程。岩画最初的研究仅限于对各个岩画点岩画的考察、记录和描述，如果要对岩画的内容、制作意图、文化内涵做出解释则缺乏必备的研究方法和理论指导，在这种情况下，国外一些学者率先就如何解释岩画提出了不同的理论：法国学者莫尔蒂勒（G. de·Moltillet）和皮埃特（E. Piette）在 19 世纪末 20 世纪初提出的"为艺术而艺术"理论是最早的关于岩画解释的理论，该理论指出岩画的创作者出于纯粹的艺术审美目的制作岩画，与宗教和社会生产活动无关。之后，著名人类学家斯宾塞（B. Spencer）、吉伦（J. Gillen）和步日耶（H. Breuil）在民族学比较基础上提出来丰产巫术和狩猎巫术理论，认为岩画是在乞求狩猎成功和多产的巫术活动中被创造的。至 20 世纪 50 年代后，德国学者劳梅尔（A. Lommel）、南非学者刘易斯—威廉（J. D. Lewis-Willams）和道森（T. Dowsen）等提出了运用萨满教来解释岩画的理论，根据这一理论，他们认为岩画是萨满巫师在进行巫术仪式时，进入神灵世界、失去神志的状态下所创造的图像。国外众多学者对岩画的研究推进了岩画学的发展，为岩画学奠定了坚实的基础。

目前，根据世界各地关于岩画的报告，全世界已经有 130 多个国家和地区发现了岩画，多达几千个岩画地点。如亚洲的中国、韩国、日本、蒙古、哈萨克斯坦、吉尔吉斯斯坦、巴基斯坦、阿富汗、印度、伊朗、沙特、阿联酋、阿曼、约旦等国；欧洲的意大利、英国、法国、西班牙、葡萄牙、俄罗斯、挪威、瑞典、奥地利、保加利亚、芬兰等国；非洲的博茨瓦纳、马拉维、纳米比亚、南非、坦桑尼亚、乌干达、利比亚、安哥拉、赞比亚、津巴布韦、肯尼亚、埃及、阿尔及利亚、乍得、埃塞俄比亚等国；美洲的美国、加拿大、阿根廷、墨西哥、秘鲁、委内瑞拉、危地马拉、智利、哥伦比亚、玻利维亚等国；大洋洲的澳大利亚、新西兰等国。在这些国家和地区的数千个岩画点中，被记录的岩画图像超过 5 000 万个。[①] 通过运用科学的方法，如用碳十四测定年代法、微腐蚀断代法以及史前的气候资料和考古学的分析，世界各地的岩画创作年代从近 4 万年前延续至今。[②]

---

① 陈兆复、邢琏：《世界岩画·亚非卷》，文物出版社，2010 年，第 7—16 页。
② ［意］埃玛努尔·阿纳蒂著，洪一译：《世界岩画——原始的语言（续一）》，《岩画》第 2 辑，知识出版社，2000 年，第 1—12 页。

## 二、世界岩画研究

近几十年尤其是 20 世纪 80 年代以来,岩画以其全球性的宽度和历史性的深度成为世界性的研究课题,各国考察和研究岩画的学者与日俱增,目前已有 130 多个国家发现岩画,大批岩画论文和专著不断出现,世界性的岩画热潮已经形成。

在前国际岩画委员会主席,意大利著名岩画学者埃玛努尔·阿纳蒂教授的倡导下,1963 年 8 月 3 日,21 名学者在意大利的梵尔卡莫尼卡集会,建立了"卡莫诺史前研究中心"(CCSP)。这是一个致力于世界范围内岩画研究的组织,已有来自 60 多个国家的学者进入这个世界规模的岩画研究中心工作。该研究中心已出版了 50 余种关于岩画研究的著作,而且该研究中心的《卡莫诺史前研究中心公报》已经发展成为一种国际性的岩画研究杂志。特别是该研究中心与联合国教科文组织、国际纪念碑和遗址委员会合作出版的关于岩画研究的《国际年鉴》一书,在国际岩画界有重要影响。

此外,卡莫诺史前研究中心特别致力于组织国际性的专家会议。1968年,该中心组织召开了国际性岩画专题座谈会,在这个史前和早期历史科学的国际性会议中,聚集了 26 个国家的 100 名岩画学专家,从而开创了一个世界性的岩画研究的新时期。此后,该中心又相继组织召开了三个主要的国际性岩画专题座谈会和大量的一般性学术会议。

1981 年 9 月,在联合国教科文组织赞助下,在"国际纪念碑和遗址委员会"(ICOMOS)、"国际博物馆理事会"(CICOM)和"国际文物保护修复研究中心"(ICCROM)援助下,在卡莫诺史前研究中心举办了岩画专家国际性会议和研究班,来自五大洲 24 个国家的代表参加了这个会议。

1987 年,国际岩画会议由国际岩画委员会和国际史前部落宗教研究协会联合举办,于 7 月 21 日至 27 日在意大利洛沃里举行,来自 32 个国家的学者对以下问题进行了讨论:多学科的综合研究、岩画所包含的象征意义、崇拜祭祀与宗教信仰、计算机系统在岩画研究中的运用、艺术环境、新近的发现与解释、保护与博物馆学、史前艺术的信息及其在文化教育中的作用、一般性讨论、介绍与国际性的合作。

1988 年 8 月 29 日至 9 月 2 日在澳大利亚达尔文市召开了国际岩画委员会暨国际岩画学术讨论会。参加会议的有来自世界 40 多个国家的 300 多名专家学者。专题讨论的题目包括：岩画与史前学，岩画与民族学、考古学、古代心理学，岩画与人类的绘画行为，岩画记录的方法与标准化，修复与遗址的管理等等。

1990 年，国际岩画委员会召开了两次会议。一次是由 Autoulo Beltran 教授组织，于 5 月在西班牙 Zaragoza 市召开的，会上着重研究了岩画田野工作。另一次是 9 月在意大利梵尔卡莫尼卡(Valcamonica)举行的年会，会议对岩画研究的未来进行了展望，展现了学者和艺术家、研究者和实践者的新的合作。

1991 年在欧洲召开了两次岩画会议，其一是于 5 月 21 日至 26 日在瑞典格森伯格(Gotheuburg)举行的会议，讨论了"岩画研究的方法评价及游牧国家的情况"。另一次会议于 9 月 25 日在意大利梵尔卡莫尼卡举行，讨论史前和种族艺术，主题是"旧世界和新世界：对话和转移"。

此后，国际性的岩画研讨会在各大洲的多个国家举办多次，岩画研究、保护、断代、田野调查等均成为会议主题或主要讨论内容，为岩画研究、保护在世界上的推广起到了积极的作用，在此不一一罗列。

对世界各大洲、各国的岩画进行概述是一项极为庞杂的工作，限于篇幅及国外岩画资料获取较为困难，后文内容仅对各大洲岩画数量多、内容丰富、题材多样且具有代表性的国家分别进行简述，个别岩画数量较少的或未获取相关资料的国家未列入。

# 第三节　中国岩画的发现

1627 年，挪威人彼得·阿尔弗逊(Peder Alfsson)在瑞典波罕斯浪发现史前岩画，这被认为是世界上第一次发现岩画。然而，从我国现存史料文献记载来看，中国应是岩画记录最早的国家。除《绪论》中所述公元前 3 世纪《韩非子》中关于"人迹"的记述外，我国北魏地理学家郦道元(？—527)所著《水经注》中有多处关于岩画的记载。

郦道元在《水经注》中对岩画的记载多达 20 多处。在河水、沁水、漾水、瓠子河、泀水、淄水、淮水、肥水、江水、若水、夷水、沅水、湘水、漓水、洣水诸条中，都直接或间接地提到分布在那里的岩画，所涉及的地域大约包括今天的新疆、青海、宁夏、内蒙古、河南、山西、陕西、山东、安徽、广西、四川和湖南等省区。此外，该书中还提到"北天竺"岩画，即今天的印度或巴基斯坦等国的佛教岩画。

从《水经注》对岩画的描述中可以推知，岩画的制作方法至少有两种：少数是颜料岩画，用矿物颜料绘画。比如《漾水》条中说："悬崖之侧，列壁之上，有神象，……其形上赤下白，世名之曰圣女神。"①绝大多数则是敲凿的，比如《泀水》条说："旬水又东南迳旬阳县南，县北山有悬书崖，高五十丈，刻石作字……"②这两种作画方法，与我们现在知道的岩画制作方法是相同的。

郦道元在《水经注》中提到的岩画题材也是很丰富的，约有以下几种：其一，动物形；其二，神像和人面像；其三，符号岩画；其四，佛教岩画；其五，动物蹄足印岩画；其六，神人脚印岩画；其七，车辙、牛迹岩画；其八，刀、剑等武器岩画。总之，郦道元在《水经注》中记载的岩画题材丰富多彩，涉及社会生活的各个方面，诸如马、牛、羊、鸡等家畜，虎、鹿等野生动物；神像、人面形（像）等神灵与弘扬佛教有关的佛足、佛像；与原始宗教和生殖崇拜思想有关的人足和动物蹄印；与人们日常生活有关的车辙、牛迹等；还有刀、剑等武器。这些题材，从侧面反映了我国北魏之前居住在某些地方的先民们的自然环境、经济生活、商业交通、征伐战争、生活文化以及人们的宗教信仰。在一定程度上，反映了中国在北魏之前的社会面貌。

由以上郦道元《水经注》的记录看，中国是世界上最早发现和记载岩画的国家，我国各地发现岩画已有一千多年的历史了。

如《舆地纪胜》卷一〇五谓："仙岩，在武宣县南四十里，可容数百人，石壁上有仙人影。"晚期记载，如清嘉庆《广西通志》也多有记叙："画山，（新宁）州

---

① （北魏）郦道元著，史念林等注：《水经注》，华夏出版社，2006 年，第 391 页。
② 同上书，第 536 页。

东南三十里,灵异变现,有仙人形。"仙人形"当指所绘古朴的人物而言。又谓"宾阳县有'仙山'仙影山,州城外。相传二仙女游此,因留仙影石岩间","思恩县红水河右岸有'人影山'。人影山,在红水河之右,半山石壁上,若有人影"。

上述新宁、宾阳、武宣、思恩等地,有所谓"画山""仙影山""人影山"和"仙岩",其实这些山岩皆因有岩壁画而得名,因为岩壁上有朱红色的画,所以名为"画山"(或称"花山");又因壁上人物若隐若现,状似人影,所以名为"人影山";更因这些人物相貌古朴,所以名为"仙人山"。而将这些有"仙人"画的"半山石壁",总称为"仙岩",也就是说,这些山上都有岩壁画。

总之,我国是有岩画记载最早的国家,上自北朝北魏始,中经唐宋之世,下迄元、明、清各代。所记录的岩画范围甚广,北自黑龙江、内蒙古,南至广东、广西,东自东海之滨,西达新疆、青海,几乎遍布全国各地。今天发现有岩画的省区,在古代几乎都有记载,岩画内容涉及古代社会生活和自然环境各个方面。只是由于当时人们的认识水平和时代的局限性,多数没有将石刻的性质弄清,也没有将它的起源、演变、功能、制法、内容、时代搞清,记录也不够详细。尽管如此,也应该承认,中国是记载岩画最早的国家,而且是有记录岩画传统的国家。

尽管中国对于岩画的著录很早,然而对岩画的认识与研究则较晚。直到1915年,福建华安汰溪仙字潭岩画在岭南大学黄仲琴教授的实地考察和研究下见诸学界,中国近现代的岩画研究才有了开端。从20世纪50、60年代开始,在中国20多个省份相继发现岩画,如20世纪50、60年代在新疆和田地区及新疆北部的昭苏、霍城等县发现了大量的动物岩画和狩猎、放牧岩画;同样在20世纪50年代,广西宁明县左江流域岩画被发现,花山岩画由此开始其研究保护历程,随后的30余年间,大量左江流域岩画相继被发现;20世纪60年代,云南省沧源县岩画被发现;70年代,内蒙古岩画被大量发现,包括大兴安岭岩画、阴山岩画、乌兰察布岩画、桌子山岩画等;甘肃嘉峪关黑山岩画、江苏连云港将军崖岩画同样在20世纪70年代被发现;至20世纪80年代前后,中国岩画特别是北方岩画被大规模发现,这一时期,内蒙古白岔河流域岩画、阿拉善曼德拉山岩画,宁夏贺兰山岩画,青海岩画,西藏岩画,新疆哈密、昆仑山、呼图壁岩画,贵州关岭县花江岩画、牛角井岩画,广东珠海高栏岛岩画,澳门岩画,云南耿马岩画、麻栗坡岩画等相继被发现。伴随着中国岩画的逐渐发现,各省文物部门对岩画的野外调查与保护研究随之大规模展开,并有多位致力于岩画研究的学者开始对中国岩画进行深入的研究,取得了显著的研究成果,特别是 20 世纪 80 年代中期以后,随着汪宁生先生的《云南沧源崖画的发现与研究》、盖山林先生的《阴山岩画》、陈兆复先生的《中国岩画》《中国岩画发现史》《外国岩画发现史》《古代岩画》等岩画学著作的出版,以及一大批岩画研究论文的发表,使中国岩画在岩画研究理论、研究方法、研究目标等方面有了较为全面的进步,为中国岩画的深入研究及保护奠定了坚实的基础。

20 世纪 80 年代值得中国岩画界铭记的重要事件是陈兆复教授的论文《中国古代岩画》在《卡莫诺史前研究中心公报》第 24 期上发表,第一次将中国岩画介绍给全世界,使中国岩画走向世界,真正成为世界岩画的重要组成部分。在此之前,中国岩画并不为国际学者所知。随着中国岩画逐渐走向世界,世界各国学者对中国岩画的重视程度日益加深,并引起了联合国教科文组织国际岩画委员会的关注。在陈兆复先生的努力下,"91 国际岩画委员会年会暨宁夏国际岩画研讨会"于 1991 年 10 月在宁夏银川召开,来自 12 个国家的 145 名代表参加了此次会议,收到论文 153 篇。与会期间,中国、澳大利亚、意大利、美国、英国、法国、加拿大、日本、印度等国家的专家学者围绕如何进一步加深国际间岩画领域间的合作,以及中国和世界各国在岩画的研究、记录和保护等方面的理论、方法和措施进行了深入的讨论和广泛的交流。讨论中,代表们就如何加强对贺兰山岩画这一人类遗产的保护给予了极大的关注。来自世界各国的专家都表现出积极加强相互之间合作的强烈愿望,通过共同的努力把中国岩画介绍给世界。这次会议,标志着我国岩画学已经形成,并已走向世界。

2000 年 9 月,第二届宁夏国际岩画研讨会暨国际岩画委员会年会在宁夏银川召开,来自 13 个国家的 130 多名代表参加了此次会议,各国代表围绕岩画的保护管理、开发利用、考古发掘、田野调查等问题进行了广泛的交流与探讨,并为贺兰山贺兰口岩画的保护、管理提出具有建设性的意见与建议。

鉴于在中国多个省份发现了不同风格、题材的岩画,根据岩画分布区域的历史文化传承及岩画的风格,不同的专家学者根据自身多年研究所取得的成果,对中国岩画进行了划分。

　　陈兆复先生将中国境内现已发现的岩画大致分为北方岩画、西南岩画和东南岩画三个系统:西南岩画区主要包括西藏、四川、云南、贵州、广西、湖北等省区,其岩画分布区具有相似的特征,大都是在江河沿岸的悬崖峭壁处。根据已有的西南岩画的调查情况,其内容大部分以人物活动为主,多围绕宗教活动展开,以红色涂绘居多。东南岩画区包括中国东南沿海地区的江苏、安徽、广东、福建、香港、澳门、浙江、台湾等地的岩画,其中以广东珠海高栏岛岩画、台湾高雄万山岩雕、江苏连云港将军崖岩画、福建华安仙字潭岩画等最为著名。东南岩画区的岩画因生产生活环境的不同,大部分表现了远古先民出海的活动,另有一些比较抽象的符号或图案,制作方法以凿刻为主。北方岩画区的岩画资源非常丰富,分布面积广泛,主要包括中国北方的黑龙江、辽宁、内蒙古、山西、陕西、宁夏、甘肃、青海、新疆等省区,其中著名的岩画有内蒙古阴山岩画、巴丹吉林沙漠岩画、乌兰察布岩画,宁夏贺兰山岩画、大麦地岩画,新疆阿尔泰山岩画、天山岩画、昆仑山岩画等等。北方岩画区的岩画主要以动物、狩猎、放牧等为主要题材,另有大量的人面像岩画出现,其制作方法以凿刻、磨刻为主,仅有少部分彩绘类岩画。

　　盖山林先生根据中国各省岩画在制作方法、内容题材及风格上的差异将中国岩画分为东北农林区、北方草原区、西南山地区和东南滨海区。东北农林区包括黑龙江及内蒙古呼伦贝尔,这一区域的岩画特征是数量少,制作简单,线条粗放,缺乏大型岩画且题材单一,内容以表现人与动物之间的联系为主,时代较晚,岩画制作方法以石刻为主,兼有彩绘岩画。北方草原区是中国岩画的重要分布区域,包括内蒙古、宁夏、青海、甘肃、新疆等省区,这一广阔区域内的岩画数量多,分布广,密集度高,制作方法多样,延续时间最长。西南山地区在地域上包括云南、贵州、四川、广西等省区,这一区域内的岩画大都采用彩绘的方法,且大都制作于临江的峭壁之上,内容以人为主,主要表现人的活动。东南滨海区包括江苏、福建、台湾、广东、香港等省和地区,岩画分布较为零散,内容与宗教、祭祀等活动有关,制作方法以凿刻、磨刻为主,在艺术风格上有抽象化、符号化倾向。

李祥石先生将中国岩画分为北方岩画板块和南方岩画板块两部分,并提出北方岩画板块以雕刻方法为主,描绘的是与狩猎和畜牧、农耕为主的经济生产相适应的意识形态,南方岩画板块多用赭石色绘制,呈红色和褐色,岩画多描绘村落、征战、祭祀、庆典、行船、歌舞、放牧为主的生活和社会意识形态。[①] 在对中国岩画的分布区域进行划分的基础上。李祥石先生又根据岩画的题材、内容及文化内涵将岩画分为生活篇、爱情篇、神话篇、游牧篇、众神篇、动物篇、狩猎篇、崇虎篇、战斗篇、岩画文字符号篇、民族篇等。

对岩画分布区域的划分有助于进一步深入研究同一区域内的岩画所蕴含的历史文化价值,也有利于对不同区域的岩画进行跨文化、跨地域的比较研究,从而全面推进我国岩画研究事业的进步。

## 第四节　中国岩画研究

大量的岩画考察工作,为我国岩画学的形成打下了坚实的基础。在我国,岩画工作通常由各省区的文物考古研究所、博物馆、民族研究所、艺术研究部门和大学组织业务人员去考察和研究。从事岩画工作的人员,由文物考古工作者、民族史专家、美术或美术史工作者,以及文学艺术研究者等组成。显然,不同的知识结构,对于岩画从多层次、多角度、多方位去研究是有利的,学者可以从各个侧面对岩画进行研究。

1993 年,中央民族大学中国岩画研究中心创建,陈兆复教授任岩画研究中心第一任主任。中国岩画研究中心是国际岩画组织联合会的会员组织之一,主要从事中国境内岩画资料搜集整理及学术研究工作,也密切关注世界岩画研究事业的最新动态。2013 年 6 月,由内蒙古岩画学者、原内蒙古自治区文化厅副厅长王建平,中国岩画学界著名学者、中央民族大学教授陈兆复,内蒙古自治区政协原副主席、著名岩画学者盖山林为发起人,以内蒙古岩画保护与研究学会为发起单位,组织成立了中国岩画学会。学会致力于搭建中国岩画界与世界岩画界的有效对话、交流、合作的桥梁,推动中国岩画走向世

---

① 李祥石:《世界岩画欣赏》,宁夏人民出版社,2017 年,第 22 页。

界,使中国岩画尽快进入世界文化遗产名录。中国第一个全国性的岩画学会成立,填补了中国岩画组织的空白状态,同时标志着中国岩画研究事业又向前推进了一大步。

当前中国岩画研究和保护工作已取得显著进步,中国岩画新一代学者的研究方法和保护举措更科学、更先进:在岩画断代上,中国的光学色度比对法拥有独立自主知识产权;在岩画调查上,"三普"数据库的资料日渐宏大;在人才培养上,我国从 1995 年开始招收岩画学硕士生,2005 年又招收博士生,在岩画人才培养方面也逐渐形成体系。

自 20 世纪 80 年代以来,我国各地岩画学者对岩画的研究不再只满足于直观描述、记录岩画,而是对岩画进行多方面的深入研究,如岩画的性质、功能、审美追求、技法、价值、风格及其演化、字画异同、与文化的关系,以及对某些题材的深入研究等,这就把我国岩画的研究逐渐引向更深的层次,并取得了一定的成果,主要有以下几方面:

一、岩画普查及资料集成。我国有着丰富的岩画资源,随着各地政府及文物机构对岩画重视程度的日渐提高,岩画的野外普查、研究保护工作已经相继展开,其中最为重要的就是如何对岩画进行详尽的野外普查。详尽的岩画野外普查工作不仅能够建立起一套完整的岩画档案信息资料库,对以后的研究保护也有着重要作用,特别是随着众多新技术如数字技术等应用于岩画的研究保护之中,最基本的岩画野外普查就显得尤为重要。部分学者就岩画野外普查工作的具体步骤、流程进行了总结,如对岩画点进行分区,按所分区域对岩画进行编号、定位,填写《岩画信息登记表》,对岩画进行拍照、制作拓片、画线描图等工作。随着岩画普查成果的增多,相关岩画保护研究机构和学者还出版了众多岩画图片资料集,这些图片资料集主要包括岩画数码彩照、线描图、拓片等,如《中国岩画》《贺兰山岩画》《大麦地岩画》《阴山岩画》《宁夏岩画》《阿尔泰山岩画图录》《桌子山岩画拓片精粹》《巴丹吉林岩画》《曼德拉山岩画集》《宁夏贺兰山岩画拓片精粹》《丽江金沙江岩画图集》《新疆岩画》等。这些岩画资料图片集的出版,为岩画学学者和爱好者提供了丰富的研究资料。

值得一提的是谢玉杰、束锡红主编的《大麦地岩画》(全四册)于 2005 年正式出版。该著作收录大麦地岩画彩色照片 1 000 余幅,线描图 3 000 多幅,此外还有数百幅拓片集萃。2007 年,《大麦地岩画》获得"首届出版政府奖提名奖"的殊荣。2007 年 5 月,束锡红、李祥石等主编的《贺兰山岩画》(全三册)出版,收录了 800 多幅贺兰山岩画的彩照、1 600 多幅线描图、近 1 000 幅拓片,图版总量和涉及地点远远超越了以往的公布成果。2012 年,王建平、束锡红等主编的《阴山岩画》(全四册)面世,包括岩画彩照、线描图、拓片,收录内蒙古阴山的岩画精品,全面反映了阴山地区的古代岩画。

二、国内岩画资料著录标准化。虽然早在 16 世纪就已有关于岩画的记录,但即使到了 20 世纪 90 年代,世界上仍有一些主要岩画区域在继续使用某些带有破坏性的记录方法。为改变这一令人担忧的现状,世界岩画组织联合会(International Federation of Rock Art Organizations)"通过引入岩画记录的国际标准化规范,促进了现代记录技术、数字化处理和数据操作的发展"。2003 年,由该组织策划的《多语言岩画研究术语表》出版后,基本实现了使世界范围内的岩画学者之间的对话与沟通变得简单又容易的目的。此外,意大利著名岩画学专家埃玛努尔·阿纳蒂教授也很早意识到标准化的重要性,并积极推行"世界岩画档案"(WARA)这一全球性课题。该项目基于世界 200 多个地区收集的基础资料,具体涉及"图形的尺寸范围和岩画表面的保存情况,岩石的类型,制作的技术,地层上的层次顺序,岩石表面的不规则和不同程度的变色……"等内容,为有效处理和著录岩画资料提供了一种可供借鉴的思路,对我国岩画界产生了较大影响。盖山林在《阴山岩画》一书中创设了一套岩画信息资料著录方式,在《巴丹吉林沙漠岩画》中,盖山林又详细改进了岩画信息资料著录方式。距离超过 500 米的岩画分成不同的"地点",岩画密集的地点又分成若干"处","处"下再分"组"。汤惠生、张文华在《青海岩画:史前艺术中二元对立思维及其观念的研究》一书中也设计了岩画著录方式。李祥石、朱存世在《贺兰山与北山岩画》一书中综合以往岩画信息著录方式,同样设计了一套与贺兰山岩画、北山岩画相适应的岩画著录方式。这种著录岩画信息的方式简单、清晰、实用,是岩画信息采集中编目标准的一次探索。王晓琨、张文静在《阴山岩画研究》将岩画地点分为Ⅰ、Ⅱ、Ⅲ等若干区,又将Ⅰ、Ⅱ、Ⅲ分成西段、中段、东段进行编目采集信息。许成、卫忠《贺兰山岩画》中采用以地点分"区"、区下分"组"的方式著录岩画信息。个别学者还将岩画分为 A、B、C、D、E 等若干"区","区"下分组,以字母为首编目,如 A1、A2、B1、B2。此外,各地的岩画管理机构和文管所等在对当地岩画进行普查时也对岩画资料的著录制定了一些标准,但是普查和著录的标准并不统一,因此,建立一个统一的标准化的岩画普查和著录标准势在必行。

三、岩画资源的数字化保护与利用。南非和瑞典在这方面处于领先地位。"南非岩画数字档案库"(The African Rock Art Digital Archive,www.sarada.co.za),是目前世界范围内较完善的岩画数字化档案库,拥有比较全面的数字化功能,集结了 30 多家研究所和个人的岩画资料收藏,包括历史文献、照片、拓片、临摹和幻灯片等庞大的岩画数据,在非洲和世界文化遗产数字化保护历程中具有里程碑意义。瑞典中央银行支持下的"瑞典岩画研究档案库"(The Swedish Rock Art Research Archives,www.shfa.se)资料翔实,内容丰富,为研究斯堪的纳维亚岩画提供了大量的资料信息。中国岩画研究保护工作晚了近 300 年,因此与国际岩画研究有一定的差距。总体来看,中国岩画研究和数据库档案建设在规范性、科学性、系统性上较弱。国际上很多国家的岩画田野调查有标准的调查方法和技术规程,而中国岩画田野调查则缺少统一的标准。早在 2000 年,陈兆复就开始创建"陈兆复岩画网",2003 年该网站代表中国岩画研究中心的网页,正式进入国际岩画组织工作网站,这是中国最早的岩画网络数据库。2012 年,在第五届国际岩画学术研讨会上,北京的一些科研机构提出建立全国性的岩画数字博物馆,这个博物馆由中央民族大学中国岩画研究中心牵头,岩画涉及 29 个省(自治区、直辖市),由于得不到完整的资料,这一计划至今未能成型。各地的岩画管理部门也建立了一些岩画数据库,2017 年,石嘴山市文物管理所为更精准地获取贺兰山岩画数据信息,多层面构建文物数字化保护和管理体系,邀请专业公司对大西峰沟及黑石峁等处贺兰山岩画进行了三维扫描,并利用三维扫描数据将古老的岩画与现代技术相结合,制作电子拓片、全息影像、三维模型浏览视频等,力求实现交互式浏览展示,推动贺兰山岩画的保护、推广和宣传。贺兰山岩画管理处始终将岩画的数字化保护与利用作为一项重要的日常工作持续推进,先后实施"3D 技术在贺兰口岩画保护研究与旅游开发的应用""贺兰口岩画数字化典藏应用"等重大课题,力求将典藏系统应用到岩画数据采集和展示中,为建立岩画 3D 虚拟场景,对岩画保护和岩画旅游资源的开发进行数字化处理提供技术支撑。花山岩画数字化保护起步较晚,2017 年,广西民族博物馆与武汉数文科技有限公司合作,对花山岩画文化景观第三片区岩画遗产点开展数字化记录工作,为岩画的图像研究提供了新资料。数字化技术在实现花山岩画永久保存的同时,也为学术研究和多元利用提供无限可能。当前,国内对岩画类文化遗产的研究多集中于考古学方法、遗产价值、文化解读、年代学序列、艺术性以及保护与传承等方面,随着新媒体出现以及数字化技术的广泛应用,关于岩画类文化遗产的数字化保护与传播方面的研究越来越多。

四、岩画的分类与分期研究。由于制作工具、技术以及文化的差异,不同时代、不同地域、不同文化的岩画在表现形式上也存在明显差异。用石质工具制作的岩画,表现形式粗犷,线条较粗;用金属工具制作的岩画,表现形式细腻,线条较细。值得注意的是,在不少岩石上存在不同表现形式的岩画,这些同一岩石上不同形式的岩画,往往存在着打破关系。基于岩画本身的这些特征,将考古学的研究方法特别是考古类型学和考古地层学的方法运用于岩画研究,不仅是必要的,而且是可能取得重大突破的。

五、人面像岩画研究。中国人面像岩画的系统化专门研究始于 20 世纪 80 年代,主要有"传播论""面具说""生殖崇拜论""二元论""萨满巫术论"等,其中"传播论"和"面具说"占主导。宋耀良、李洪甫和李祥石持"传播论"观点。1997 年,李洪甫的著作《太平洋岩画——人类最古老的民族文化遗迹》也以文化传播观点详细列举了环太平洋地区岩画遗迹,其中涉及人面岩画。李福顺等持"面具说"观点,认为其中贺兰山岩画中的一部分人面像是当时人们在跳神时戴在头上的面具。此外,盖山林从远古人类的意识形态、原始思维方面出发,认为人面像岩画具有多种文化含义。陈兆复则认为人面像岩画像是特定的面具,与祭祀及宗教信仰有关。汤惠生等持"二元论",认为人面像岩画是二元对立思维及其观念的体现。除此之外,还有一些学者认为人面像岩画与萨满教有关。

近年来国内一些著作如《发现岩画》《红山岩画》《丝绸之路:岩画研究》

《文明的印痕——贺兰口岩画》《贺兰山岩画研究》《阴山岩画研究》《克什克腾岩画》等著作对人面岩画也有许多的资料补充和理论探讨。这些研究更多地表现出谨慎的态度，从跨学科角度提出了比较综合的观点，以不同侧面反映了人面岩画的研究进展。

六、岩画的断代研究。岩画的断代研究是一个世界性难题。近几十年来，中外学者以考古学、民族学以及文化人类学等方法相结合进行断代研究，特别是一些跨文化的国际合作，让我们开始看到了岩画断代研究取得突破性成果的曙光。西方考古学界在史前考古中多采用自然科学测年方法，如微腐蚀断代法（Micro-corrosion Analysis）、冰川擦痕断代法（Glacial Striae）、加速器质谱分析法（AMS）、阳离子比率法（Cation Ratio）、红外光谱分析法、X 射线粒子分析法、放射性碳测年法（Radio-carbon Dating）、电子显微扫描法（SEM）、透视散射测年法（X-ray Diffraction）等，有很多已经被岩画研究人员借鉴来对岩画进行断代研究，但是其中绝大多数方法都只对采用有机混合色浆制作的彩绘岩画起作用，而对于在无机物构成的岩石上采用"减地法"制作的岩画，目前大多是对岩石表层的测年。学者们普遍认为岩石在岁月流逝的自然过程中，会在表面形成数层源自风沙沉积的遮盖物，或是自然环境产生的化学变化对岩石本来的表面形成特定的侵蚀效果，每一个地区这种遮盖物或侵蚀效果的形成过程会随着地质构造、气候条件的区别而有所不同，对微观岩面沉积分层的科学测定能够在一定程度上给岩画断代。一些学者自 20 世纪 80 年代开始使用阳离子比率法、加速器质谱分析法等在世界各地进行尝试，获得过一批数据，也遭到过考古界的质疑。但是学者们开始逐渐接受了这样一种观点，即从有缺陷的研究方法入手，总比不做任何努力要强。

目前，中国学者根据这一理论基础进行的研究中，已经取得了初步成果，特别是汤惠生运用微腐蚀断代法取得了江苏连云港将军崖岩画的测年数据。除了自然科学的直接断代法，大多数人文学科的学者都倾向于使用间接的岩画断代方法。这些方法包括文献法、制作工艺测年法、艺术风格分析法、题材判断法（灭绝动物种属分析法）、叠压打破关系判断法、横向比较法等。当前学者的间接断代研究，多采取与岩画周边的其他考古文化现象进行综合比较的方法,得出岩画年代的大致断代。此外,打破关系是最直接的分期手段,利用那些具有叠压打破关系的岩画现象,即可明确推断出岩画制作的先后顺序——首先制作的岩画图形被后来制作的岩画图形所打破,也就很自然地出现岩画的上、下层关系。这种方法得出的先、后顺序与考古地层学的"下层""上层"是一致的。但是因为大多数岩画通常只能清晰地分辨出两层的叠压关系,因此这种分期方法一般只能得出简单的早、晚两期,更多分层需要科技手段的辅助。

七、岩画功能与游牧民族文化传播交流研究。在欧亚大陆的北纬约 35—55 度之间,从中国的东北、西部至欧洲多瑙河下游,存在一条横贯东西草原地带的北温带草原文化大道。这条草原文化大道与丝绸之路几乎是平行地横亘于地球北温带。沿草原文化大道和丝绸之路的阴山、贺兰山、祁连山,到昆仑山、天山一带形成一条岩画带,这条岩画带的位置正好与草原文化大道和丝绸之路相伴相随。这一现象引起了很多学者的关注。束锡红、李祥石在《岩画与游牧文化》一书中专章对岩画与北方草原文化、丝路文化的关系进行了阐述,认为丝路都是选择在近水的草原、谷地、河畔和易于行进可憩息的地方,尽可能地避开高山、沙漠等险恶环境,因此这些地方也自然易于人类生存或游牧,为岩画的制作创造了天然的环境,岩画也成为游牧民族文化传播的最好见证。埃玛努尔·阿纳蒂教授认为,由于岩画遍布全球,我们可以通过岩画知晓全球不同地区、不同时代、不同民族的神话传说、信仰仪式、风俗人情。岩画资源与有文字的历史时期不同的是,它的"档案"是图像,而且这种视觉图像艺术是"无国界"的,艺术图形不仅能让不同民族、不同人种的人们理解情感与思想,还能够让不同时代的人们彼此交流感情,获得美好的享受。

## 第五节　中国北方岩画研究

北方岩画是我国岩画的重要组成部分,确定其内涵及价值对岩画文化遗产研究和保护具有重要意义。

## 一、中国北方岩画的界定

中国境内的岩画分布与传统的文化区域大体一致,根据中国岩画学界泰斗陈兆复和盖山林两位先生对岩画区域的划分,内蒙古、宁夏、甘肃、青海、新疆、黑龙江六省区的岩画可界定为北方岩画。[①] 这些岩画主要分布在中国北方的群山峻岭、荒漠戈壁之中,具体包括宁夏境内的贺兰山岩画、大麦地岩画等;甘肃境内的黑山岩画、吴家川岩画、肃北岩画等;青海境内的巴颜喀拉山岩画、昆仑山岩画、祁连山岩画等;新疆境内的阿尔泰山岩画、天山岩画、阿尔金山岩画等;内蒙古境内的阴山岩画、乌兰察布岩画、桌子山岩画、巴丹吉林岩画、呼伦贝尔彩绘岩画等;黑龙江境内的岩画多分布在大兴安岭密林深处、松岭区、新林区,以及呼玛沿江乡狐仙洞、漠河西北仙女洞等地。这些岩画是由北方游牧民族共同创作的,堪称中华民族古代艺术瑰宝。

## 二、中国北方岩画的分布

黑龙江岩画主要集中在大兴安岭的密林深处以及松岭区、新林区等地。大兴安岭是黑龙江省发现岩画数量最多、区域最广、内容最丰富的地区。松岭区的飞龙山地质公园内的彩绘岩画多分布在人迹罕至的峭壁上,且颜色多呈铁锈红色。新林区岩画多为象形的花、蛙、鱼等动植物,人形,图腾,祭祀图案,主要分布在靠近水源地的崖壁、洞穴及石面上,以凿刻和彩绘为主。

辽宁岩画主要在鞍山市发现较多,在葫芦岛、阜新等地也有发现。鞍山周边地区发现的岩画以抽象岩画为主,包括坑穴等符号岩画。据分析,这些图案可能与祭祀有关。

内蒙古岩画题材丰富、类型多样、分布广泛,阿拉善盟、巴彦淖尔市、包头市、赤峰市、呼伦贝尔市等地分布有大量的岩画,而且岩刻类岩画、岩绘类岩画均有分布,岩画题材包括人面像岩画、符号岩画、放牧岩画、动物岩画、狩猎岩画、征战岩画等等。

宁夏岩画的发现以 20 世纪 60 年代贺兰山岩画为开端。近年来,在石嘴

---

① 侯霞、潘春利:《萨满信仰与中国北方岩画》,《新疆艺术学院学报》2014 年第 4 期,第 48 页。

山市、银川市的麦汝井、翻石沟、石炭井、大小树林沟、红果子口、偷牛沟、黑石峁、韭菜沟、归德沟、白芨沟、大水沟、高伏沟、大小西峰沟、白头沟、插旗口、新沟、盘沟、贺兰口、苏峪口、回回沟等山谷及山谷前的洪积扇平原上,宁夏内蒙古交界的大麦地广阔荒漠中,灵武市马鞍山沟、二道沟、三道沟等地,新发现了大量岩画。特别是贺兰山岩画内容丰富、题材多样、数量众多、时间跨度大、涉及民族多,是研究远古时期人类社会历史、文化艺术、宗教信仰的重要依据,对人类学、民族学、宗教学等学科具有重要的学术价值。

甘肃岩画的分布密度和数量相对较低,缺乏大型岩画。黑山岩画最早被发现,其后陆续在甘肃西部的安西、玉门、永昌、肃南、肃北,中部的靖远、景泰,陇南的礼县、文县,甘南的玛曲等地发现不同时代的岩画分布点数十处,共千余幅岩画。目前发现的甘肃岩画按题材可以分为符号岩画、生殖岩画、狩猎岩画、巫术岩画、动物岩画等。

青海岩画是在 1982 年由王利君于刚察县哈龙沟发现的,经过 3 年的调查,共发现岩画点 13 处,多集中在海西和海南两州。第三次全国文物普查资料显示,青海岩画点共 35 处,主要分布在巴颜喀拉山、昆仑山、祁连山南麓及这三大山系附近的水源地。从表现题材和艺术风格看,青海岩画属于典型的北方岩画。

新疆阿尔泰山脉、天山山脉中间的盆地和较为广阔的草场是岩画的主要分布地,尤其在阿勒泰地区和塔城地区较为密集。新疆岩画主要以凿刻为主,多用坚硬的工具在岩石表面凿刻,以点成线,构成图案,有线条式图案、剪影式图案等。[①] 洞穴彩绘岩画比较少见,多分布在相对独立的山丘上。

## 三、中国北方岩画的题材

中国北方岩画内涵丰富,题材多样,跨度宏阔,手法新颖,造型生动,意境深邃,达到了很高的艺术水平,表现出了独特的艺术成就,是我国岩画的集大成者,其优美的形象和符号记录了我国北方先民的生产、生活方式和赖以生存的自然环境,有动物、人面像、符号、狩猎、放牧、祭祀、战争、舞蹈等题材,几

---

① 于建军:《新疆岩画初步研究》,《北方民族考古》第 2 辑,2015 年,第 81 页。

乎包括了世界各国岩画的所有内容,具有深厚的历史文化内涵和象征性形式风格,充满奇妙的视觉动态魅力,是狩猎与游牧文化的真实写照。在这一广阔区域内的黑龙江、辽宁、内蒙古、宁夏、甘肃、青海、新疆等省区均有岩画分布,是我国重要的岩画分布区之一,且在国内较早进行了野外调查和研究保护工作,是中国岩画的主要代表。

研究中国北方岩画,是从考古、历史、艺术、民族、文化等角度多层次、全方位地深入研究和探讨中华文明的起源、发展与演变的重要突破口,可以从中找出规律性的认识和联系,以此帮助我们重新认识、了解和重构中国北方古代民族史、文化史、艺术史、美术史、科技史等,进而揭示中华文明的起源和发展历程,为中华民族的振兴和凝聚起到教育和启迪作用,具有重要的历史价值和现实意义。

(一)动物岩画

动物是世界性的岩画题材,世界几乎所有的岩画点上都有动物形象。动物岩画同样是中国北方岩画中数量最多的题材之一,有着广泛的分布。但动物岩画的种类、构图形式又因地区和文化传统的不同而表现出很大的差异性。中国北方岩画的动物题材中,有虎、豹、狼、鹿、野猪、鸵鸟、蛇、羊、牛、马、驴、驼、狗等形象。还有一些"动物"形象,在现实生活中找不到原型,这些"动物"可能是原始人类想象中的怪兽形象。①

(二)人面像岩画

在中国北方的崇山峻岭之中,镌刻着众多形形色色、千变万化、神秘诡异的人面像岩画,成为岩画世界的一大奇观。人面像岩画,是指原始人类对心目中的神灵鬼怪、图腾动物以及各种崇拜对象赋予人面形象而制作的岩画。人面像岩画产生的具体年代不得而知,但应与原始泛神信仰,通常是神灵或者"巫"以及巫术有关,是原始人类通过巫向神灵转达愿望和祈求佑护的一种方式。

(三)狩猎岩画

远古时期狩猎是人类最基本的生存手段之一,尤其是生活在山林和草原

---

① 夏亮亮:《岩画中的动物》,李成荣主编:《文明的印痕——贺兰口岩画》,上海古籍出版社,2011年。

地带的人们更是须臾不离狩猎这种生产方式。中国北方狩猎岩画的数量极为可观,有单人猎、双人猎,也有表现多人围猎的宏大场面。中国北方狩猎岩画的早期制作显得笨拙、古朴,所用狩猎工具也较为粗笨,后期狩猎岩画则显得精良,制作较细腻。同时,为了保证狩猎的成功,人们也用头饰和尾饰进行了伪装。

（四）符号岩画

符号岩画是一种特殊的抽象岩画,主要有生殖符号、图腾符号、自然物象符号、指示符号等。这些符号岩画或单独存在,或与其他具象型岩画相依存,是中国北方岩画的重要组成部分。

（五）畜牧与车辆岩画

中国北方畜牧岩画体现了畜牧业的萌芽和发展。从开始时的单人放牧变成了双人放牧,由放牧几只牛、羊等家畜变成了放牧整群牛、羊,此后又出现了几个人放牧大群牛、羊;及至人们驯养了马匹,在岩画中便可以看到骑着马放牧的场景。随着畜牧业的发展,以及为了适应人们逐水草而居的生活需要和战争形势的发展,新的生产运输工具和战争工具——车辆便产生了。大多数学者认为,中国北方车辆岩画的产生于我国进入文明时期的商周时代。

（六）生殖岩画、舞蹈岩画、征战岩画

人类为了繁衍后代,为了种群的延续、成长和壮大,产生了生殖崇拜。女阴、男根的岩画,不仅真实地反映了人类的本能,也表现了从母系社会向父系社会转换的历史分期。而纷繁的舞蹈场景,通常是巫术仪式、群婚的欢愉、征战或狩猎前后祈愿或庆贺胜利的场景。

## 四、中国北方岩画的主要特点

（一）规模庞大、分布密集

以中国北方著名的岩画分布区阴山为例,在长达 500 余公里的山脉中,岩画主要分布在巴彦淖尔市的狼山一带,岩画分布集中,数量巨大,密度惊人。仅内蒙古巴彦淖尔市磴口县的阴山默勒赫提沟内,在十多公里的沿沟两侧山石之上,就镌刻了近 1 000 组 5 000 多个体岩画。再以宁夏内蒙古交界的大麦地岩画分布区为例,其平均每平方公里遗存的岩画图像达到 200 多组,超出了世界公认的判定岩画"主要分布区"限定标准的 20 倍,在大麦地十几道蜿蜒曲折的山梁崖壁上,连绵不绝地陈列了数以千计的岩画作品,一般都延续百米以上到近千米长,可谓是"望山跑死马"而难以见其真容一二。在密集地段,几乎每块石头上都有岩画,而许多岩画都有叠压打破关系。

（二）漫长的时间跨度

中国北方岩画,最早制作年代虽至今难以确定。但按照其制作工具,有用石器或者金属器制作的;按照图像特点,有单纯的动物形体、带弓箭的狩猎场面以及人面像等,可以说中国北方岩画是在一个漫长的时间跨度中由不同的种群在不断地延续制作。虽难以确定岩画的上限时间,但可根据岩画中的一些文字或明确的车辆、建筑等形象来确定岩画的下限年代,如以宁夏内蒙古交界的大麦地岩画为例,在一些岩画中出现的西夏文字和佛塔等,为我们确定岩画年代的下限提供了依据。

（三）宽广的画面

中国北方岩画中有许多场面宽宏、气势磅礴的群体性的场面。有包含数十只动物的大型放牧图,有多人持弓箭围猎动物的大型狩猎图,有表现动物生存斗争的场面等,都显得波澜壮阔,洋洋大观。大麦地岩画中最大的一幅岩画宽达 9 米,高约 1.2 米,连续刻画了 100 多动物、符号等形象。"大"本身就是最重要、最有说服力、最有压迫感的,从而也最可能产生具有崇高感的美的形态。

（四）丰富的内涵

中国北方岩画的内容与题材主要有人面像岩画、狩猎岩画、畜牧岩画、战争岩画、舞蹈岩画、虎狼牛羊马鹿等动物岩画、手印足印蹄印岩画、男根女阴岩画、图案符号岩画、寺塔祭拜岩画等等,是狩猎文化与游牧文化相交融的真实写照。中国北方岩画生气勃勃,无论是人还是动物,主要曲线都充满着韧性和张力。画面的安排根据石壁的特点随类赋形,或者为骑射围猎的宏大场面,或者为舐犊情深的山野小品;或者是仰望苍穹的神秘符号。从工具来看,先是使用石器磨制或者打制,后来用青铜器和铁器凿刻。在制作方法上,不仅凿刻的凿点、磨刻的线条,还有凿刻磨刻相结合的制作。

（五）罕见的符号和雏形文字

在中国北方岩画中,发现了许多似文似图的符号岩画,这些符号岩画有的单独存在、有的则组成复杂的图像。是否可依次推断此类岩画是古汉字的前身,抑或早于甲骨文字,或者某种未知文字的原始雏形还需进一步研究。岩画是一个难以理解的符号系统,用艺术化的抽象表达了一种变幻无穷、深奥莫测、表意含蓄的世界。这是一个令人振奋的发现,无疑对中国文字的起源和世界岩画的研究具有重要意义。

### 五、中国北方岩画的功能

古人制作岩画的动机、目的及岩画的功能,是岩画研究的一个重要课题。岩画作为人类早期历史上一种共同的文化现象,积淀着很多现代人难以理解、更难以说明的精神之谜。由于众多学者长期不懈的努力和大量有价值的探索,使岩画从发生学的研究到其制作目的的探讨以及社会功能的区分成为可能,并且已经有了很多言之成理的说明。概言之,有以下几个方面:

第一,是实施巫术的产物。

第二,是顶礼膜拜的对象,以供祭祀的圣地。

第三,是重要仪式的遗留。

第四,提供了氏族的图腾神话和祖先的圣像。

第五,是重大历史事件的记录。

第六,是对守护神或梦境的幻觉所作的描绘。

第七,将神话传说用图画方式的描绘。

此外,岩画的功能还有氏族符号、祈祷、狩猎、占星术、成人仪式和生殖仪式、幻影以及对神人传达信息、指示标记、表达姿态语言、描绘图腾、原始记事符号等等。盖山林先生认为:"世界各地区岩画,各有自己的目的和作用。只能根据岩画内容本身提供的线索,进行具体的分析,才能得到可靠的结论。"①

中国北方岩画集历史上北方众多民族艺术之大成,是中国最大最集中的古代岩画宝库,其历史地位主要表现在以下几个方面:

---

① 　盖山林:《世界岩画的文化阐释》,北京图书馆出版社,2001年,第460页。

　　首先，中国北方岩画呈现出各自独特的艺术魅力，雕刻在不同区域的成千上万幅的岩画又表现出内在的联系，具有艺术上的相似性，从而组成了中国北方岩画整体的风格，创造出规模庞大的古代艺术长廊。

　　人与自然的关系是中国北方岩画的主要内容，繁衍生息在这一地区的各种动物和先民的狩猎活动成为岩画的主角。同时也能够看到表现祭祀、自然现象和人面像的图画，展现出广阔的生活画面。中国北方岩画所表现的人物活动，往往和当时的现实生活密切相连，特别是各种组合图示中，人物活动多为画面中的主体，许多画面都具有一定的叙事功能，给人以强烈的真实感。中国北方岩画对人物特征的刻画相当细腻、逼真，强化了所刻画对象的固有特征，体现出北方岩画所具有的写实风格，充满了原始艺术的象征性特点。

　　中国北方岩画的整体艺术风格属于写实主义，岩画的内容从总体上讲是对当时的自然环境和人们生存状况的真实写照，那些不知名的众多创作者对生活环境流露出了深厚的情感，对日常生活中的一举一动倾注了极大的关心，正是由于他们对生活的细致观察和对现实的充分体验，中国北方岩画表现出强烈的理性精神。在欣赏中国北方岩画时，我们可以感觉到画面中所表现的客观情况，寄托着创作者的情感世界。创作者是用岩画这种艺术形式充分表达他们的主观世界，可以说中国北方岩画是当时人们现实生活、主观情感和自然环境的客观再现。

　　中国北方岩画的表现技法比较独特，大体上可归纳为凿磨雕刻，制作工具根据年代的不同和地质结构不同可分为石制工具、金属工具，制作过程中多用点凿、线刻、铲地、平磨等方法。和南方岩画相比，中国北方岩画多以线代面，线面结合，不同于南方岩画的平涂剪影，这种主要运用凿磨而成的造型艺术，富有立体感，具有较强的表现力。

　　其次，中国北方岩画对史前艺术、历史的研究产生了重要影响。反映了不同历史时期古代先民的社会生产生活，是具有区域性和多民族性的共同历史文化遗产，是中华文明的重要部分。

　　中国北方岩画具有题材多样性、内容写实性、内涵丰富性的特点，是在充分发挥和施展远古先民智慧和创造性的基础上实现的。岩画以写实或写意的不同表现形式向后人展示了历史、文化、社会生活等方面的内容,从而再次证明,岩画的出现和发展是人类文明史的里程碑之一。

中国北方岩画是研究史前时期历史文化的新材料,相对于其他地区的岩画,中国北方岩画主要有以下新亮点:

人面像岩画,是中国北方岩画的重要代表。在为世界岩画学界所注目的人面像类型中,有自然崇拜类人面像、生殖崇拜类人面像、首领崇拜类人面像、神灵崇拜类人面像、图腾崇拜类人面像、写实表现类人面像、巫术面具类人面像等。① 对于"人面像岩画",学界有着不同的解释。

集体舞蹈岩画,距今 5 000 年前的马家窑文化的先民围绕陶盆的一泓清泉牵手舞蹈,在宁夏贺兰山岩画中也留下了先民挽臂踏歌的场景。

植物岩画,在中国北方岩画中较为少见,这与人类早期的社会生产生活有关。岩画中出现植物,充分显示了人类的生产生活已经进入了农耕经济的时代。

马镫岩画,在贺兰山石马湾一群大角羊中,射猎骑手脚下竟然蹬着圆环形的马镫。《中国科技史》作者、英国著名历史学家李约瑟曾经说过,在中国古代"四大发明"之外,最重要的发明也许就是马镫了。春秋时期,军人还不能骑在光溜的马背上作战,而必须乘坐马车冲锋(当时世界上其他军队都是如此),直到战国赵武灵王"胡服窄袖"才开始有单个骑兵直接骑在马背作战,但还不能证明是否已经有了马镫。此后,草原民族能够在欧亚大陆纵横驰骋,商旅能够在有效防御中横贯"丝绸之路",都离不开马镫的发明。李约瑟把马镫对欧洲历史的神奇作用用一句话揭示出来:"就像火药在最后阶段帮助摧毁了欧洲封建制度一样,中国的马镫在最初阶段帮助了欧洲封建制度的建立。"至今发现马镫的最早实物,在中国是 3 世纪,在欧洲则是 6 世纪。马镫是中国发明已成定论,但是发明权归属南方还是北方尚且众说纷纭。而贺兰山石马湾岩画中,鲜明地绘制了骑手脚下圆弧形的、供脚踩踏和牵引方向的马镫雏形。

---

① 张建国:《贺兰口人面像岩画》,李成荣主编:《文明的印痕——贺兰口岩画》,上海古籍出版社,2011 年。

　　除此以外，中国北方岩画中还有很多值得研究、探讨的内容，如制作岩画的民族，远古时期中国北方的生态、地理环境，岩画中的手印，极为个别的彩绘岩画以及如何保护、利用中国北方岩画等等，都具有深厚的文化底蕴和历史文化内涵，值得国内外学界深入研究探讨。

# 第二章　世界岩画主要分布

## 第一节　非 洲 岩 画

　　非洲大陆幅员辽阔,是世界上岩画分布密集区之一,其岩画因时代、地域及制作方法的不同而各具特色,带有浓郁的地域特色和非凡的艺术感染力。据不完全统计,非洲已经发现的岩画多达数十万幅以上。岩画在非洲有着广泛的分布,津巴布韦、赞比亚、扎伊尔、坦桑尼亚、苏丹、南非、索马里、纳米比亚、莫桑比克、摩洛哥、毛里塔尼亚、马里、马拉维、利比亚、莱索托、埃塞俄比亚、肯尼亚、埃及、乍得、博茨瓦纳、安哥拉、阿尔及利亚等国家和地区均有岩画分布,同时非洲是世界上岩画制作延续时间最长的地区之一,个别岩画的制作甚至延续到 19 世纪。除已经被发现、著录的岩画点外,非洲每年都有新的岩画被发现,岩画数量逐年增多。

　　陈兆复先生在《世界岩画·亚非卷》中根据非洲岩画的内容、风格和制作技术将非洲划分为三个岩画区:北非,包括撒哈拉、摩洛哥和埃塞俄比亚,向南延伸至肯尼亚的土卡纳湖(Turkana Lake);中非,东部是坦桑尼亚,西部则有加蓬、喀麦隆、中非共和国、刚果;南非,主要是沿着雷夫特(Rift)山谷的地理区域。① 还有学者大体上将非洲岩画分为北非与南非两个岩画体系。如李祥石先生,将非洲岩画分为两大板块:一是北部非洲岩画,主要以撒哈拉沙漠为重点,包括埃及、利比亚、乍得、阿尔及利亚、尼日尔、马里等国,这一区域的岩画内容丰富,题材多样,具有很高的历史、文化和艺术价值;二是南部非洲

---

① 　陈兆复、邢琏:《世界岩画·亚非卷》,文物出版社,2010 年,第 25 页。

岩画,主要分布在纳米比亚、津巴布韦、博茨瓦纳、莱索托、南非等国。①

无论如何划分非洲岩画,其不同国家与地区的岩画从题材、内容、制作方法上来说有很大的不同,特别是一些国家和地区的岩绘岩画与岩刻岩画相得益彰,共同证明了非洲是人类发源地之一。

## 一、纳米比亚岩画

纳米比亚的推菲尔泉(Twyfel Fontein,在南非语中意为多变的泉水,又音译为"颓废方丹")位于纳米比亚西北部达马拉兰(Damaraland),是世界最大的岩画分布区之一,迄今为止已发现有 2 000 多幅岩画,大部分是保存完好的岩刻,如犀牛、大象、鸵鸟、长颈鹿以及人和动物的脚印画等。该遗产另外还有六个彩绘岩画点,主要是在红赭石上刻有以人为主题的岩画。国内外学者通过对比研究发现,推菲尔泉的岩画中,岩绘作品通常以表现人的活动为主,而岩刻作品则是表现动物或几何图案,人物活动相对较少。

推菲尔泉的很多岩画与狩猎采集者的信仰体系、生产生活方式有着密切的联系,该遗址的岩画连续、全面、生动地记录了非洲这块土地上早期人类的社会生产活动、精神活动,并且用岩画图案表明了社会生产活动与精神活动之间的联系。2007 年,联合国教科文组织将推菲尔泉岩画列入《世界遗产名录》,这是纳米比亚第一个列入《世界遗产名录》的遗址。

## 二、利比亚岩画

1850 年,法国学者黑里策·巴斯(Helitzer Bass)途经利比亚的费赞和察德两地,发现了刻制于石壁上的牛群和长着动物头型的人类画像,这是撒哈拉岩画的首次发现。费赞西南部的梅撒克(Messak)有一幅著名的站立的猫科动物岩画,画面中两只似猫的形象相向而立,后腿叉开着地,两条前腿一前一后举在胸前,像拳击手一般彼此对峙,其间是四只简单刻画的动物。此外,利比亚岩画还有水牛、大象、犀牛、长颈鹿、河马、狮子以及舞蹈、战争等岩画形象,制作精美细腻,栩栩如生。

---

① 李祥石:《世界岩画欣赏》,宁夏人民出版社,2017 年,第 192 页。

利比亚最著名的岩画点是塔德拉尔特·阿卡库斯(Rock Art Sites of Tadrart Acacus),位于利比亚西南与阿尔及利亚接壤的边境地区,在塔德拉尔特·阿卡库斯出土了大量文物,几乎所有的山区都分布着风格各异的岩画,展示了在漫长的史前时期,曾在此居住的各个时期的不同文化群体的文化习俗以及由于沙漠入侵而形成的气候变迁。经学者研究发现,这一地区的岩画最早大约制作于公元前 12000 年。[①] 从 1955 年起,在法布里西奥·莫里和保罗·格拉西奥西等专家的主持下,意大利—利比亚联合科学考察团清点了这一地区的数百个洞窟,发现了大量的岩刻、岩绘及石制、陶制器物。这些不同时期的岩画和遗物,以不同的艺术形式和风格特点向人们提供诸多方面间接而形象化的实证,诸如此地气候的演变、物种的演化、人类生活方式和氏族迁徙的流动等宝贵资料。[②] 1985 年,塔德拉尔特·阿卡库斯石窟被联合国教科文组织列入《世界遗产名录》。

## 三、津巴布韦岩画

津巴布韦是非洲东南部的内陆国家,境内发现多处旧石器时代的文化遗址,是南部非洲重要的文明发源地。津巴布韦是南部非洲岩画数量巨大、样式最为多样的岩画分布区域,其内容丰富,题材多样,主要有三种题材,即人体、动物和抽象符号,其中植物岩画及抽象图案是津巴布韦岩画的主要特征。津巴布韦岩画主要集中在西南部的马托博至东部莫泰莱的花岗岩地带,马托博山是津巴布韦岩画最为集中的地区,也是南部非洲岩画最为集中的地区之一,大量的岩画被描绘在悬崖峭壁的突出部位上或是有石器时代沉积物的洞窟内,除岩绘外还有部分岩刻。对这一地区考古的发现及大量的岩画展示了该地区远古时期社会生活的场景。2003 年,马托博岩画因其杰出的文化和自然特征被联合国教科文组织列入《世界遗产名录》。

## 四、阿尔及利亚岩画

阿尔及利亚位于非洲北部地区,其岩画主要集中在撒哈拉沙漠地区的塔

① Lee, D. H., *The Earlist Saharan Rock-Engravings*, Antiquity 48(1974):87-92.
② 陈兆复、邢琏:《世界岩画·亚非卷》,文物出版社,2010 年,第 59 页。

西里·阿杰尔(Tassillin' Ajjer)。这里气候干燥,植物稀少,仅在河床上有草木生长,但就是在这一片不毛之地却有大量岩画。塔西里·阿杰尔岩画的发现可追溯至 19 世纪,至 20 世纪 50 年代,欧洲科学家、摄影家组成的考察小组对该地岩画进行了长时间的研究与临摹工作,并将获得的资料发表、展出,引起轰动,从而使得塔西里·阿杰尔被公认为世界上最大的史前艺术遗存地之一。塔西里·阿杰尔的岩画题材有狩猎、人体、动物、人像等,岩画内容丰富多彩,特别是动物岩画,有大象、犀牛、长颈鹿、河马、牛、狮子等。除了岩画这一历史文化遗产外,塔西里·阿杰尔地区还发现了大量的石斧、石簇、陶器的残片等等。岩画以及石制、陶制器具的存在说明撒哈拉地区也曾出现过独特的文明,在史前时代曾是人类居住、生活的重要场所。1982 年,塔西里·阿杰尔岩画点被联合国教科文组织列入《世界遗产名录》。

### 五、南非岩画

南非岩画主要分布在德兰士瓦省西部、奥兰治自由邦西部和开普省西北部的沙石与花岗岩上。这一地区岩画数量多、分布密集、创作时间延续长,是世界岩画艺术最为丰富的宝库之一。南非岩画造型优美,题材丰富,内容多样,大羚羊、象、牛、鱼类、鹿、犀牛、狒狒、鸵鸟以及大量人物形象和生活场景,如战争、舞蹈等。2000 年,以卡拉巴·德拉肯斯堡公园为代表的南非岩画被联合国教科文组织列入《世界遗产名录》。

### 六、尼日尔岩画

尼日尔共和国位于非洲中西部,是撒哈拉沙漠南缘的内陆国。作为非洲岩画集中分布区之一,尼日尔岩画主要分布于贾多高原之上,以岩刻为主,内容包括长颈鹿、大象、犀牛、人物、车辆、动物群等等,其中最著名的长颈鹿岩画高达 5.4 米,在世界岩画中实属罕见。

## 第二节　亚洲岩画

亚洲地域辽阔,民族众多,产生了庞大且繁复的文化体系,而岩画就是这一庞大文化体系的重要组成部分。亚洲岩画资源丰富,内容、题材、风格各异。在近东、中东,岩画广泛地分布在沙特阿拉伯、埃及、以色列、约旦、土耳其、叙利亚、伊拉克、伊朗和阿富汗等地。中亚地区也是岩画分布密集的地区之一,由于自然环境的原因,中亚岩画以早期狩猎者岩画为主要特点,距今 12 000 年左右。印度是亚洲岩画的另一密集区,有着广泛的岩画分布。研究表明,世界上最早的岩画被发现在印度中部的莫德雅·普莱达士,被称为"会堂"遗址,其杯状穴岩画有直接的文化层叠压,出土了阿舍利文化的手斧和薄刃斧,专家们经碳十四测定认为这里是旧石器时代早期的艺术,距今 29万年。[①] 此外在西伯利亚及东亚、北亚等地区也有着广泛的岩画分布,特别是中国的岩画更是年代久远、题材多样。

## 一、俄罗斯西伯利亚地区岩画

俄罗斯西伯利亚地域辽阔,其岩画主要集中在贝加尔湖周围和叶塞尼河以及勒拿河的上游地区,这一地区是亚洲岩画分布密集的地区之一,题材广泛,内涵丰富,以岩刻为主,包括麋鹿、人、动物群、车辆、人面像等,另有部分岩绘。

## 二、蒙古岩画

蒙古岩画早在 19 世纪就已经被发现,最早发现蒙古岩画的是俄国学者雅德林采夫,他于 1889 年在鄂尔浑河河谷中的阙特勤碑上发现了一只山羊的图形,又在阙特勤碑的周围发现其他类似的图形。进入 20 世纪,前苏联和蒙古考古工作者在蒙古境内的 11 个省先后发现了数十个岩画点,其中主要集中在阿尔泰山地区。1970 年夏,蒙古考古学家 H·道尔吉苏荣在戈壁阿尔泰省查干河畔蒙古阿尔泰山发现车辆岩画;1975 年,苏联和蒙古科学院在蒙古北部德勒格尔—穆连和特斯河谷发现一批很有特色的岩画,有人和动物的足迹及以人群和动物为主的大型岩画。蒙古岩画有着丰富的题材与内容,与当地古

---

① Kumar, G. Aorajhari, "Aunique coupule site in the Ajmer", *rajasthan*, *Purakala*, 1998, pp.61 - 64.

代居民的经济、社会活动密切相关,这里既有家畜和野生动物的图案,又有狩猎、征战、放牧、车辆、符号及生活场景等图案,还有部分岩画真实地描写、记录了当时人类的生活,反映了当时的社会生活和宗教信仰。

### 三、印度岩画

印度岩画数量巨大、内容丰富、题材多样。19世纪60年代,在今印度北方邦的米尔扎布尔首次发现岩画。此后,印度各地的岩画探查未曾间断。印度岩画分布极广,从喜马拉雅山麓到北方邦、中央邦、拉贾斯坦邦、古吉拉特邦、马哈拉施特拉邦、奥里萨邦、比哈尔邦、安得拉邦、卡纳塔克邦均有发现。其最大的岩画点是皮摩波特卡(Bhimlethea),在中央邦另有马哈德岩画点、加里岩画点等。印度岩画色彩艳丽,制作精美,有红、黄、白、绿、黑棕、灰等多种颜色,岩画中的人物、动物形态各异,具有一定的表达性与叙事性,真实反映了当时的人类家庭生活以及狩猎、采集等场景,同时还有符号、武器等图形。

### 四、沙特阿拉伯岩画

沙特阿拉伯岩画是西亚岩画的重要代表,其岩画发现始于20世纪后半叶。1974年,沙特阿拉伯国家文物部门制定了详细的考察计划,在这次考察中,发现了许多早期岩画。沙特阿拉伯岩画点主要集中在阿拉伯半岛的西部地区,由两部分组成:一部分在朱拜(Jubba)的奥姆斯尼曼山山麓;另一部分在阿尔马尼奥(Al-Manjor)及雷埃特(Raat)。已发现的沙特阿拉伯岩画作品中,有动物、人物及其他各种图案,依据题材、技术、风格、构图和伴随岩画出现的题字,可将沙特阿拉伯岩画分为四个阶段,即"早期的猎人"时期、"狩猎和牧歌"时期、"文字"时期,以及"伊斯兰教"时期。

## 第三节　欧洲岩画

欧洲岩画丰富多彩,主题鲜明,以生活场景和人物为主,是世界岩画的重要组成部分,近现代岩画研究最早也起源于欧洲。欧洲岩画的分布范围广泛,主要分布在法国、西班牙、意大利、葡萄牙、英国、德国、瑞士、挪威、瑞典、芬兰等国家。按年代及艺术风格划分文化期,欧洲岩画可分为早期的"狩猎者"艺术以及后来的由"混合经济"人们所产生的艺术。这种风格的划分在欧洲体现得更为严格。"狩猎者"艺术主要发现在洞穴中,它的起源可以推算到距今 2 万年前,发展的高峰阶段被鉴定为马德林时期(距今 1 万 6 千年—1 万年前),主要的集中点是在法国西南部和西班牙北部的法兰克—坎塔布利亚地区,还有意大利、罗马尼亚、葡萄牙等国家,向东远至苏联乌拉尔的卡冰瓦亚洞穴等,岩画的题材主要是动物和象征性的符号。① 第二个时期是"混合经济"人群生活的时代,这一时期的岩画是以露天的岩刻为主要特征,广泛地散布在西班牙、葡萄牙、爱尔兰、法国、保加利亚、苏格兰、意大利、瑞士、奥地利和希腊等欧洲国家。

　　李祥石先生在《世界岩画欣赏》一书中将欧洲岩画分为四大板块:(一)法兰克—坎塔布里亚地区,主要集中在法国南部和西班牙北部的法兰克—坎塔布里亚山区,以洞窟岩画驰名世界,制作精美;(二)北欧岩画,主要指欧洲斯堪的纳维亚半岛一带的岩画,包括挪威岩画、瑞典岩画、芬兰岩画等,内容以狩猎为主;(三)意大利岩画,欧洲岩画的主要分布区,以梵尔卡莫尼卡岩画区最为著名,是欧洲岩画分布最密集的地区之一;(四)伊比利亚半岛岩画,位于西班牙东部沿海地区的拉文特岩画最为有名,这里的采集与狩猎岩画造型优美生动,栩栩如生。②

## 一、法国岩画

　　法国岩画以洞窟岩画最为著名,法国洞窟岩画是在多尔多涅地区的旧石器时代遗址中首先发现的,主要集中在依则斯周围的拉斯科、哥摩、康巴里勒斯、特牙特、卡巴布兰克、帕浓帕等洞窟;在比利牛斯地区,则有尼奥、波尔提尔、阿多帕尔特、三兄弟、玛索拉斯、卡卡斯等洞窟岩画。

　　法国洞窟岩画的题材主要以动物特别是大型食草动物为主,包括猛犸、野牛、马、鹿、驯鹿及大角羊等,另有部分人体岩画、狩猎岩画。其颜料以赤铁

---

① 　[意] 埃玛努尔·阿纳蒂著,陈兆复摘译:《世界岩画巡礼》,《外国美术》1986 年第 6 期,第71 页。
② 　李祥石:《世界岩画欣赏》,宁夏人民出版社,2017 年,第 140 页。

矿、黄铁矿、锰矿、骨灰等研磨成粉末后,调和动物血液、脂肪等材料制作而成,颜色以黑、红、褐、黄等暖色调为主,制作方法是使用手指或羽毛、皮毛等蘸上颜料向岩壁上涂抹、绘画。

## 二、意大利岩画

意大利岩画主要分布在阿尔卑斯山脉南部的梵尔卡莫尼卡山谷,在这个绵延 70 余公里的山谷中发现了大量的岩画,数以十万计的岩画形象被记录下来,是世界上最密集的岩画分布区之一。梵尔卡莫尼卡岩画是人类艺术的结晶,内容丰富,意义重大。这些岩画是在公元前完成的,其制作时间持续了大约 8 000 年,描绘了远古时期该地区的农业、航海、战争等社会生产生活场景,是对该地区远古人类在经济、文化、社会生活及宗教演变等方面的重要反映,为研究史前人类的日常生活、风俗习惯和思想变迁提供了宝贵的资料,是人类祖先活动的真实记录。1978 年,联合国教科文组织将梵尔卡莫尼卡岩画作为人类文化遗产,列入《世界遗产名录》,同时该地也是联合国教科文组织国际岩画委员会的所在地。

## 三、西班牙岩画

西班牙岩画主要分布于法兰克—坎塔布里亚地区,有两个重要的岩画点:一个是位于西班牙桑坦德附近的阿尔塔米拉洞窟岩画,一个是位于西班牙东部地中海沿岸的黎凡特岩画点。

阿尔塔米拉洞窟岩画位于西班牙坎塔布利亚自治区的桑蒂利亚纳·德耳马尔附近,1869 年,由考古学家马塞利诺·德桑图奥拉及次女玛丽亚发现。该洞窟全长约 1 000 米,有 150 多幅岩画集中在洞窟入口处,为公元前 3 万年至前 1 万年左右旧石器时代晚期的古人岩绘遗迹。洞顶和洞壁大部分是以重彩、写实、粗犷手法描绘的动物画像,如猛犸、野牛、野猪、野马、山羊、鹿等,这些动物或站、或跑、或卧,千姿百态,栩栩如生。据分析,该洞窟岩画颜料取材于矿物质、炭灰、动物血和土壤,掺和动物油脂,以红、黑、紫为主,色彩浓重,艳丽夺目,具有很高的历史和艺术文化价值。阿尔塔米拉洞窟岩画于 1985 年被联合国教科文组织列入《世界遗产名录》。

黎凡特岩画是史前时代原始人类创作的艺术珍品,位于伊比利亚半岛,该地为高原丘陵地区。由于冰期(距今 3.5 万年—1.2 万年之间)结束,岩画制作逐渐由洞窟转移到露天岩壁,人类的活动开始成为绘画的主要对象,正因如此,黎凡特岩画不同于以阿尔塔米拉洞窟为代表的洞窟岩画,被绘制在露天的石灰质山崖的崖阴处,以人物岩画为主,动物岩画较少,同时,人物岩画的造型较小,以剪影的效果表现,并以拉长的四肢和夸张的动作表现人物的动作,颜色多用红色,少用黑色,颜料由赤铁矿、褐铁矿、锰矿以及木炭等组成。

西班牙黎凡特岩画初期比较接近自然,后来表现人物的作品逐渐增多,并明显趋于样式化。人物单独活动的少,大都表现在各种生活场景中,诸如狩猎场面、种族争斗、舞蹈场面、采集蜂蜜、处罚罪犯及惩治俘虏等等。[①] 黎凡特岩画于 1988 年被联合国教科文组织列入《世界遗产名录》。

## 四、挪威岩画

阿尔塔岩画点是挪威乃至北欧的重要岩画遗址,位于挪威北部的北极圈内。阿尔塔岩画分布在 5 000 米长的临海斜坡上,共有 45 处,其内容十分丰富,有人物、动物、几何图形等,还有许多狩猎场面。挪威阿尔塔岩画于 1985 年被联合国教科文组织列入《世界遗产名录》。世界文化遗产对其的描述是:临近北极圈阿尔塔海湾的这组岩画是公元前 4200 年至公元前 500 年人类居住遗迹的见证。数千幅岩石画和雕刻增加了我们对史前时代北极地区的环境和人类生活的认识。

## 五、瑞典岩画

瑞典岩画主要集中在西南海岸的波罕斯浪地区,这一地区的岩画题材多样,内容丰富,有船只、人物、鹿、牛等形象及各种战斗、狩猎和宗教活动等场景。1627 年,挪威牧师彼得·阿尔费逊从哥本哈根旅行到达瑞典西南海岸,发现了这里的岩画,成为欧洲岩画艺术近代研究的开端。波罕斯浪岩画点的中心是塔努姆岩画,这里的岩画丰富多彩,对人类、动物、武器、船只和其他物

---

① 陈兆复、邢琏:《世界岩画·欧美大洋洲卷》,文物出版社,2011 年,第 84 页。

品等进行了细致的描绘,表现出独特的艺术成就。塔努姆岩画于1994年被联合国教科文组织列入《世界遗产名录》。

# 第四节 大洋洲岩画

大洋洲因地域的特殊性,其岩画与其他大陆相比有很大差异,是世界上最引人注目的原始艺术的分布地区之一。大洋洲的岩画点主要集中在澳大利亚,少数岩画点则遍及太平洋和东至伊斯托岛的广大地区,包括夏威夷群岛和伊斯特群岛,还有新西兰群岛、新几内亚南部等。

在澳大利亚,科纳尔达洞穴的符号岩画的年代超过了两万年。与其他大陆不同的是,大洋洲的岩画制作者一直在同一个地区繁衍生息,从而使得澳大利亚、新几内亚、卑斯麦群岛的岩画一直在不断地传承、制作,使学者们可以去记录这种风格的延续,并把近代岩画和古代岩画联系起来。大洋洲最主要的岩画分布点,除了澳大利亚之外,还有夏威夷的岩刻,在新西兰的一些洞穴、岩石遮蔽处和露天的地点,也有保存较好的岩绘和岩刻。

## 一、澳大利亚岩画

澳大利亚的岩画艺术,从西北部的金伯利亚高原越过北部的阿纳姆高地一直到达约克角半岛,在南部库纳尔达的洞窟深处,有许多蜿蜒曲折的石壁刻纹和直线v字形凹痕,可能已存在2万多年了。[①]

澳大利亚岩画风格多样,题材、内容广泛,反映出不同地区远古人类社会生活与居住环境的不同。一般来说,自然主义风格的岩画多集中在北部,抽象风格的岩画集中在新南威尔士州海岸到西澳大利亚,而澳大利亚独有的"汪其纳"风格岩画,主要发现在西北部地区。

"汪其纳"风格的岩画是一种神灵的形象,以宗教巫术为目的,大多绘画于悬崖或巨石下方。除"汪其纳"风格岩画外,澳大利亚还有"米米"风格与"X射线"风格岩画。"米米"风格岩画是澳大利亚最为古老的岩画风格,发现时

---

① 陈兆复、邢琏:《世界岩画·欧美大洋洲卷》,文物出版社,2011年,第115页。

间较晚,大多为单色岩画,褪色严重,漫漶不清。此种风格的人体岩画,以细长、优雅的线条表现出人物特有的动作,且形象古怪,有着夸张的头饰。"X 射线"风格岩画的题材有动物、人物等,其特点是所描绘的形象极似现代社会医学所用的"X 光",即所画形象除外部轮廓之外,还画出动物、人物的骨骼、内脏等。

## 二、大洋洲太平洋诸岛岩画

这所说的大洋洲太平洋诸岛岩画自西向东被划分为美拉尼西亚、密克罗尼西亚、波利尼西亚三个群岛,这三个群岛呈半圆状分布在大洋洲东北部,岛上的岩画既相互联系又有一定的区别,呈现出独特的艺术风格。

大洋洲太平洋诸岛岩画因其生产生活方式及自然环境的不同而主要以人物、鲨鱼、鲸、鱼、独木舟以及几何状纹样为主,另有部分符号类岩画,可以说这一地区的岩画有着极为丰富的题材与内容,值得深入研究。

# 第五节　美洲岩画

美洲岩画首先发现于北美洲。17 世纪,一个英国移民在马萨诸塞州殖民区的汤顿河东岸首先发现北美洲的史前岩画,该遗存地点现被称为迪戈顿,有刻痕较深的抽象化图案和高度风格化的人类图像。美洲岩画的分布十分广泛,沿太平洋的西海岸最密集。"美洲最早的岩画,起源于南部大陆的巴西皮奥伊州。其岩画遗址被尼艾德·盖顿(Niede Guidon)追溯到了 4000 年前。通过碳十四检测人类活动层与岩画,包括岩石表面碎片之间的关系,测定年代距今 22000 年—17000 年。在阿根廷圣克鲁兹省,碳十四的测定使得研究人员再一次确认早期的具象组合可以追踪到距今 12000 年前"。[①]像这样早期的岩画作品在中美洲和北美洲均没有发现。根据目前已知的岩画普查研究记录,岩刻似乎更为广泛地分布在北美广大地区,岩绘则更广泛地散布在南

---

① ［意］埃马努埃尔·阿纳蒂著,张晓霞等译:《世界岩画——原始语言》,宁夏人民出版社,2017 年,第 14 页。

美洲。加利福尼亚和新墨西哥州是两种类型的岩画同样普遍流传的地区,在加拿大中部和巴塔哥尼亚高原南部,既有岩绘也有岩刻。

　　作为世界岩画的重要组成部分,李祥石先生在《世界岩画欣赏》一书中将美洲岩画确定为一个大的岩画板块,又根据地理位置的不同而分为北美岩画板块、中美岩画板块和南美岩画板块。北美岩画板块,这是一个广泛的地区,包括北美北极地区,主要指加拿大和美国岩画,其中许多史前岩画是印第安人的作品,造型奇特,形象怪异,富有想象力;中美岩画板块,主要是墨西哥岩画,数量较少,没有较为突出的特点;南美岩画板块,主要是秘鲁、巴西、阿根廷岩画,其中以阿根廷彩绘手印岩画较为著名。①

---

① 李祥石:《世界岩画欣赏》,宁夏人民出版社,2017年,第251页。

# 第三章　中国岩画主要分布

中国岩画资源丰富,分布地域广泛,历史传承久远,涉及民族众多,是世界岩画的重要组成部分与发祥地之一。从地域上来说,中国西北、东北、西南等边疆地区的岩画点较多,分布也更为密集,尤其西北地区是中国岩画最为集中的地区,也是世界岩画最为密集的地区之一。在漫长的岁月长河中,岩画以其独特的形式全面地反映了我国的文明起源与发展演进,反映了中华民族的形成与发展,再现了中华民族早期先民的伟大创造。据多年的岩画普查统计,在中国 29 个省、自治区、直辖市的大约 200 个县(旗)发现了百万幅以上的岩画。远古先民们以岩画为载体,将当时的社会生活与经济活动记录下来,并进一步表达了他们对世界、自然的认识与了解,从而使岩画题材多样,内容丰富,将我国悠久的历史文化体现得淋漓尽致。本章内容,除对中国岩画的发展及研究现状进行概述外,还按西南、华南、华中、华东及港台地区对中国具有代表性的各省、区岩画进行简述,北方岩画在后续章节中另行阐述。

## 第一节　西　南　地　区

### 一、西藏岩画

西藏岩画最初的发现者大都是入藏考察的外国学者,弗兰克、杜齐等人最早在藏西发现岩画,杜齐教授很早便推测出这些古老岩画为北部游牧民族所为。[1] 西藏岩画是中国岩画的重要组成部分,数量多且密集,其分布范围广

---

[1]　张亚莎:《西藏岩画的发现》,《西藏大学学报》(汉文版)2006 年第 2 期,第 68 页。

泛,在拉萨、日喀则、阿里、林芝、昌都、山南等地区的十几个县境内均有岩画发现。自 20 世纪 80 年代以来,考古工作者先后在西藏发现岩画点近百处,上千幅画面,近万个单体图像,绝大部分分布于藏北和藏西高原,其中以阿里北部地区和那曲西部地区分布最多,主要集中分布在山谷两侧、谷口及地势开阔、靠近水源的高原荒漠地区。岩画内容多表现羊、马、牛等各类动物及狩猎、放牧、耕耘等人物活动及一些宗教符号。在制作方法上,既有岩刻岩画又有彩绘岩画。

## 二、贵州岩画

贵州岩画主要有关岭马马岩岩画、牛角井岩画、开阳县画马崖岩画、六枝特区桃花洞岩画、黔东丹寨县银子洞岩画、黔西丰贞县七马图岩画等。这些岩画点大都位于江河沿岸的悬崖绝壁上或洞穴中。除了一些奇特的符号外,多数岩画是人物、马匹、狗及各种野兽、飞禽、日月星体等。

## 三、四川岩画

四川岩画主要有珙县麻塘坝"僰人"悬棺岩画、凉山彝族昭觉县的博什瓦黑岩画以及阿坝州马尔康市松岗镇莫斯都岩画,珙县岩画分布在悬棺岩洞的岩壁上,多为红色颜料图绘,内容多为生产、生活、娱乐场面。昭觉县的博什瓦黑岩画分布在距离一公里左右的幽谷古道旁的岩壁上,大多为瑞兽、佛众、礼佛等内容。阿坝州莫斯都岩画是目前大渡河上游地区发现最集中的岩画遗址,有日月、动物、人等图案。近年来,四川岩画仍在不断发现中。

## 四、云南岩画

云南岩画多分布在云南省西部、西南部、南部和东南部边缘地带的群山中,主要有沧源岩画、耿马岩画、腊斯底岩画、它克岩画、麻栗坡岩画及金沙江岩画等。岩画内容主要以表现狩猎、祭祀、征战、舞蹈、动物等为主。

## 第二节　华南、华中地区

### 一、广西岩画

广西岩画主要分布在左江及其支流明江流域，以花山岩画最为著名，绘有1 800多个图像，以大小不一、双臂高举、双腿蹲踞的人物为主，间有铜鼓、铜钟、刀、剑、舟船等器物和马、狗、鸟等动物形象（图1），其最大者高达300厘米，最小者约30厘米。2016年7月15日，左江花山岩画文化景观被列入《世界遗产名录》，遗产区面积6 621公顷，宁明县为第一遗产区，龙州县为第二遗产区，江州区和扶绥县为第三遗产区。经研究，广西花山系战国至东汉时期

图1　广西花山岩画

岭南左江流域当地壮族先民骆越人群体祭祀遗留下来的遗迹,岩画绘制年代可追溯到战国至东汉时期。总体上看,广西左江花山岩画分布范围广、制作难度大、画面雄伟壮观,具有重要的考古价值和文化内涵。

## 二、广东岩画

广东岩画仅在珠海市高栏岛宝镜湾有所发现,20 世纪 80 年代,在此地发现了四处六幅岩画。岩画被刻制于巨大的石面上,画面周围分布密集且造型复杂的舞蹈人形、波浪纹、蛇纹、屋形纹图案等围绕着中心的船型岩画(图 2),经专家研究考证一般认为制作于青铜时代。岩画点周围还发掘出土了属于新石器时代晚期的陶片、石器等,对岩画的断代及族属研究有重要的意义。

图 2　广东珠海高栏岛宝镜湾岩画

## 三、河南岩画

河南岩画首先发现于具茨山。具茨山岩画的发现在国内外产生了广泛的影响,并引发了河南岩画考察与发现的热潮,随后又在河南省多地发现了大量与具茨山岩画非常相似的岩画,如新郑、禹州、新密、长葛、登封、巩义、驻马店、平顶山等地均有发现。河南具茨山岩画的发现在学术界引起了巨大的反响。其主要原因有三:在以往的认识中,岩画的分布多以东南沿海、北方草原和西南少数民族的边陲地区为中心,而中原地区岩画的发现,无疑打破了学术界对岩画分布的传统认识;其二,以凹穴为主的新的岩画类型(图3)超出了我们传统上基于对具象岩画的认识范畴;其三,地处中原的具茨山与传说时代的炎黄具有地域上的联系,人们很容易将中原岩画与华夏民族的起源和中华的早期历史联系在一起。①

图3　河南具茨山岩画

具茨山岩画以抽象图案为主,具象岩画较少,还有少量类似字符的岩画,有单凹穴、多凹穴、双排凹穴、梅花状环凹穴、方形凹穴、沟槽、网格、人形等多种题材,内容较为丰富。具茨山岩画的分布有明显的规律性,大部分岩画都

---

① 刘五一:《中原岩画》,中州古籍出版社,2012年,第4页。

分布在山脊上,较为集中。

### 四、湖北岩画

2009 年 11 月,巴东县第三次全国文物普查工作队首次发现湖北岩画,岩画主要分布于巴东县长江三峡巫峡岸边天子岩,由近 400 个横向排列的红色手印和多道三条红色竖画线条图案组成(图 4)。岩画以彩绘方法制作,大部分保存良好,个别岩画因岩体风化而脱落残缺。

图 4　湖北巴东岩画——手印①

## 第三节　华东、港台地区

### 一、江苏岩画

将军崖岩画位于江苏省连云港市海州区锦屏镇桃花村的锦屏山,岩画发

---

①　图 4 由原湖北省巴东县博物馆馆长向勇先生提供。

现于 1979 年,共有三组,主要以人面像、植物、鸟兽纹、太阳、星云图、农作物及其他符号图像为主(图 5),采用凿刻、磨刻方法制作。将军崖岩画是我国东南沿海地区首次发现、唯一反映原始农业、古天文崇拜内容的岩画。1988 年被列为全国重点文物保护单位。

**图 5　江苏连云港将军崖岩画——人面像、植物、太阳、符号**①

## 二、浙江岩画

浙江岩画主要分布于台州市仙居县,2002 年首次发现,后陆续发现多处岩画点。仙居岩画为凿刻制作的蛇形、鸟形、鸟头鱼身形、马形、太阳形、人像形、柴刀形、锄耙形、棋盘形等各类图像,约 200 多个,线条流畅,笔画粗犷,风格古朴,内容丰富,总体保存较好,为春秋时期古越族先民刻制,其中蛇形、锄耙形图纹普遍见于各岩画点。送龙山岩画、小方岩岩画、中央坑崖刻、西塘岩画组成的仙居古越族岩画群,已于 2013 年成为第七批全国重点文物保护单位。

## 三、福建岩画

福建岩画主要分布在华安县沙建乡汰内村汰溪北岸的蚌盘山南麓的仙

---

① 图 5 由中央民族大学张晓霞博士提供。

字潭。在其北岸陡峭的崖壁上，自东而西刻有六组岩刻，其中除了后人插入的一组汉字石刻外，其余五组岩画形状大小不等、凿刻深浅不一，有人体形、人面像、兽面形等三四十个图像（图6）。关于仙字潭岩刻的年代和族属问题，多数学者认为是商周至战国间闽越先民的生活记事遗迹。

**图6　福建仙字潭岩画——人体及符号①**

## 四、台湾岩画

台湾岩画于1978年由台湾学者高业荣在台湾高雄万山发现，包括祖布里里、莎娜奇勒娥、孤巴察峨等三处岩画点。岩画以圆涡纹、重圆纹、脚掌纹、三角纹、曲线纹、人面像、方格纹、曲线纹、蛇纹以及密集的坑穴等几何图纹为主。这些抽象的岩画内涵丰富，有着深厚的文化底蕴。

① 图6由中国岩画学会乌噶先生提供。

## 五、香港岩画

香港岩画多为鸟兽纹、正方螺纹、圆圈螺纹等几何图形,与古代青铜器或同时陶器上的纹饰相似,另有模糊的人和动物图形。

# 第二编

# 中国北方岩画

近年来,中国北方各省区的文保机构、岩画研究机构及部分高校开展了多个关于岩画研究与保护的课题、项目,取得了显著的成果。本编将对中国北方岩画的界定、分布、内容、特点、价值进行论述,并对黑龙江、辽宁、甘肃、青海、新疆等省区重点岩画进行概述,内蒙古、宁夏岩画将在后续章节中详细阐述。

# 第四章 东北岩画主要分布

## 第一节 黑 龙 江 岩 画

早在 20 世纪 70 年代,黑龙江省考古学者在额尔古纳左旗敖鲁古雅民族乡鄂温克猎人的指引下,先后在大兴安岭额穆尔河上游克波河交唠呵道的山崖上及牛耳河流域阿娘尼河上源的崖壁上发现彩绘岩画,这两处岩画点以红褐色线条勾勒的鹿、驯鹿、狗、人物及狩猎场面的岩画为主。

2011 年以来,考古专家、学者先后在呼玛沿江乡狐仙洞、漠河西北仙女洞、黑龙江边绥安站小黑石砬子、八十八岭等岩画分布区域约 16.7 万平方公里范围内发现 30 多处岩画点。特别是在大兴安岭地区已发现岩画点 39处、4 050 余幅岩画。

## 第二节 辽 宁 岩 画

辽宁岩画主要分布在鞍山、葫芦岛、阜新等地,其中以鞍山市所发现的岩画为多,在鞍山市铁东区、立山区、千山区与海城市等区市共发现 17 个岩画地点,103 处岩画、143 组图案,总计 3 102 个个体图像。[①] 鞍山地区发现的岩画大多镌刻在龟形石、鱼形石、龙形石上,内容以日月星辰等图案为主,非常抽象。据分析,这些图案可能与祭祀有关。

---

① 《辽宁鞍山发现 103 处古代岩画》,中国日报网,新华社,2016 年 2 月 28 日,http://www.chinadaily.com.cn/micro-reading/interface_yidian/2016-02-28/14574645.html。

# 第三节 内蒙古呼伦贝尔岩画

大兴安岭位于黑龙江省与内蒙古自治区东北部,其中约五分之三位于内蒙古境内的呼伦贝尔市,故将呼伦贝尔·大兴安岭彩绘岩画放在东北岩画部分进行阐述。在苍茫的大兴安岭森林里,呼伦贝尔草原的各民族及其先民在山崖岩壁上创造了大量的彩绘岩画,以此来记录他们的生产生活与喜怒哀乐。在呼伦贝尔·大兴安岭发现的彩绘岩画制作时代久远,时间跨度较大,从远古时代开始,这里就生活着北方各民族及其先民,他们在这里生息繁衍,辛勤劳动,并在这里创作了题材广泛的彩绘岩画,包括人物岩画、动物岩画、器物岩画、符号岩画等。这些岩画不仅记载了他们生产、生活、生存的历史记忆,更深刻地反映了他们的文化价值和思维方式。大兴安岭彩绘岩画不仅是呼伦贝尔草原文化的重要源头之一,也是其重要组成部分。大兴安岭彩绘岩画所表现出来的文化内涵与呼伦贝尔草原文化存在密切的内在联系,萨满鼓岩画与祭祀文化,驯鹿岩画与畜牧文化,符号岩画与崇拜文化等等,无一不彰显出这一点。研究大兴安岭彩绘岩画,不仅能够深入了解在呼伦贝尔草原生活的各民族及其先民的历史发展轨迹,而且可以追溯呼伦贝尔草原文化的孕育与诞生。呼伦贝尔草原文化与大兴安岭彩绘岩画是各民族及其先民共同缔造的伟大成就。

呼伦贝尔草原上的各族先民创造了丰富多彩的文化,但随着历史车轮的不断前进,一代一代的各族先民湮没在历史的长河中,附着在他们生活中的大部分文化因人类载体的消失而幻灭,能够留存下来的仅是极小的一部分。在这极小一部分文化遗存中,不得不提及高山密林里的彩绘岩画。它的发现是一个偶然,但也是一个必然。如此重要的一种物质形态的文化遗存是不可能永远与世隔绝的,它的发现不仅能丰富现有文化遗存,更为我们研究生活在这一地区的先民们的生产、生活、艺术、宗教等社会生活提供了不可多得的素材。

据初步调查统计发现,呼伦贝尔·大兴安岭彩绘岩画共 18 处,岩画单体形象逾 3 000 幅,其中大部分分布在额尔古纳市、鄂伦春旗等地。由于长时期的风蚀水侵,许多岩画单体形象已模糊不清,少部分已无法辨认,能够辨认出的岩画单体形象主要是人物和动物,还有符号。

## 一、交唠呵道

交唠呵道位于大兴安岭北坡,近俄罗斯的边缘。在 20 世纪 70、80 年代,赵振才、顾德清先生在敖鲁古雅鄂温克猎民的引领下,做了记录。所有岩画单体的形象都集中在一块整的岩石上,岩画在离地面 1.5 米到 2 米高的位置上,整组画面高约 0.5 米,宽约 1 米。岩画所在岩石并不是平整的,而是有一定的弧度,中间较两边突起。从整体来看,这幅似放牧图,由三四个人及一些动物组成。此组岩画中,人的形象有繁有简,繁的画法是将人的头部和上身躯体表现得更为丰满,简的画法只是将其一笔带过,大致可以辨别出人的形象。当然,这种繁简有别的画法也可能是一种写实的画法。正如此组岩画下方的两个人像,左边那个体态丰腴,右边那个体态比较正常。再往上看,体态丰腴者上部那个人像体型明显瘦小,可能是一个孩童。从人像的姿势来看,三者也各不相同。体态丰腴者两手叉腰,像是一个部落首领,他在指挥、监督着整个生产生活的过程,而右边那个人左手似乎在牵着动物(鹿),他是放牧活动的执行者,而体态瘦小者双臂张开。该组岩画中比较清晰的动物形象有六个,右边四个是同一种动物,线条的刻画比较清晰,头、躯干和腿的刻画一体而成,简洁明了。该组岩画的左侧还有两个动物形象,最左边者从其头上的角可以明显看出这是一个鹿的形象,这只鹿体态硕大,鹿角长而坚挺,面向其余四头鹿,似乎在突显它头鹿的地位。而在孩童的左下方有一个简单的线条。此外,该图中还有两个图形因色彩褪去而无法辨别。

## 二、翠峰岩画

翠峰位于内蒙古鄂伦春旗加格达奇区。该组岩画由七个人像构成,刻画在一个整块的长条状岩石上。虽然,人像的色彩比较黯淡,但可以大致看清其体态和动作。人像或呈"大"字型或呈"十"字型,双臂都稍稍上举,这应该是一组舞蹈图。除左侧一个人像外,右侧六个人像整齐地排列成一行,右侧四个人像两腿叉开,双臂上举,而左侧第二个人像个头较其他四个人像较矮,且双腿合十。最左侧的人像虽然在体态和动作上与其他人像相差无几,但其高出其他人像半人高,双脚离地,其右腿稍稍高于左腿,身体腾空后倾,其姿势耐人寻味。

### 三、麒麟山岩画

麒麟山岩画位于鄂伦春旗阿里河镇区的阿里河畔。岩画绘在从山中突出的一块竖直石壁上,整个山体被破坏得很严重,岩体有崩塌,岩画濒临被毁灭。此幅岩画,是目前发现为数不多带有边框的岩画。高 75 厘米,宽 45 厘米。分四层,人物倒画。此种表现,尚属首次发现。

### 四、扬帆石岩画

扬帆石岩画位于内蒙古鄂伦春旗克一河镇,因形似扬起的帆而命名。岩峰高约 35 米,长约 70 米。似一扬起的船帆,山体似巨轮启程远航。扬帆石上只有一幅岩画图像,而且由于颜色褪去,只能大致看出是个人形图像。但是,这一人像与其他地方发现的人像有少许差别,就是人像的双臂是向下垂的,与叉开的双脚保持平行。

### 五、神指峰岩画

在一侧面形似"拇指",其南方有著名的景点——神指峡,而命名神指峰,是因第四纪冰川运动而成的冰蚀柱,石柱四周都绘有岩画。神指峰岩画位于内蒙古鄂伦春旗托河乡。在长约 9 米、高约 2 米的一面侧壁上布满了岩画,岩壁上多数岩画图像已不能辨识,仅留有一些模糊的红色颜料痕迹包括十余个岩画单体图像,如"丨"型、"十"型等符号。遗憾的是,岩壁上被人用岩石刻画上了"文字":许晓东酒仙。

### 六、小二红岩画

小二红岩画位于内蒙古鄂伦春旗宜里镇。岩壁上约有六七个岩画单体图像,都是简单的人形图像,呈上下两排排列,大部分岩画的红色颜料已基本褪去,图像已无法辨识。该组岩画由于褪色的原因,图像并不是很清晰。大致看来，这是一组人像的组合图。上排三个人像，比较模糊，下排三个人像，较为清晰，从体态上看呈"大"字型。这组人像上下两排虽是平行排列，但上下却不对应，而是插空排列。总体上，该组人像组成了一个菱形。

## 七、擎天柱岩画

擎天柱岩画位于内蒙古鄂伦春旗阿里河镇，岩石位于山顶部，为一高30余米、直径15米的柱体巨岩，周边都绘有岩画。该处岩画内容十分丰富，主要包含了人形和各种符号图像，高约100厘米，宽约170厘米。自左至右看，左上部有一个呈"大"字形的人形单体图像，左下部、中上部、右上部几乎是"大"字形的人形图像和"十""｜""/""、"型符号图像的混合组图。

## 八、冰长城岩画

冰长城岩画位于内蒙古鄂伦春旗吉文镇，岩画所在因冰川运动而在山顶形成的长500余米、高30余米的岩峰上，地质学家形象地将其巍然的景观称为冰长城。冰长城岩画由两个单体图像组成，左侧图像褪色严重，已不能辨认。右侧是一个人形图像，人像线条特别粗犷，头部和身体一笔带下，左右臂在一条直线上，但左臂上扬，右臂下垂，与右腿平行。

## 九、库勒奇沟天书岭岩画

天书岭岩画位于内蒙古鄂伦春旗阿里河镇，其石柱因冰川运动而呈页岩状，似巨书，石柱上绘有被誉为天书的岩画而得名。该处岩画长宽各30厘米，整体呈正方形。在正方形图案中有多个人形或类人形图像。其中，可识别的人形图像有五个，主要集中在图案的右侧。人像图形依旧是采用简单明了的线条刻画方法，呈"大"字形或"星"符形。

# 第五章　西北岩画主要分布

## 第一节　甘肃岩画

从目前发现的甘肃岩画来看,其分布密度和数量与新疆、内蒙古、宁夏的岩画相比较少,也缺乏大型岩画,但甘肃岩画具有与其他地区不同的文化内涵和特点,具有一定的代表性。甘肃岩画的调查与研究活动开始于20世纪70年代,黑山岩画最早被发现,其后陆续在肃北县、瓜州县、玉门市、嘉峪关市、肃南县、武威市、白银市、靖远县、金昌市、陇南市、玛曲县等地,先后发现不同历史时代的岩画分布点数十处,数千幅岩画。其中,肃北岩画是甘肃岩画分布范围广、数量大且内容丰富的地区之一,在甘肃岩画中占有相当重要的作用,而肃北岩画中的大黑沟岩画是其最具代表的一处文化遗产,2013年成为第七批全国重点文物保护单位,另有省级文物保护单位3处(灰湾子岩画、七个驴岩画、阿尔格力太岩画),市级文物保护单位2处(柳沟岩画、老道呼都格岩画)。

甘肃岩画内容多样,题材丰富。根据目前已发现的岩画,其题材可以分为:符号岩画、巫术岩画、狩猎岩画、生殖岩画、动物岩画等,岩画内容则有大象、骆驼、虎、鹿、牛、羊、马、狗、山鸡、鹰等;符号岩画有同心圆、圆环等;还有狩猎、舞蹈、祭祀等场景的岩画以及人面像岩画、人体岩画等。

甘肃岩画基本分布在陡峭的悬崖、巨大的岩石上,制作方法为凿刻法、磨刻法以及凿刻磨刻相结合等。岩画图像由简单的或重复的线条构成,线条有宽有窄,刻痕有深有浅,有的线条流畅,有的则较为生硬,另有部分岩画仅有刻痕所构成的轮廓,还有部分无轮廓岩画。

## 一、黑山岩画

黑山是马鬃山系的一条支脉,位于甘肃河西走廊西端嘉峪关市西北约20公里处,海拔2 800米左右,与祁连山遥相对应,地形险要,山势陡峭,山间有源源不断的清泉,水草茂盛,适于放牧。1972年黑山岩画被发现,随后相关单位开始对黑山岩画进行系统的普查,共发现岩画多幅,分布在四道鼓心沟、红柳沟和磨子沟等岩画点。黑山岩画均裸露于黑山诸山沟两侧的崖壁上,岩石质地坚硬,表面光滑,呈黑色或灰白色。岩画分布在峡谷两侧3至30米的石壁上,没有规律可循,其题材主要有动物(群)岩画、狩猎岩画、舞蹈岩画、人形岩画、人骑岩画、符号岩画及殿堂、佛塔、佛像等摩崖石刻。

(一)四道鼓形沟岩画(又写作四道鼓心沟)①

四道鼓形沟是黑山岩画的主要分布区之一,位于嘉峪关市峪泉镇黄草营村西面的黑山南麓四道鼓形沟内,目前共普查该岩画点岩画共计100余幅,分布在主沟的狭窄处两侧崖壁上,面积约12 930平方米。岩画高度距沟底0.5—5米不等,利用石器、铁器磨刻、凿刻制作,内容有人物、虎、狼、豹、野牛、犀牛、牦牛、岩羊、山羊、鹿、狗、射猎、围猎、放牧、人骑、舞蹈、抽象符号等(图7、图8)。部分岩画受风吹、日晒、雨蚀等自然因素影响,存在风化、剥落现象,同时人为破坏较为严重。

(二)红柳沟岩画

红柳沟位于黑山南部,是一条东西走向的峡谷地带,长约11公里。西端是较为狭窄的峡谷,东端为古黑山湖沉积盆地、黄土台地及沼泽草滩。东端峡谷出入口有明、清时设置的烽火台、营寨、石墙、石门等防御设施。经普查,在红柳沟两侧的崖壁上共发现岩画33幅,内容有殿堂(图9)、佛像、佛塔(图10),以及羊、鹿、牛、驼、老虎等,还有一方明代万历年间的摩崖石刻碑。从制作方法上来看,基本为磨刻制作和凿刻制作,个别动物岩画制作得较为简单。

---

① 甘肃省博物馆所著《甘肃嘉峪关黑山古代岩画》一文中以"四道鼓心沟"命名此岩画点;庞颖、沈渭显所撰《甘肃岩画分布研究》一文中以"四道股形沟"命名此岩画点。

图 7 四道鼓形沟人体与动物群岩画

图 8 四道鼓形沟舞蹈的人岩画

图 9　红柳沟殿堂岩画

图 10　红柳沟佛塔、符号与人骑岩画

（三）磨子沟岩画

　　磨子沟已接近黑山之石关峡地带，这里的峡谷层峦叠嶂，石质为白色花岗岩石，极为坚硬，可做石磨、石碾等，故称磨子沟。从四道鼓形沟北端翻越山梁也可抵达此沟。此沟岩画较少，且模糊不清，个别岩画因位于沟底位置，人为破坏较为严重。

  磨子沟岩画是用坚硬的石器或金属工具制作而成,所用的方法有两种:一种为磨刻法,将动物的轮廓通过来回的磨刻方法制成;另一种则是将岩画画面通体凿满凿点,以凿点组成岩画的形象。通过辨别可发现,部分磨刻的岩画因刻痕较浅而变得较为模糊,仔细辨认才能依稀分辨清楚。磨子沟岩画数量较少,内容有鹿、羊、马、狗等动物形象及人骑形象,虽制作简单,但形象生动。磨子沟岩画中保存较好的仅有三幅。第一幅岩画在沟口拐弯处的石壁上,为一人带弓箭形象,画面中的人一手叉腰,一手持弓,双腿分立,形象生动,该岩画高 8 厘米,宽 6 厘米;第二幅岩画在磨子沟第二拐弯处,距第一幅岩画约 100 米,内容丰富,题材多样,有舞者、鸟、牛、驼、马、射猎等形象;第三幅岩画内容丰富,画面较大,刻有驼、羊、牛、马、射猎、飞鸟等形象,大多漫漶不

图 11　磨子沟射猎、动物群岩画与"民国八年"题刻

清,其中一匹马形体较大,呈现出四足奔驰的形象,就其颜色分析,可能是后人所刻画,画面上还有近人所刻"民国八年"等字样。

## 二、肃北岩画

肃北岩画位于甘肃省酒泉市肃北蒙古族自治县,属于我国北方岩画系统,最早的发现于1983年,截至目前共发现岩画20多处,画面总数在5 000幅以上。肃北岩画主要分布在大黑沟,沟坡半公里长,表面陡峭,沟口的河岸两旁就分布着大量的岩刻画,大多数内容丰富多彩,有狩猎岩画、放牧岩画、人骑岩画、动物岩画等等,在岩刻画的旁边还发现了刻制年代的隋唐"开皇"年号和一些人名题记。

**图12　大黑沟动物群、人体岩画及"开皇"等题刻**

## 三、靖远县吴家川岩画

吴家川岩画于1976年被发现,位于靖远县刘川乡境内的吴家川以北的山岩上,这里沟壑纵横,山峦起伏,山丘高度大约为20—30米。此岩画点的岩石

**图 13　大黑沟人体与骆驼岩画**

为红砂岩,红砂岩断裂的部位所形成的崖面经长期风吹雨淋已呈较深颜色,岩画就位于两个红砂石崖面上。因岩画图片版权问题,文中未展示吴家川岩画图片。

南处岩画位于吴家川张家台子,因 2003 年在修建白(银)刘(寨柯)高速公路,在路基南侧取土垫路,导致岩画被深埋地下,遗迹无处可寻。北处岩画位于陈家沟内,附近砖厂对周围山体环境破坏极其严重,岩画表面剥落现象严重。该处岩画由于山体自然原因被分为东壁西壁两处,两壁岩画都刻有形态各异的人骑、羊、鹿、马、犬等形象,数量较多。

东壁岩画:高 2.2 米,宽 4.8 米,为动物群岩画,由大小 20 余个鹿和羊组成,其中鹿的形象较为突出。画面左侧鹿的鹿角分支较多,四肢弯曲,鹿头高昂,生殖器明显,似在行走。在鹿的周围是各种羊的造型,或大或小,其中四只大角羊形象生动,羊角硕大。画面右侧同样由多个动物组成,仅个别大角羊的形象可辨,其余形象或模糊,或残缺,难以分辨。

西壁岩画:高 2.95 米,宽 2.75 米,为人骑及动物岩画,由多个人骑及动物岩画组成。该岩画制作较为精细,特别是其中七个人骑岩画制作精美,将人骑在马上的形象表现得极为生动,或跃马飞奔,或闲庭信步,或驻足瞭望,具有较高的研究价值。在七个人骑形象周围则是人形岩画与动物岩画,制作较为简单,左下部人骑岩画残缺。

限于篇幅及野外调查能力所限,在此节中仅对甘肃部分岩画点进行了概述性介绍,尚有很大一部分甘肃岩画未做详细介绍。随着甘肃岩画的不断发现及研究的不断深入,相信会有越来越多的岩画被发现并进行深入的研究,从而能够使人们更加深入地了解甘肃岩画。

# 第二节　青海岩画

青海岩画最早于 1982 年由王利君在刚察县哈龙沟发现,并正式以《哈龙沟发现古代岩画》为篇名在《青海社会科学》上加以报道,这是青海岩画首次见之于世;1984 年青海省文物考古研究所的许新国和格桑本对青海海西州哈龙沟和巴哈毛力沟的两处岩画点进行了调查,并将调查结果发表在《文物》杂志;[①]1985 年春,国家文物局召开六省区(西藏、新疆、青海、宁夏、内蒙古、甘肃)岩画工作会议,决定在六省区内进行岩画普查。以此次会议为契机,青海省文物考古研究所与北京师范学院联合开展了岩画普查工作。由于青海省的面积较大,地质地貌与自然环境复杂,再加上岩画多分布在交通不便的偏远地区,导致岩画普查工作进行得十分缓慢,从 1985 年到 1988 年,前后持续了三年多的时间。经过 3 年的岩画调查,共发现岩画点 13 处,多集中在海西和海南两州。青海岩画在第三次全国文物普查中共调查岩画点 35 处,主要分布在巴颜喀拉山、昆仑山、祁连山南麓及这三大山系附近有水源的地区,在已发现的岩画中,其类型主要有人形岩画、动物岩画、生殖岩

---

① 　许新国、格桑本:《青海省哈龙沟、巴哈毛力沟的岩画》,《文物》1984 年第 2 期。

画、狩猎岩画、符号岩画、放牧岩画、舞蹈岩画、人骑岩画等等。其中，又以动物岩画种类为多，有牛、马、羊、犬、鹿、虎、鹰等动物形象。对于在中国北方较为常见的人面像岩画在青海则少有发现。从表现题材和艺术风格看，青海岩画属北方岩画系统。

青海岩画中人形岩画较多，但大部分人形岩画是和动物、符号、车辆等形象一同出现，表现了放牧、狩猎等社会生活的内涵。单独的人形岩画较少，仅几幅，其所表达的内涵还需深入研究。

在青海已发现的岩画中，动物岩画所占的比重较大，既有单体动物岩画，又有大型的动物群岩画，还有很多动物岩画是综合表现狩猎、放牧等题材的，可谓形象多样，内容丰富，是青海岩画的重要组成部分。青海动物岩画中出现年代最早、频率最高的是牦牛岩画，既有单独一头牦牛的岩画，又有牦牛群岩画，就目前所发现的青海牦牛岩画来看，单体牦牛岩画的数量较少，更多牦牛形象是表现放牧、狩猎等内涵的岩画，是放牧岩画、狩猎岩画的重要组成部分。从岩画的制作方法上来看，牦牛岩画既有凿刻制作，又有凿刻、磨刻相结合制作，同时，有的牦牛岩画是单线条岩画，线条流畅，有的牦牛岩画通体遍布凿点，刻痕较深。

大部分单体牦牛岩画为凿刻制作，通体遍布凿点，凿点深且稀疏，线条流畅，牛头、牛角、四肢、牛尾明显。另有单体牦牛岩画仅以凿点组成牦牛的外部轮廓，表现牦牛的头、角、四肢与尾，凿痕较深，线条流畅，而牦牛身体部分空白。

关于牦牛群岩画，一般将一幅岩画中存在三个及以上的牦牛形象且没有其他题材的岩画称为牦牛群岩画，用于其他动物群岩画亦如此。大部分牦牛群岩画为凿刻制作，通体遍布凿点，凿痕较深，线条流畅。个别牦牛群岩画为凿刻的线条组成外部轮廓，线条流畅，刻痕较深。

北方岩刻类岩画中飞鸟的形象是非常少见的，在青海岩画中有部分飞鸟岩画，从其形象上看似鹰，但没有确凿证据，故在此仅以飞鸟称呼此类岩画。值得注意的是，飞鸟类岩画仅在青海野牛沟岩画点存在，未见于其他岩画点。除个别飞鸟造型岩画是以单体形式存在的，大部分飞鸟岩画是与其他动物、人以及符号岩画共同存在的，内涵更加丰富。

飞鸟造型岩画大部分为凿刻制作,通体遍布均匀、细密的凿点,凿痕较深,线条流畅,整体形象逼真、生动,展示了飞鸟展翅欲飞的英姿。另有飞鸟岩画与人形岩画、羊岩画、牦牛岩画及人骑岩画组成的画面,飞鸟岩画大都位于整幅岩画的上方,凿刻与磨刻相结合,表现了飞鸟展翅高飞的形象。

骆驼岩画在青海已发现的岩画中是比较常见的,大部分骆驼岩画是与其他题材的岩画相伴相生的,表现了当时这一地区的社会生活状态。

青海岩画中的符号岩画较为少见,作为岩画的重要组成部分,符号岩画其深刻的内涵及意义对研究岩画具有深远的影响。青海岩画中的符号岩画较多的是与藏传佛教相关的六字真言及其他藏文符号,特别是在怀头他拉沟发现较多符号岩画。

狩猎岩画在青海岩画中较有特色,大部分是猎人以弓箭射杀动物,还有乘车进行车猎的岩画,是在其他地区的岩画中少有的。综合来看,射猎岩画中所用的工具以弓箭为主,猎物基本上是牛、羊等,个别岩画中有猎犬出现。

与放牧有关的岩画不多,主要问题是如何区分放牧岩画与狩猎岩画。一般来说,放牧岩画中有人,放养的家畜如牛、羊、马等,而区分于狩猎岩画的标志则是是否有弓箭、猎犬等狩猎工具的出现。因此,对于青海岩画中的狩猎岩画,我们一般将没有狩猎工具和狗但同时存在人、人骑及牛、羊等家畜的岩画暂归为放牧岩画。

## 一、海西州岩画

### (一)鲁芒沟岩画

鲁芒沟岩画位于海西蒙古族藏族自治州天峻县天棚乡鲁茫沟内,20世纪80年代普查时的命名是"天棚岩画",第三次全国文物普查后改为"鲁芒沟岩画"。在沟内东侧山脚处两个掉落的大石块上,有虎、野猪、蛇、骆驼、马、羊等80余个动物图案凿刻在面积20余平方米的石块上。第一幅岩画共有51个动物形象,是一幅规模宏大的虎逐牛羊图,从岩画的刻痕及制作手法上判断,其中部分动物被后期人工加工过。第二幅同样是老虎追逐动物的岩画,画面中的老虎、骆驼、牦牛等均为凿刻制作。该岩画点现为省级文物保护单位。

（二）巴哈毛力沟岩画

　　该岩画点被称为山羊嘴，又称画石嘴，位于海西蒙古族藏族自治州都兰县香加乡巴哈毛力沟内。对该岩画点进行普查的时间是 1986 年，但此处所有岩画均被当代人重新打凿，岩画本来的面貌被完全破坏。此处的岩画以太阳、符号、骆驼、牛、驴、蛇、马、鹿、羊等图案为主，凿刻制作。根据不同岩画之间的关系可分为 9 组，基本分布于山羊嘴西侧的石壁上部，石面宽 4 米，长 7 米，为省级文物保护单位。

（三）野牛沟岩画

　　野牛沟位于海西蒙古族藏族自治州格尔木市郭勒木得乡西北约 70 公里处的昆仑山脚下，岩画所处的四道沟山梁海拔约 3 900 米，呈东南—西北走向。野牛沟岩画可分为两组：第一组岩画散布在四道沟山梁南坡的花岗细砂岩上，共 45 幅，约 250 个个体形象，岩画朝向大都面向东南或正东，内容主要有鹰、牦牛、人骑、羊、骆驼、人体等图案；第二组岩画位于第一组岩画以南约 4 公里，之间有一小山相隔，共有 7 幅岩画，内容主要有人体、放牧、狩猎、动物等（图 14）。野牛沟岩画的制作方法既有凿刻又有磨刻。

（四）卢山岩画

　　卢山岩画所处的天峻县江河乡卢山，位于海西蒙古族藏族自治州。岩画被制作在江河右岸 30 多块大小不等的花岗岩上。共 39 组岩画，270 个左右的个体图案，制作方法有凿刻、阴线勾勒和磨刻法。画面内容有车猎、角斗、交媾、狩猎、鹿、鹰、牦牛、狗、野猪、人体、虎等画面，为省级文物保护单位。

（五）巴厘岩画

　　该岩画点位于海西州乌兰县巴音乡的巴厘河滩，岩画则在巴厘沟口处巴厘河岸的一块花岗岩上，岩石高 2.1 米，宽 2.9 米。共有 12 个个体图案，其内容有猎人、狗、日、月、羊等图案。

（六）怀头他拉岩画

　　怀头他拉岩画位于海西蒙古族藏族自治州德令哈市怀头他拉乡西北约 40 公里的哈其布切沟，该沟长约 5 公里，宽约 1 公里，南北走向，原有河流干枯，沟内大小石块遍布。岩画就敲凿在这些大小不一的石块上，共 30 余

**图 14　野牛沟动物、射猎、符号岩画①**

组,100余个个体形象,内容主要有牦牛、驴、羊、人骑、符号、马、狼、太阳、符号、鹿、狗、凹穴、圆环、螺旋纹等图案,制作方法有凿刻法、磨刻法等。

## 二、海北州岩画

### (一)哈龙沟岩画

该岩画点位于海北藏族自治州刚察县吉尔孟乡哈龙沟内,哈龙沟口小腹

---

① 图14由宁夏岩画研究中心杨惠玲研究员提供。

大,呈喇叭形,东北—西南走向,吉尔孟河纵贯其中。岩画雕凿在沟内中段两座海拔3 500米的花岗岩长岩山岗上,共17个形象,分布在6块岩石表面上,均为磨刻制作,内容为牛、鹿、虎、羊等。此处岩画为省级文物保护单位。

### (二)舍卜齐岩画

原为舍不齐岩画,第三次全国文物普查后更名。位于海北藏族自治州刚察县泉吉乡立新大队舍卜齐沟沟口处山顶上。岩画刻在沟口北岸一块高2.8米、宽3.4米的岩石面上。舍卜齐岩画现存31幅,内容涉及牛、羊、狼、鹿、车辆、狩猎等。岩画采用凿刻方法制作,部分岩画因风蚀导致剥落,同时该岩画点有后人所刻的藏文六字真言,说明此处有晚期岩画作品,该岩画点为青海省级文物保护单位。

## 三、海南州岩画

### (一)切吉岩画

切吉岩画位于海南藏族自治州共和县切吉乡南13公里处的卢阿龙河当山顶之上,地处切吉滩南端。岩画分刻在山顶两块细砂岩石上,共有画面6幅:第一块岩石上有三只羊、两只狼共5个图像;第二块岩石上只有一头牦牛的形象。采用凿刻与磨刻相结合的方法,系省级文物保护单位。

### (二)湖李木沟岩画

位于海南州共和县切吉乡然呼曲村东15公里左右的和里木,地处切吉滩的北端。原名和里木岩画,第三次全国文物普查后更名。该处岩画雕凿于两个台地衔接处断层面的细砂岩上,海拔3 400米,共有岩画39组,题材内容有牦牛、马、人骑、虎、人体、羊、狼、射猎等,制作方法为磨刻。

## 四、玉树称多岩画

青海玉树称多县岩画是近年来我国北方新发现的重要岩画遗存,目前已在数十个岩画点发现岩画2 000余幅,其题材包括狩猎岩画、畜牧岩画、征战岩画、符号岩画、车辆岩画、人物岩画及生殖崇拜岩画等(图15、图16、图17),是玉树地区早期文化的重要代表。

图 15　称多符号、塔、动物岩画

图 16　称多人体、塔、动物岩画

**图 17　称多棋盘岩画**

# 第三节　新疆岩画

2007—2009 年,新疆第三次全国文物普查的实地调查工作中,共普查了岩画 472 处,新发现岩画 249 处,其中有 18 处自治区级文物保护单位,89处县级文物保护单位。新发现的岩画主要集中在阿尔泰山脉、天山山脉,昆仑山脉也有少量发现。岩画之所以集中出现在这些山区,与古人生活的地理环境有着紧密的关系,因此,了解这三条山脉的地理环境是非常必要的。

阿尔泰山脉是欧亚大陆上宏伟的山系之一,山势呈西北—东南走向,经过俄罗斯、哈萨克斯坦、中国、蒙古,北高南低,由西北向东南呈阶梯状递降,表现出明显的垂直层次地貌。经过中国境内新疆北部的是其中段以及东端南麓少部分地域,从国境山脊线到额尔齐斯河谷地,明显有 3—4 个阶梯,气温和自然景观均呈垂直分布,海拔 3 200 米以上是冰雪带,形成冰川侵蚀与堆积地貌,仅在槽谷与古冰斗底部发育有苔藓、地衣等高寒植被。2 400—3 200 米为高山带,古冰川作用导致形成的 U 形谷较多,植被以高山草原为主,是优良的夏牧场,可放牧时间一般为 75 天。1 500—2 400 米为中山带,降水丰沛,槽形谷地分布广泛,水热条件好,是适宜放牧的优良夏牧场,放牧时间长达 95 天。1 000—1 500 米为低山带,地形是山地与断谷相互交替,发育有山地草原植被,其间小盆地与小块准平原发育有荒漠化草原植被,是优良的春秋牧场,放牧时间春秋两季约 135 天。800—1 500 米之间山前丘陵谷地,上部发育为荒漠化草原植被,下部为草原化荒漠植被,也属优良的春秋牧场。500—800 米间为额尔齐斯河与乌伦古河间的洪积平原,主要发育有半荒漠草原植被,属低等的春秋牧场,靠近河谷低地处发育有低地草甸植被,可作为冬牧场。

阿尔泰山西南部是准噶尔西部山地,北为塔尔巴哈台山,东为沙吾尔山。南有额敏县境内的乌日可下尔山,和布克赛尔县境内的斜米思台山,裕民县境内的巴尔鲁克山,托里县境内的玛依勒山、扎依尔山等低山,最高峰为海拔 3 816 米的沙吾尔山木斯岛峰。山间盆地较多,如吉木乃谷地、和布克谷地、塔城盆地、托里盆地,均向西展开,水草丰茂,成为阿勒泰地区吉木乃县、哈巴河县,塔城地区塔城市、额敏县、裕民县、托里县冬牧场。其中,塔尔巴哈台山的高中山地是夏牧场,山前丘陵及洪积冲积扇地带是春秋牧场;巴尔鲁克山、玛依勒山也有这样良好的夏牧场和春秋牧场。阿尔泰山脉在我国境内,向东南延伸为北塔山,至木垒县、巴里坤县、伊吾县北部,也形成了重要的冬牧场。在阿尔泰山脉独特的地理环境中,自古以来就零散分布着众多的冬、夏牧场,这些牧场从阿勒泰地区到塔城地区,再到昌吉回族自治州的木垒县,哈密地区的巴里坤县、伊吾,虽然都是不连续分布,但都是新疆重要的岩画分布区域。在这些地域分布的岩画,既有特性相近的地方,也有不同之处,新疆目前发现的洞穴岩画,都集中在阿尔泰山脉中,洞穴岩画中多见手掌纹和简单线条组成的抽象人物;凿刻的岩画多北山羊、车、马等图案。

新疆境内另一处岩画相对集中的分布区域是横亘于新疆中部的天山山脉。天山山脉最宽处 200—300 千米,由三列平行的褶皱山脉组成,山势西高东低,山体宽广,山脊线海拔 4 000 米以上。北脉有阿拉套山、科古琴山、婆罗科努山、博格达山等;中脉有阿拉喀尔山、那拉提山、艾尔温根山等;南脉有科克沙尔山、哈尔克山、贴尔斯克山、科克铁克山、霍拉山等,总长 2 500 多千米,在新疆境内东西绵延约 1 500 千米。其西段在哈萨克斯坦和吉尔吉斯斯坦境内,新疆境内的部分自西向东又可分为三段:伊犁盆地南北缘的哈尔克他乌山、济嘎郎山、雅布尔山、婆罗科努山等称为西段,海拔 3 000—5 000 米;额尔布特山、乌肯山、博格达山等为天山中段,一般高度为 4 000—4 300 米;巴尔库山、哈尔里克山等为天山东段,海拔 3 000—4 000 米。再东延至与河西走廊北侧合黎山、龙首山等相连接,山岭时断时续,山势渐平,直至倾没。天山山脉把新疆分隔成塔里木盆地与准噶尔盆地,是地理上一条重要界线。

天山山脉各山之间,发育有许多河流,著名的有特克斯河、巩乃斯河、喀什河、伊犁河;并且分布着 6 890 多条大小冰川,是天然的固体水库。融冰的化雪,汇集成二百多条河流,滋润和灌溉着天山南北的广阔绿洲。崇山峻岭之间,又分布着一个个盆地、谷地,著名的有哈密盆地、吐鲁番盆地和伊犁谷地,其土地肥沃、水草丰茂,形成了良好的山区天然草场。

天山山脉的岩画主要分布在其间草场附近,并且向北与阿尔泰山脉的岩画群连在了一起,向南延伸至昆仑山脉附近,只是天山南部的岩画远远少于北部,风格特征也与山北的岩画有着明显的差异,与昆仑山脉的岩画风格更趋于一致。

新疆南部的昆仑山系分布于塔里木沙漠南缘,自西向东包括我国境内的帕米尔高原、新疆与克什米尔间的喀喇昆仑山及主要在新疆、西藏间的昆仑山脉;北支还有阿尔金山,东北延伸接祁连山。在新疆境内的昆仑山系,由于远离水汽来源,是亚洲腹地不多的干旱山地之一。加上所处纬度的客观原因,这里普遍缺少北疆的高山草甸、草原,这样的环境对于人类生存有着较大的影响,因此,在这里发现的岩画相对于北疆要少很多。李永宪、霍巍将昆仑山脉南麓西藏境内阿里等地区的岩画与相邻的新疆地域的岩画作了对比,发现了较多相似之处。

新疆岩画的分布规律似乎以天山为界,呈现不同的变化,天山北坡及其向北的多数山间草场、牧场,直至阿尔泰山的南坡,都有内容丰富的大量岩画分布,阿尔泰山的岩画以阿勒泰地区和塔城地区最为集中。天山北坡的岩画以哈密地区、昌吉回族自治州、博尔塔拉蒙古自治州、伊犁哈萨克自治州最为典型。天山南部的岩画以巴音郭楞蒙古自治州为特色。

总体来看,新疆岩画主要分布在阿尔泰山脉、天山山脉,昆仑山脉也有少量分布。多数岩画凿刻在避风、朝阳的山坡的岩石上,附近有草场和水源(无论现在是否干枯),阿尔泰山脉、天山山脉间有很多山间盆地,有的甚至是比较广阔平坦的草场,在这些草场周边的山坡上,往往有大量的岩画存在。古代岩画的分布区域,与今天牧场的区域是比较一致的,因此调查中比较容易从牧民那里收集到丰富的线索。因新疆岩画众多,本章节仅选取哈巴县阿什勒岩画(图 18)、康家石门子岩画(图 19)部分图片进行展示。

**图 18　哈巴县阿什勒岩画**①

①　图 18 由海南热带海洋学院杨超教授提供。

**图 19　康家石门子岩画**①

---

① 图 19 由内蒙古师范大学张晓霞讲师提供。

# 第三编
# 中国北方岩画典型分布

宁夏贺兰山、大麦地岩画,内蒙古阴山岩画,是我国北方岩刻类、岩绘类岩画的重要代表,多年来,在高校、文物部门、科研机构的不断努力下,这几处岩画在田野调查、数据信息采集、档案建设以及研究保护方面取得了显著的成绩。故在本编中,将宁夏贺兰山、大麦地岩画,内蒙古阴山岩画作为典型区域岩画的代表进行阐述。

# 第六章　宁夏岩画

　　宁夏岩画在国内发现较早,在中国岩画乃至世界岩画界占有重要地位。随着贺兰山岩画、大麦地岩画的不断发现,宁夏逐渐成为中国岩画研究与保护的主要省份,随着1990年、2000年两届宁夏国际岩画研讨会在银川的召开及银川市贺兰山岩画管理处与宁夏岩画研究中心的成立,特别是北方民族大学接连出版《大麦地岩画》《贺兰山岩画》两部巨著,宁夏在岩画研究保护与旅游开发上进入了飞速发展时期,全面深入开展了岩画的研究与保护工作,为宁夏岩画的发展奠定了坚实的基础,并成为国内其他省区研究保护岩画学习的榜样。在宁夏岩画的示范带动下,国内其他有岩画分布的省份逐渐开始岩画的普查、研究、保护等工作,取得了显著的成绩,为中国岩画事业的全面发展做出了突出贡献。由于宁夏岩画的分布地域广、数量多,内容丰富、题材多样,在此仅以贺兰山、大麦地具有特色的岩画作为研究对象进行阐述。

## 第一节　贺兰山岩画

　　巍峨雄伟的贺兰山是我国少有的南北走向的山脉,在中华民族的历史上占有特殊的历史地位。绵延250余公里的贺兰山是宁夏的屏障,阻挡了来自腾格里沙漠的风沙。自古以来,我国北方游牧民族中的北狄、匈奴、铁勒、鲜卑、柔然、突厥、薛延陀、回鹘、沙陀、党项、蒙古等都曾在此繁衍生息和狩猎游牧,创造了光辉灿烂的民族文化,是中华文明的重要组成部分。

　　随着20世纪60年代贺兰山岩画的发现,岩画这一人类远古时期的文明使得贺兰山的历史文化内涵愈发显得深厚久远,特别是随着近年来岩画野外普查工作的广泛开展,在石嘴山市、银川市所辖的贺兰山东麓麦汝井、翻石沟、石炭井、大树林沟、小树林沟、红果子口、偷牛沟、黑石峁、韭菜沟、归德沟、白芨沟、大水沟、高伏沟、大西峰沟、小西峰沟、白头沟、插旗口、新沟、盘沟、北青石沟、小贺兰口、贺兰口、苏峪口、回回沟、大韭菜口、拜寺口、大水吉口、黄渠口、滚钟口、朱峰沟、涝子沟等山谷及山谷前的洪积扇平原上,在大麦地的广阔荒漠中,均在原有岩画资料的基础上新发现了大量的岩画,弥补了之前岩画普查的缺失,填补了宁夏岩画在岩画档案资料方面的空白,为深入研究宁夏岩画的内容、题材、断代及深厚的历史文化内涵奠定了坚实的资料基础。

贺兰山岩画以其内容丰富、题材多样、数量众多、时间跨度大、涉及民族多而闻名于世,是中国岩画乃至世界岩画的瑰宝,是研究人类史前文明的重要资料,同时也是研究远古时期人类社会历史、文化艺术、宗教信仰的重要依据,对于历史学、考古学、民族学、美学、宗教学、人类学等学科具有重要的学术研究价值。

贺兰山壮丽险峻,有着优越的地理环境与自然环境,自古以来就是古代游牧民族的游牧和狩猎之地。在这一片广大的地域上先民们创造了与生产生活息息相关的文化,世代相传,绵延不绝。与此同时,他们创造了极具特色的文化形式——岩画。这些岩画内容多样,题材丰富,造型或复杂或简单,总量在数万幅以上,形成了极为壮观的原始艺术长廊。这些镌刻在山石之上的岩画,是对远古先民狩猎与畜牧文明的真实写照,其中既有制作精美、体量巨大的以放牧、狩猎为题材的岩画,又有极为简单的单体动物、符号岩画;既有历史文化内涵极为丰富的人面像岩画,又有形象生动的人体岩画,从多方面反映了远古先民对生活的热爱,对自然的崇拜。这些以岩画为表现形式的文化艺术品,是在漫长的历史长河中凝聚积淀下来的,不仅可以弥补文字出现之前的历史,而且向我们展示了大量兼具写实与写意的历史文化资料,蕴含着大量的信息,是远古先民遗留给我们的一份宝贵的历史文化艺术遗产,堪称民族文化的瑰宝。

在贺兰山自北向南的 30 余个山口及山前的洪积扇平原上,已发现、记录万余幅岩画,这些岩画题材各异,内容不同,岩画的尺寸大小不一,反映了远古先民的生殖崇拜、祖先崇拜、图腾崇拜、神灵崇拜的精神世界以及生产生活等社会场景。从岩画内容来看,贺兰山岩画有人面像岩画、人体岩画、符号岩画、动物岩画、狩猎岩画、征战岩画、放牧岩画、交媾岩画等等,而动物岩画中又有老虎、豹子、狼、牛、骆驼、马、羊、鹿等,这些动物或以动物群的形式成群结队地出现,或成为狩猎或放牧的对象,或仅仅一个单线条动物,可以说动物岩画是贺兰山岩画的重要组成部分,是反映远古时期先民社会生产生活的重要记录。

人面像岩画是岩画中较为特殊的一类题材,历来为国内外岩画学界所重视,根据以往的研究分析,人面像岩画可进一步细致地划分为崇拜神灵的人面像、表现写实类的人面像、崇拜图腾的人面像、崇拜首领的人面像、崇拜自然的人面像、崇拜生殖的人面像等;贺兰山岩画中的人体岩画同样较为多见,根据人体岩画所处的不同题材,可以将人体岩画分为狩猎人体岩画、祭祀人体岩画、舞蹈人体岩画、蛙形人体岩画、放牧人体岩画、交媾人体岩画、争战人体岩画等等;这些人体岩画的出现为另一类较大题材岩画的出现奠定了基础,这就是反映远古先民生活场景的岩画,包括狩猎岩画、放牧岩画、祭祀岩画、征战岩画、交媾岩画等;符号岩画同样是贺兰山岩画中较为引人注目的一类岩画,因其特殊的造型及难以捉摸的含义而引起学界争论,这类岩画主要有同心圆岩画、螺旋纹岩画、坑穴岩画、方形符号岩画、蹄印岩画、手印岩画、男根岩画、女阴岩画等等;此外还有部分表示车辆、房屋等内容的岩画。

虽然无法考证贺兰山岩画的创作者,但他们依然是中国艺术的开创者。千百年来,先民们刻画在山崖石壁上的岩画依然存在,那些或生硬或流畅的线条、或粗大或细微的凿点组成了一幅幅生动逼真的人面像、一只只活灵活现的动物;一个个形象动人的生活、狩猎场景,无不展示着远古先民的创造与智慧。

## 一、高伏沟岩画

高伏沟地处贺兰山东麓北段,位于著名的岩画分布区大水沟以南3公里左右,在行政区划上属于石嘴山市平罗县崇岗镇。根据调查情况,可以确定高伏沟是贺兰山岩画的主要分布点,分布在山谷中的岩画数量较多,内容丰富,题材多样,特别是大量的同心圆、螺旋纹岩画是高伏沟岩画区别于贺兰山其他岩画点的一个重要特征。

此外,在高伏沟还分布着多幅动物群、符号、人面像、狩猎、手印、人骑、人体等岩画,与同心圆、螺旋纹岩画一起被刻制在山谷两侧的石壁上,是贺兰山岩画不可多得的精品。同时,在高伏沟沟口外的荒滩上,有一座西夏时期墓地,是平罗县文物保护单位——涝湾墓地。

在高伏沟共普查岩画50余幅,填写岩画普查表50余张,对高伏沟岩画进行了详细的登记。其中大部分岩画可以清晰辨认,个别岩画特别是高伏沟南侧山坡上的个别单体岩画难以辨认。通过普查发现,高伏沟岩画几乎都分布在沟谷两侧距地面高度三四米左右的石壁上,20米以上的石壁几乎没有岩画。在高伏沟以南的山坡处,同样分布有大量的单体岩画,大部分是刻制在巨石上的巨型动物、狩猎、符号等图案。除了岩画外,高伏沟沟口南侧的山梁处,还矗立着一座黄土夯筑的烽火台样式的遗址,应是古代的军事建筑,建立时间不得而知。

图20由两只凿刻的动物及部分凿点组成,是高伏沟岩画中少有的在地面处制作的岩画。从图中可以看出这两只似鹿、似羊的动物线条较细,刻痕由清晰的凿点组成,据此我们可以判断该岩画是凿刻制作。值得一提的是,高伏沟及其周边的岩画凿刻制作得非常少,仅有个别岩画是凿刻而成,其余大部分岩画均为磨刻或凿刻、磨刻相结合制作而成。

**图20　高伏沟动物岩画**

　　图 21 是发现于高伏沟南侧山坡处的一幅单体巨型动物与符号岩画,巨型动物似野猪,獠牙外露,四肢雄壮,背上有两个弧形隆起。从图片上可以发现,整幅岩画刻痕浅且光滑流畅,无凿点,由此判定此岩画为磨刻制作。需要说明的是,在目前所发现的贺兰山岩画中,像这样体型巨大的单体动物岩画非常少见。

**图 21　高伏沟动物与符号岩画**

　　高峰沟岩画的另一个重要特征是拥有大量制作精美的同心圆与螺旋纹岩画,这在贺兰山东麓非常少见,从而使高伏沟岩画在贺兰山岩画中占有重要的地位。值得注意的是,该山谷中的同心圆或螺旋纹岩画并不是单独存在的,大部分的同心圆与螺旋纹岩画都是与人面像、动物、符号、圆圈、人骑等岩画共同分布在同一面石壁上,其所蕴含的意义还有待进一步深入研究。

　　图 22 是在高伏沟南侧山壁上的一幅岩画,由一个同心圆与动物群、符号等岩画组成。岩画表面有油漆图绘的汉字,导致整幅岩画被破坏。整幅岩画均为磨刻制作,位于图片中部的同心圆线条宽大、刻痕较深,由中间一个圆点与三个环环相扣的同心圆组成;在同心圆左上部有磨刻的 7 只单线条动物;在左前方的石壁上,还有一幅磨刻制作的符号岩画,刻痕较浅,难以辨认。

**图 22　高伏沟同心圆、动物群与符号岩画**

　　图 23 是发现于高伏沟沟谷北侧石壁的一幅岩画,画面由同心圆、螺旋纹、模糊的人面像及圆圈符号组成。整幅岩画均为磨刻制作,画面左下部是一幅漫漶不清的人面像,仅外部轮廓依稀可辨;中上部是螺旋纹,线条流畅,刻痕较浅;中下部是四个大小不一的圆圈所组成的同心圆,线条流畅,刻痕较浅;画面右下部是由横竖线条衔接起来的四个圆环所组成的符号。这种由同心圆、螺旋纹、人面像、符号等不同题材所组成的岩画在目前所发现的贺兰山岩画中非常少见。

　　图 24 是高伏沟岩画中较为经典的一幅,位于沟谷南侧的石壁上。整幅岩画由一个同心圆、三个人体及一个动物组成。同心圆位于岩画的中上部,由三个不规则的圆环组成,刻痕较浅,最外侧圆环不连贯;三个人体一大两小,较大的人体位于岩画左侧,头部、四肢清晰可辨,五官不清,左臂平举与同心圆相连,右手大臂平举,小臂弯曲向上与大臂垂直,手部是圆状凿点,身体部分有线条交叉组成的菱形方块装饰;另外两个较小的人体一上一下,上部较

图 23　高伏沟同心圆、螺旋纹、人面像、符号岩画

图 24　高伏沟人体、同心圆与动物岩画

小人体与较大人体相对,头部、四肢明显,右臂平举与同心圆相连,左手大臂平举小臂弯曲向上与大臂垂直,左手五指分开,身体部分有十字相交线条装饰;另一较小人体在岩画中下部,四肢明显,头部漫漶不清,左臂平举,右臂弯曲于头上,身体部分有十字相交线条装饰,双脚站立于一横线上。与此人体相对的似乎是一简单刻画的人体,通过脚下横线相连。在同心圆与人体下方,还有一磨刻的动物,刻痕极浅。整幅岩画制作精美,内涵丰富,其内涵还需进一步深入挖掘。

图 25 是发现于高伏沟沟口北侧石壁上的岩画,画面由三个同心圆、两个人骑、三个动物、一个人体等组成,不同岩画之间存在叠压关系。该幅岩画最大的特点是不同题材岩画的刻痕颜色新旧不一,可以判断出该幅岩画不是同一时期所做。从该幅岩画刻痕的颜色分析,三个同心圆、模糊的人体、左侧人骑与两只头向左的动物制作年代较早,刻痕的颜色与石面的颜色较为接近;其余人骑岩画与一个头部向右的动物岩画则刻痕颜色较新,且叠加于制作年

**图 25 高伏沟同心圆、人骑、动物岩画**

代较早的同心圆与动物之上。三个同心圆岩画均为凿刻制作,下方的同心圆最为完整,由四个不规则的、大小不一的圆环组成;画面中部的同心圆被人骑岩画打破,上方有一道横向刻痕,与最外侧圆环相连;左侧同心圆由一个圆环与部分圆弧组成。两个人骑岩画均为单线条岩画,凿刻、磨刻相结合制作,骑者左手控制坐骑,右手后扬。三个制作于不同年代的动物均为凿刻制作,线条简单。画面右下方有一极为模糊的人体岩画,漫漶不清。这种不同年代制作的岩画相叠加的现象在贺兰山岩画中非常多见,充分说明贺兰山岩画的制作年代是一个漫长的过程。

动物岩画是岩画的重要题材与内容之一,在高伏沟岩画中,动物题材的岩画所占的比重较小,单纯的以动物为主的岩画较少,大部分动物岩画是与同心圆、螺旋纹、人骑、人体、符号等岩画并存的。

狩猎岩画是岩画的重要题材之一。贺兰山岩画中狩猎题材的岩画数量众多,这些狩猎岩画较为直观地记录了远古时期贺兰山地区的自然地理环境及在此繁衍的不同游牧民族的社会经济活动,反映了贺兰山地区的先民生产生活方式转变的历史足迹。狩猎岩画在世界各地的岩画中占据了很大的比重,这些狩猎岩画真实、直观地记录了当时人们狩猎的场景,展现了远古时期的社会生产活动和人们的信仰,同时将狩猎的技术、经验传授给后人,从而达到壮大部族、教育后代的目的。随着狩猎经验技术的不断相传,人类逐渐从狩猎生产方式进入游牧生产方式,但狩猎这一生产方式并没有消失,而是伴随着游牧业的发展而发展,成为游牧业的重要补充。[1]

图 26 是高伏沟中的一幅狩猎岩画,该幅岩画中有多个动物,包括大角羊、老虎、手持弓箭的人及模糊难辨的符号等。画面中的动物、符号为凿刻制作,个体较小,所有动物密集地集中在一起,体型较大的老虎为整幅岩画的中心,线条简单、流畅,刻痕较浅,夸张的头部与胸部以及健壮的后腿将老虎的威武表露无遗;左上方是一体型较小的老虎,线条更为简单,刻痕较浅。右上方是密集地刻制在一起的六个大角羊,凿刻制作,大小不一,健硕的羊角极为明

---

[1] 李成荣:《传承与创新——探析贺兰山岩画反映的文化现象》,杨超、刘五一主编:《岩画与史前文明》,九州出版社,2010 年。

显,其中两个相对的大角羊尤其引人注意。左下角是凿刻的两个人体,左侧人体由单线条组成,双腿微曲,手持弓箭,射向前方一动物;右侧人体通体凿刻完成,手持一形制较大的工具或是以圈点组成的符号;两个人体的上部、中间及下部是四个凿刻的动物;此外画面右侧还有部分残缺的刻痕。

**图 26　高伏沟狩猎岩画**

　　人面像岩画是岩画中最为特殊的组成部分,是原始先民对心目中的神灵鬼怪、图腾动物及各种崇拜对象附以人面的形式制作出来的岩画,是人类崇拜文化的最高体现。作为人类早期祭祀、图腾崇拜、祖先崇拜的重要历史依据,人面像岩画历来受到专家学者的高度重视。[①] 在高伏沟岩画中,人面像岩画较少,且与其他题材的岩画共同存在。

　　图 27 是在高伏沟发现的人面像岩画。该幅岩画由四个人面像与多个符号组成,在制作方法上则综合了磨刻与凿刻,线条宽大,刻痕较深。四个人面

---

　　① 张建国:《贺兰口人面像岩画》,李成荣主编:《文明的印痕——贺兰口岩画》,上海古籍出版社,2011 年,第 3 页。

像均无明显的五官,而是以各种交叉、弯曲的线条来表现五官;画面中有多个"中"字形、"田"字形符号及其他各形符号,另有多个动物岩画。此外,该幅岩画还有大片的凿点与刻痕。

**图 27 高伏沟人面像与符号岩画**

图 28 中的人面像岩画是该幅岩画的一部分,处于画面中上部,外部轮廓为方形,方形轮廓中以一个双腿岔开、双臂弯曲的人体来表现五官,弯曲的双臂下各凿刻一圆点,人面像左下有一半圆相连,半圆中同样有凿点。该幅人面像岩画与周围的动物岩画存在打破关系,叠压在两个动物上方。此人面像岩画凿刻与磨刻相结合制作完成,线条宽大,刻痕较浅。画面中其余大片动物岩画形态各异,制作精美,相互间存在叠压关系,在此不一一详细解读。

**图 28　高伏沟人面像、符号与动物岩画**

符号岩画是区别于人面像、动物、植物等各种具象型岩画的一种特殊的抽象岩画,它造型简单,程式固定,出现频繁但又难于破解。符号岩画是岩画的重要题材之一,在国内外众多的岩画点中,无论是岩刻岩画还是岩绘岩画,都分布着大量的符号岩画。符号岩画以其抽象的图案、怪异的造型而引人关注,其所蕴含的深意、制作者所要表达的意思都让人难以捉摸,发人深思。①

图 29 这幅岩画由同心圆、圆环、符号、人面像、凿点组成的圆圈等图案组成,是高伏沟岩画中比较有代表性的一幅。由于该幅岩画所处的位置在距地面十余米高的地方,难以攀爬,导致拍摄角度不好,所以拍摄的照片较模糊。画面最左侧是由一个圆点与两个圆环组成的同心圆;中部是自上而下依次制作的三个圆环、同心圆、符号及凿点;右侧则是从上至下依次分布的动物、符号与人面像。之所以将这幅岩画归为符号岩画,是因为该幅岩画中最引人注目的就是中部由圆环与凿点所组成的符号,其深厚的内涵还有待进一步挖掘。

---

① 刘永平:《贺兰口符号岩画》,李成荣主编:《文明的印痕——贺兰口岩画》,上海古籍出版社,2011 年,第 3 页。

**图 29　高伏沟同心圆、圆环、符号、人面像岩画**

　　图 30 是高伏沟岩画中最具特色的岩画之一，被单独凿刻在一块突出的石壁上。岩画线条较细且流畅，刻痕清晰，画面中的动物尾巴上翘，头部上扬，以螺旋纹表现动物后腿强壮的肌肉。动物背上前后两个"十"字符号似两个

**图 30　高伏沟人骑岩画**

双手平举的人。在贺兰山岩画中，人骑岩画是非常多见的，但像高伏沟这样动物背上有两个人骑乘的人骑岩画则非常少见。此外，高伏沟还有其他人骑岩画，由于画面较模糊，不作一一说明。

在高伏沟发现一幅手印岩画（图31），两个手印岩画被刻制在两个石面上。上方手印岩画清晰可辨，依据拇指与其他四指的分开程度，应为右手手印岩画。整个手印岩画为磨刻制作，五指自然分开，手掌宽大且与手腕浑然一体。手掌周围有多个磨刻制作的人骑、动物图案，另有大片刻痕难以辨认。下方的手印岩画同样磨刻制作，仅有四指清晰可辨，拇指模糊不清。手印周围同样有多个动物及大片刻痕。

**图31　高伏沟手印、动物、人骑岩画**

图32中部有大片凿磨痕迹，极为模糊难辨，但画面上部左右两侧各有以犄角弯曲夸张的大角羊。左侧大角羊的羊角硕大，几乎与身躯等长，从头部

一直弯曲到尾部,在羊嘴下方还有一缕胡须,仅前肢清晰可见;右侧大角羊同样有着硕大的羊角,前后肢均较为清晰。两只大角羊通过中部多道弯曲的刻痕相连,虽都是单线条的动物,制作较为简单,但形象生动,造型美观,岩画上部另有后人刻画痕迹。

**图32　高伏沟大角羊岩画**

　　图33为一幅符号岩画,画面上下部分的符号岩画较为清晰,中部则是大片的磨痕,较为模糊;上部的符号岩画较为简单,似动物又似连接在一起的两个圆环;画面下方的岩画较为复杂,两个较为清楚的螺旋纹岩画通过弯折的线条连接在一起,左侧螺旋纹上部模糊难辨的刻痕同样通过线条与右侧螺旋纹上部不规则的多边形符号相连,该多边形符号由内到外共三层,与同心圆有异曲同工之妙。

　　图34中的岩画造型奇特,下方是一个制作简单的单线条动物,四肢、头部、双耳及上翘的尾巴清晰可见;动物背上似乎站立一个双手叉腰、两腿分开、头部硕大的人,硕大的面部轮廓与另一只身躯健壮、犄角弯曲的动物相连,该动物后部身躯与面部轮廓内的两道弯弧相连,似面部五官;画面最

**图33 高伏沟符号岩画**

上部是多道圆弧状刻痕组成的图案。整幅岩画的石面上除了可以清晰可辨的岩画刻痕外，遍布摩擦而产生的痕迹，且石面上有多道宽窄不一的裂痕。

图35为一幅内容、题材较为丰富的岩画，在前后错落的不同石面上制作有动物、射猎、人体等多种岩画。画面最低一层石面上以凿刻方法制作三只形态各异的动物，左侧为正在行走的单线条动物，四肢弯曲，尾巴自然上扬，头部微抬，双耳直立；中间的动物与左侧动物相向而行，身躯硕大，四肢作行走状，尾巴上扬；最右侧动物制作较为简单，羊角弯曲，嘴部的胡须明显。画面中间层石面上是一幅射猎岩画，中部的猎人手双腿微弯、执弓箭瞄向前方身躯健硕、犄角夸张的鹿，在鹿的上方还有一似狗的动物；猎人下方是一体型

图 34　高伏沟符号岩画

图 35　高伏沟狩猎岩画

健硕的动物,臀部丰满,犄角弯曲,单线条制作。画面最上层石面为人体与动物岩画,石面左侧的人体双腿微弯,身体微倾,双臂弯曲,人体前方为大片刻痕,难以分辨。岩画中的多个形象虽分布在不同的石面,但总体上相互存在联系,表现了完整的狩猎场景。

　　图36是一幅猛虎捕猎图。画面中的老虎身躯健硕,胸部、臀部肌肉丰满,身躯布满竖条状纹饰,后腿伸直、前腿弯曲,虎嘴大张作捕食状。老虎前方是一只刻画简单的动物,同样身躯健壮,作奔跑状,正在闪躲老虎的捕食。整幅岩画磨刻制作,线条流畅,刻痕较浅,造型美观,形象生动,将猛虎捕食场景展示得淋漓尽致。

**图36　高伏沟猛虎捕猎岩画**

## 二、大西峰沟、小西峰沟岩画

贺兰山大、小西峰沟位于贺兰山东麓北段,在高伏沟以南,是平罗、贺兰两县的交界处,小西峰沟在南,大西峰沟在北,两沟相距约900米。大、小西峰沟是贺兰山岩画的一个主要分布区,分布在这两个山谷中的岩画数量多,内容丰富,题材多样,以动物群岩画、放牧岩画、征战岩画、狩猎岩画、符号岩画、人面像岩画等题材为主,在贺兰山岩画中具有显著的代表性,特别是围猎岩画、大型放牧岩画、父子虎岩画等制作较为精美、构图复杂,是贺兰山岩画少有的代表作。[①] 在这两个山谷沟口外的洪积扇平原上,呈南北走向一字排开分布着一大五小六个土石堆,似是烽火台,这与贺兰口外的祭坛极为相似,是否同样为祭坛不得而知,需要进行进一步的研究与考古挖掘。[②]

（一）大西峰沟岩画

在大西峰沟山谷两侧的石壁上共普查、发现岩画68幅,其中有153个岩画个体图案可以清晰辨认,另有多幅岩画漫漶不清。大西峰沟岩画的题材主要是动物岩画、放牧岩画、狩猎岩画、征战岩画等,另有少数人面像岩画与符号岩画。

图37是一幅经典征战岩画,由多个动物、弓箭、符号、人物组成。通过分析辨别该岩画的刻痕,虽然刻槽较为光滑,呈"U"形,但仔细分辨会发现在刻槽内外有一些或大或小、或稀或密的凿点,刻痕中心的位置凿点较小甚至没有,而刻痕边缘乃至刻痕之外的凿点则较大且完整,说明该岩画的制作是先以凿刻法凿出岩画的大致轮廓,然后以磨刻法对轮廓进行进一步的加工,进而形成现在所看到的凿点在刻痕中与边缘渐变的现象。

图38是大西峰沟最为著名的《父子虎》岩画,该岩画在距大西峰沟沟口一公里左右的南侧石壁上,该处石壁树木掩映,有多幅动物岩画与狩猎岩画。《父子虎》岩画有着虎岩画的共同特点,线条流畅,刻痕深且宽,形体较大,躯干部分有螺旋纹及竖状条纹装饰,两个螺旋状的纹饰形象生动地展示了老虎壮硕的腿部肌肉。这只老虎的背上还有一只体型较小的老虎,刻画简单,线

---

[①] 夏亮亮:《旷古神韵——贺兰山大、小西峰沟岩画》,宁夏岩画研究中心编:《岩画研究 2007—2011》,宁夏人民出版社,2011年。

[②] 贺兰山岩画管理处:《贺兰山岩画大西峰沟、小西峰沟岩画普查报告》,2010年。

图 37　大西峰沟征战岩画

图 38　大西峰沟父子虎岩画

条宽大。值得一提的是,在父子虎岩画的周围还分布有多个大小不一的老虎岩画,这种老虎岩画分布较为集中的情况在贺兰山其他岩画分布区较为少见。

放牧岩画是随着人类生产生活方式的转变而出现的,是人类文明进步的标志,人类在经历了长期的狩猎生产方式后,逐渐进入游牧经济时代,在相当长的一段时间内,狩猎与游牧这两种生产方式是并存的,甚至在现今时代,狩猎仍然是游牧民族生产生活的重要补充。贺兰山特殊的自然地理环境,使得农牧业在这一地区有一定程度的发展,但这一地区在历史上多是北方游牧民族繁衍生息之地,因此畜牧业的发展有着悠久的历史,丰富多彩的贺兰山岩画反映出浓郁的游牧生活气息,也表现了古代游牧民族的生产方式和经济状况,形象地揭示了北方游牧民族历史发展的轨迹。狩猎岩画与放牧岩画共同存在于这一地区的现象证明,此处经历了漫长的由狩猎经济到游牧经济的转变过程。①

图 39 是贺兰山岩画中较为少见的坑穴岩画。石面上方是由七个坑穴与圆环所组成的图案,六个较小的坑穴围绕中间一个较大的坑穴,在六个坑穴

**图 39 大西峰沟坑穴岩画**

① 李成荣:《传承与创新——探析贺兰山岩画反映的文化现象》,杨超、刘五一主编:《岩画与史前文明》,九州出版社,2010 年。

外侧则是线条宽大的圆环,外侧圆环上部缺失;其左侧是由缺失的圆环与五个坑穴所组成的图案,半圆中的五个坑穴呈三上两下排列;石面下方岩画同样残缺,仅余两个坑穴与部分圆弧。整幅岩画为凿刻与磨刻相结合制作,刻痕中有多个因凿刻而留下的粗大凿点,即使进行了后期的磨制仍然清晰可辨,此岩画中宽大的线条较为少见,三个岩画图案均因石面的剥落而残缺。

　　图 40 由四个动物与一个符号组成。画面中的四个动物大小不一、形态各异,中部是一个体形较大的单线条动物,前肢跪倒在地,后肢稍微弯曲,腹部有一坑穴,在其下方是一个体形较小的动物,四肢弯曲,似正在吮吸乳汁;右下方同样是一只单线条动物,左下方动物则较为复杂,身躯部分有弯曲的条纹装饰;画面左侧则是一个弯曲的符号。该岩画为凿刻制作,线条较细且流畅,刻痕内有清晰的凿点。

**图 40　大西峰沟动物与符号岩画**

　　图 41 是贺兰山岩画中少见的无轮廓人面像与斯基泰鹿岩画。画面中下部的人面像仅有眉毛、眼睛、鼻子和嘴,无面部轮廓,两个较小的坑穴表示眼睛,眼睛上方是弯曲相连的眉毛,眉毛上方是一道竖杠,竖杠向下延伸、变宽

成为鼻子,鼻子下方一处凿痕表示嘴巴;人面像上方是一大一小两头正在行走的斯基泰鹿,鹿角硕大且多分支,具有典型的斯基泰风格;画面中部及左侧还有三道刻痕,左侧刻痕因石面断裂而残缺。该岩画为凿刻制作,刻痕较深,凿点清晰。

**图41　大西峰沟无轮廓人面像岩画**

图42同样为一只老虎,该老虎身躯部分没有表示老虎丰满肌肉的螺旋纹,仅以通体的线条表示前肢,后腿部分则是不规则的同心圆;虎爪的制作较为夸张、明显,虎头部分有多道线条,将虎眼、虎嘴进行了生动的展示,同时,该老虎岩画有明显的生殖器。该岩画同样为凿刻制作,刻痕较深,线条流畅。

图43内容丰富,题材多样,以画面中部的五个人体为主,人体周围则是动物与符号。五个人体中的两个人体表现了交媾的场面,交媾图左侧是两个近似于圆形的图案,右侧是一人手执弓箭、双腿微弯,做拉弓射箭状,弓箭前方有一人体体型装饰、臀部丰满,腰部延伸出一道线条,拉弓射箭的人体后方是一造型简单的人体;画面左侧是两只后腿站立、头部与前肢相交的动物,右侧

图 42　大西峰沟老虎岩画

图 43　大西峰沟动物、交媾岩画

动物有着明显的生殖器,下方是一弯曲的刻痕;画面右侧同样是两只动物,制作较为简单,其中一只动物仅有四肢与身躯,无头部。该岩画凿刻制作,凿点粗大,刻痕较深。

图44由一大一小两只动物及一个弯曲的符号组成,下方体型较大的动物似老虎,尾巴弯曲下垂,后腿部为螺旋纹,生殖器明显,躯干部分为多道条纹,头部制作较为简单,用简单的线条表示;背部上方是一体型较小的动物,制作简单、线条单一,躯干部分同样丰满壮硕;最上方为弯曲的符号,似未完成的岩画。该岩画凿刻与磨刻相结合制作,刻痕中有磨刻后的凿点。

**图44 大西峰沟动物与符号岩画**

图45是大西峰沟较为著名的一幅动物群岩画,该岩画由多只制作精美的鹿组成。以石面中部的裂痕为界,上方是一只线条较细的鹿,鹿的背部有尖状隆起,鹿嘴修长,以一个坑穴表示鹿眼,四肢弯曲;鹿的下方是一单线条动物,后腿交叉的延长线与右侧的大片凿痕相连,在凿痕与鹿之间是两个似螺旋纹的圆形符号,与鹿身内部似马头的刻痕相连则又似一匹体型健壮的马,

从马的前肢延伸而出的线条又与鹿下方的单线条动物相接。石面下方左侧同样是一只背部尖状隆起的鹿，硕大、弯曲的鹿角沿身躯下垂，鹿腿弯曲，鹿嘴修长，在头部以一个圆形坑穴表示鹿眼，画面右侧为一制作简单的动物，腹部丰满，前后肢强壮有力。除了左右两只单线条的动物清晰可辨外，画面中还有多个由清晰的凿点组成的动物及大片凿痕，较为清晰的是左侧鹿背处一头有着硕大、弯曲牛角的牛，组成牛角、牛头、牛身的凿点稀疏。

**图 45　大西峰沟动物群岩画**

图 46 为人面像与动物岩画。画面左侧似一头奔跑的狼，头部微抬，尾巴自然上扬，四肢作奔跑状，下方是一"Y"形符号；石面中下部贴近地面处是一人面像，面部轮廓内眼睛、眉毛、鼻子、嘴等五官清晰可见，在额部还有一圆穴，头上有造型复杂的发饰；人面像上方是一大角羊，羊角弯曲、尾巴上扬、四肢弯曲。整幅岩画凿刻制作，凿点粗大、清晰，刻痕极深。

图 47 由两个人体与四个动物组成，左侧人体头部有发饰，大臂平举，小臂弯曲，身体后倾，腰部似悬挂武器；右侧人体仅上半身可见，同样有发饰，腰部

图 46 大西峰沟人面像与动物岩画

图 47 大西峰沟人体与动物岩画

通过线条与一圆形符号相连,下方是一体型较小的雄性动物,通体凿点;石面
左侧为直立向上的"中国马",马身前半部分遍布凿点,颈部残余部分石面未
敲凿,臀部延伸出一道弯曲的线条成为马尾,马头低垂,四肢微弯,似在行走;
石面右侧是一犄角呈"S"状的动物,其前额处另延伸出一道较细的刻痕,同时
一前肢抬起至嘴部;画面右下方仅部分刻痕可见,似未完成的动物。整幅岩
画凿刻制作,凿点细密、清晰,刻痕较深,除半身人体为单线条外,其余人体、
动物均通体遍布凿点,凿点中黄色痕迹为以往脱模复制该岩画时所留。

　　图 48 中的老虎形象有别于大西峰沟其他老虎,有着硕大的虎头、虎嘴,
虎嘴部分以平行排列的短线条表示锋利的虎牙,虎背部分则是长短不一、平
行排列的线条,前后虎爪蹲踞前伸,后爪强健有力,有明显的分叉,前爪捕获
一体型较小的动物;虎尾粗壮、硕大。画面左侧则是一人,双手高举、双腿弯
曲,前方是似弓箭的图案。此外在老虎的周围还有大片的凿点与刻痕。整
幅岩画凿刻制作,凿点粗大、密集,线条宽大,是大西峰沟岩画中的精品
之作。

**图 48　大西峰沟人体与老虎岩画**

　　图 49 因石面断裂而导致岩画残缺,画面左侧老虎的形态与其他老虎略有
不同,前后腿部虽有螺旋纹,但远不如其他虎岩画表现得夸张,同时该老虎的

尾巴上扬,与其他老虎岩画下垂的尾巴完全不同,并且虎腿的弯曲度较小,虎爪不明显,在老虎的颈部延伸出一道刻痕。石面右侧是一个似人体的图案,难以分辨。该岩画凿刻制作,线条宽大、流畅,凿点清晰,刻痕较深。

**图 49 大西峰沟老虎岩画**

(二) 小西峰沟岩画

在小西峰沟共普查发现岩画 32 幅,其中 137 个单体岩画可清晰辨认,其余岩画漫漶不清,难以辨认。除了沟口两幅大型的狩猎、放牧岩画外,小西峰沟内的其余岩画多为小型的动物、符号岩画,谷内其余地方是否还有岩画现在不得而知,还需进一步深入调查。与大西峰沟的岩画多分布在沟谷两侧三四米高的石壁上不同,小西峰沟在沟谷两侧的山坡上都有分布,距地面高度较高,且分布极为分散。

图 50 为动物群岩画,由多个斯基泰鹿、大角羊及"中国马"等动物形象组成,画面最下方是两头嘴部相连的斯基泰鹿,均鹿角硕大且分支较多,同时鹿身丰满、尾巴上扬,左侧鹿尾呈三角形;斯基泰鹿左侧是一只大角羊,羊角几乎与羊身等长,羊嘴部有胡须;在羊与斯基泰鹿上方是两匹相向而行的马,左侧马匹因石面断裂而残缺,躯干部分满是凿点,右侧马匹为单线条制作,有明显的生殖器,马尾下方有似飞鸟的图案;两匹马上方是一体型较大的马,有

"中国马"的特征,马头微低,身体前倾,尾巴自然下垂且生殖器明显;在其上方直至石面顶端有多个体型较小的动物及图案,石面右侧是多道横竖刻痕。整幅岩画凿刻制作,凿点清晰,内容丰富。

**图 50　小西峰沟动物群岩画**

　　图 51 由四个制作年代不同、制作方法各异的岩画组成,断裂的石面将四个岩画左右两两分开,左侧石面最上方的岩画似牛,前后肢较为丰满,腰部较细,头部微低,尾巴自然下垂,下方的动物有着较长的尾巴,背部肌肉隆起,这两幅动物岩画制作较为精细,凿点细密、刻痕较深,形象生动,从刻痕颜色看年代较下方岩画久远;石面右侧的岩画制作较为简单,上方岩画仅以稀疏的凿点组成似动物的图案,下方的符号刻痕较浅,凿点细密。

　　图 52 是小西峰沟沟口著名的放牧岩画,由多个人体及牛、马、羊等动物组成,画面中既有制作简单的单线条动物,又有通体遍布凿点的动物,每个人体、动物均形态各异,造型生动。整幅岩画内容丰富,题材多样,但石面有多道裂痕,左下角有脱落。

图 51　小西峰沟动物、符号岩画

图 52　小西峰沟放牧岩画

　　图53为捕猎图,画面左侧的大角羊羊角硕大,四肢前后分开正在飞奔,其后方是一只似狼的动物,体型健硕,尾巴下垂,嘴部已经接触到前方的大角羊,似乎在下一刻就可以将大角羊捕获。整幅岩画凿刻制作,大角羊为单线条,凿点密集,刻痕较深,后方似狼的动物在轮廓边缘处有明显的凿点,特别是颈部边缘凿点密集,躯干内部则几乎看不到凿点。

**图53　小西峰沟狩猎岩画**

　　图54由多个相互间存在打破关系的鹿、羊、狼等单线条动物及符号组成。画面左上方是一头斯基泰鹿,身躯修长,鹿角巨大,其下方是一只似狼的动物,同样身躯修长,腿部肌肉丰满,其右侧则是一只前后肢肌肉壮硕的动物,头部残缺,石面右上方图案难以分辨;画面中部由四只动物及一个符号组成,其左侧是一头斯基泰鹿,鹿角硕大,身躯部分有弯曲额条纹装饰,中部是两只一上一下相互叠压在一起的动物,上方动物体态壮硕,身躯部分有螺旋纹装饰,下方动物制作较为简单,中部右侧是一只大角羊,羊角硕大、四肢与羊尾弯曲,头部上方有一圆弧状符号;画面最下方是一只体型较大的动物,尾部凿点密集。整幅岩画凿刻制作,以凿点组成各种图案的轮廓线条,凿点稀疏。

**图 54　小西峰沟动物与符号岩画**

## 三、白头沟岩画

白头沟在小西峰沟以南两公里左右，沟口有一座巨大的方形黄土夯筑的土台，土台北侧有十座倒塌的小型石堆。沟内三公里左右有一座圆形黄土夯筑的土台，与沟口方形土台遥遥相对，圆形土台南侧有六座坍塌的石堆，土台下方两侧的山坡上有倒塌的石墙及部分石屋遗址，似是古代军事防御设施。在白头沟北侧的山坡上发现五组共十幅岩画，加上沟内发现的动物群岩画、沟外荒滩上发现的符号岩画一共十二幅。主要内容有动物群、狩猎、单体动物、符号等，多为磨刻、凿刻制作，是新发现的岩画。此外，在白头沟北侧深褐色石壁上发现大片的岩画，为与新发现岩画有所区别，故在具体描述时以"叉子渠"命名该岩画点。

（一）白头沟岩画

图 55 为人体与动物岩画，画面上方是两个面对面站立的人体，左侧人体

**图55　白头沟人体与动物岩画**

双腿直立,上身部分向左延伸出一道刻痕,刻痕下方有大片的凿痕,右侧人体腿部微弯,双臂似上举至胸前;下方左侧同样为一人体,双腿微分,手执弓箭,射向前方的动物,前方动物似大角羊,前腿弯曲、后腿直立,尾巴上翘,仿佛在逃避猎人的攻击。从岩画刻痕的颜色上看,左下方猎人的制作年代明显早于其他人体与动物岩画。

图56是在白头沟沟口北侧山坡上发现的一幅内容丰富的狩猎岩画,画面有三个手执捕猎工具的人体及斯基泰鹿、大角羊、狗等十一个动物组成。与贺兰山其他狩猎岩画中以弓箭为捕猎工具的猎人不同,这幅岩画中的人手持的是似短木棒的工具,特别是画面中部的猎人,双腿弯曲,生殖器明显,一手臂上扬,另一手臂持短木棒挥手向前,似在驱赶前方的两头体型健硕的斯基泰鹿、大角羊等动物。这两头斯基泰鹿极为相似,均有硕大且分支较多的鹿角,身躯丰满,四肢弯曲,在两头斯基泰鹿之间是一单线条动物,其前方则是一只大角羊;画面左侧的人双腿分开直立,双手上举,同样手持似短木棒的工具,生殖器明显,在其周围是七个大小不一、形态各异的动物,有鹿、羊、狗等,其右侧两只双耳直立、尾巴上扬的动物与狗极为相似;画面右上角是单独的一个人体,双腿分开站立,双臂平举,似在阻挡其前方的动物,石面左下方还有因石面断裂而残余的刻痕。该岩画构图合理、布局有序,三个猎人呈三角状分散,借助猎犬的帮助将大部分动物包围其中,生动地展示了当时的捕猎场景,同时该岩画采用了凿刻与磨刻相结合的制作方法,将人与动物

的姿态、动作进行了生动的展示,是贺兰山岩画中比较具有特色的一幅狩猎岩画。

图56　白头沟狩猎岩画

图57由三个动物及一个似人体的图案组成。画面最上方是一只有着弯曲、硕大犄角的羊,周围是多个似动物的刻痕,残缺且模糊;画面下方是一只体型较大的动物,四肢分开,似行走的马,其后方是一个人体造型的图案,腿部、足部清晰可辨;马匹头部上方是一只体型较小的动物。该岩画凿刻制作,石面上除可辨认的动物及人体图案外,还有大片的凿点及刻痕。

图58为人骑与动物岩画,石面上方是一个凿刻制作的动物,因石面裂痕导致难以分辨,其下方是一人骑,人骑下方另有一似狗的动物;石面下方为多个大小不一的动物,其中一动物身躯丰满,犄角弯曲,应为大角羊,其背上还有一个双耳直立、头部较长的动物,下方则是一道弯曲的刻痕;大角羊左侧是多个动物,其中石面边缘处的动物由宽大的线条组成,其余动物则较为简单。

**图 57 白头沟动物与人体岩画**

整幅岩画为凿刻制作,凿点细密、清晰,刻痕较深,石面边缘处断裂,中部有裂纹。

图 59 是一幅画面巨大、内容丰富的岩画,由符号及老虎、羊等动物组成。画面最上方是一只凶猛的老虎,体形较大,身躯布满网格状条纹装饰,尾巴卷曲上扬,虎爪锋利,生殖器明显,其嘴部似衔着一人,极为特别。老虎下方是一只大角羊及两个简单的刻痕,其右侧是三个呈"品"字形分布且造型各异的方形符号,上方符号在大的方形轮廓内部又有两个并列的方形;左下方的方形符号内部则是交叉的网格线及中间的一个圆点;右下方方形符号内部仅有

图58　白头沟人骑与动物岩画

图59　白头沟老虎、羊岩画

一较大的圆点。三个符号岩画左下方是一个大角羊与网格状符号相叠压的图案,似乎是用于捕猎的陷阱捕获了大角羊。此外,该岩画中还有多个单线条动物的图案及右下角一只较为模糊的老虎。

(二)叉子渠岩画

分布在叉子渠渠口北坡上的岩画共有六组十六幅,为狩猎、动物、人骑、符号等,为磨刻、凿刻制作,线条流畅,刻痕清晰,但部分岩画模糊、脱落。

图 60 是一幅由人骑、动物及符号组成的岩画,以石面自然裂纹为界将该岩画分为三部分。左上方石面共有五个岩画图案,其左侧是一个单线条组成的岩画,头部有角,身躯肥硕,难以辨别是何种动物,中部是三个似羊的动物,右侧图案似飞鸟的头部,喙部明显。画面中部由两个人骑及两个动物组成,最上方是体型较大的雄性马匹,其下两个人骑图案,对坐骑的刻画细腻、精致,对骑者的画则较为简单,画面右下角则是一单线条的动物,因石面断裂导致岩画残缺。石面右侧由多个动物及符号组成,动物形态各异,造型生动,且部分动物岩画与符号岩画相互叠压。

**图 60　叉子渠人骑、动物、符号岩画**

　　图61是白头沟、叉子渠最为精美的一幅狩猎、符号岩画,画面左侧一男性,头上梳有发辫,双腿直立、身躯修长、健壮,一手弯曲向上至发辫处,另一手执弓箭,男性生殖器明显;右侧动物为老虎与马,均为雄性,生殖器明显。老虎为单线条制作,后腿部有螺旋纹,虎尾弯曲上扬;老虎下方的马通体遍布磨痕,双耳直立,四肢弯曲,马蹄以圆点表示,马尾自然下垂,并且腹部有马镫状的刻痕,四肢之间是蜿蜒曲折的刻痕。猎人与马之间有似人面像的图案,圆形的面部轮廓内部是两道相交的圆弧,制作较为简单,其下方是一个单线条组成的残缺的动物及成片的凿点与刻痕;画面中下方还有一似狗、似狼的动物。除以上人体、动物、人面像等图案外,画面中还有大量的刻痕与凿点分布其中。该岩画右侧是一幅老虎岩画,虎头与身躯不在同一石面上,老虎身躯壮硕,前腿部有半圆图案装饰,后腿则以螺旋纹来表示健壮的肌肉,虎尾卷曲。画面中除老虎外还有多道刻痕。

**图61　白头沟狩猎、符号岩画**

　　图62是叉子渠岩画点另一幅精美的射猎岩画。画面最上方是两个符号,符号下方是一个头上有发辫的猎人,猎人双腿分开站立,生殖器硕大,一手向上弯曲至头部,一手执弓箭射向前方的动物,弓箭上方是一大一小两只单线

条动物,弓箭下方是似椭圆形的图案;猎人正前方的动物是两匹体型较大的马和马背上一只似狗的动物,两匹马均双耳直立,四肢弯曲,尾巴下垂,下方的马生殖器明显,并且马头下方有一半圆形符号;画面下方是一匹体型矫健的马,同样生殖器明显,其背部似有一人,但较为模糊,颈部下方有一圆点及一横组成的图案,前后肢各有一道刻痕与之相连。

**图 62  白头沟射猎岩画**

图 63 为人体与动物群岩画,右上角的老虎身躯健硕,虎嘴大张,虎嘴前方是一只羊角弯曲的大角羊和一只残缺的动物,虎尾自然弯曲,躯干上布满螺旋纹;老虎下方是一只单线条组成的老虎,同样身躯健壮,但虎身无螺旋纹装

饰,其左侧是一只身躯布满横竖条纹的动物和一个人体图案,人体左侧和上方是两只刻痕颜色较新的动物,下方则是一体型较大的单线条动物;石面左侧及下方还有几个符号与动物图案。从刻痕颜色及制作方法上看,该岩画似乎不是同一时期所做。该岩画右侧是一幅射猎岩画,画面左侧是一只体型较大的动物,头部微扬,双耳直立,四肢弯曲,尾巴下垂;其右侧是一拉弓射箭的猎人形象,双腿弯曲,形象逼真。

**图63　白头沟人体与动物群岩画**

图64为动物与符号岩画,由四个完整的动物、一个残缺的动物及多道刻痕组成,残缺的动物由单线条组成,刻痕较细,头部残缺;其前方是一头犄角弯曲的鹿,鹿的下方是一只体型较小的动物;石面下方左右各是一只动物,两只动物之间及左侧是两道弯曲的似符号的刻痕。该岩画中不同图案的刻痕颜色深浅有别,应不是同一时期所做,且石面断裂、破损。

图65为人骑与动物岩画,最下方的人骑坐骑体型较大,人体较小,其上方是四只形态各异的动物,最左侧是一只单线条动物,双耳直立,身体弯曲,其前方三只动物制作较为复杂,身体遍布凿痕或条纹装饰,画面最上方是一只

**图 64 动物与符号岩画**

似狗的动物,其方向与其他动物和人骑的方向相反。该岩画左侧凿刻制作的
两只动物,体型较大的动物由单线条组成,身躯部分有刻痕,背上有多道刻
痕,似一只动物;体型较小的动物制作较为简单,头部前伸,尾巴弯曲上扬。

**图 65 白头沟人骑与动物岩画**

### 四、插旗口岩画

插旗口在白头沟以南三公里左右,沟口有一座大型土石堆,土石堆东侧有十座小型土石堆,似是古代的边防哨台。对插旗口共普查岩画十四组 25 幅,其中在沟外发现岩画三幅,其中两幅是同一块石头断裂后造成的,将两幅岩画进行拼接后,得到一幅完整的人面像与符号岩画,其断裂的原因不得而知。

在插旗口内共普查岩画十二组 22 幅,大部分为凿刻制作,内容多为符号、动物、人面像等。

图 66 是插旗口内一幅残缺的人面像与动物岩画,左上角的人面像因石面

**图 66　插旗口人面像与动物岩画**

剥落而残缺,残存的人面像较为模糊,面部轮廓内五官难以分辨,仅可见多道横竖刻痕,右下方的动物图案同样较为模糊,依稀可辨是一单线条动物,似大角羊,双耳直立,尾巴修长。该岩画因位于沟内山根处,距泄洪沟沟底不足一米,导致岩画被洪水冲刷及滚石撞击而残损、模糊。

　　图 67 由圆环、同心圆及多个形态怪异的符号组成,左上角同心圆由大小两个圆环组成,外侧较大的圆环不规则;其左侧是上下两个圆环和呈放射状的线条组成的图案,因石面剥落而残缺;断裂的石面右侧同样是由圆环及放射状条纹组成的图案,上部残缺;石面右下角是由稀疏凿点组成的不规则圆环,凿点较大、刻痕较浅,圆环周围还有多个凿点。

**图 67　插旗口符号岩画**

　　图 68 中的岩画因石面剥落导致岩画破损,由多个残缺的符号及动物组成。画面左下角是一只头部缺失的雄性动物,尾巴直立,生殖器明显,其上方是一个由横竖线条组成的图案;石面中部及右侧大面积剥落,未剥落的石面上是由多道横竖线条、圆弧及圆环组成的图案;画面右上方未剥落的石面上

另有一道较长的刻痕；石面上方有后人所刻"贺兰山"三字。整幅岩画凿刻制作，凿点细密、清晰，刻痕较深。

**图68　插旗口符号、动物岩画**

### 五、小插旗口

小插旗口位于贺兰山东麓著名的岩画点插旗口以南 1.6 公里左右，两个山谷之间的洪积扇平原上岩画较少。在小插旗口南侧的山坡台地上，有一大一小两座似烽火台的遗址，靠近洪积扇一侧的烽火台由黄土夯筑与石块搭建而成，在这座土石结合的烽火台南侧还有呈"L"形分布的十座小的石堆，整座烽火台的体量较小。在靠近山体的一侧是一座体量较大的完全有石块累积起来的烽火台，烽火台原貌似覆斗形，现已崩塌呈圆锥形。

在小插旗口六个岩画点发现十三幅岩画，其中可以清晰辨认的共有 39 个单体岩画，内容有人体岩画、动物岩画、放牧岩画、符号岩画等。前五个岩画点位于小插旗口的北壁，第六岩画点位于南壁。

在小插旗口第一个岩画点共发现三幅岩画，因三幅岩画的距离较近，故编号分别为 XCQK1-1、XCQK1-2、XCQK1-3(取小插旗口第一个拼音字母结合岩画分布位置进行编号)。其中,编号为 XCQK1-1 的第一幅岩画为人骑、动物与符号岩画,画面中上部为单线条的动物岩画,似雄性,中下部为人骑岩画,在动物岩画与人骑岩画周围有多道刻痕与凿点。整幅岩画制作较为粗犷,凿刻制作,凿点粗大,线条并不流畅,刻痕较浅。

　　编号为 XCQK1-2 的第二幅岩画为人骑与符号岩画(图 69),该岩画左侧为两个人骑岩画,右侧为一符号岩画,上方人骑岩画制作较为复杂,所骑动物为雄性,身躯部分有条纹装饰,头部缺损,动物背上图案似一人,一手控制动物,另一手执似小旗物品后扬;下方人骑较为简单,一人骑在动物背上,动物尾部与右侧似动物的符号相连。整幅岩画凿刻制作,线条宽大,刻痕较浅,凿点粗大。

**图 69　小插旗口人骑与符号岩画**

　　小插旗口第二岩画点仅一幅岩画,编号为 XCQK2(图 70),为人骑与动物岩画。画面中部人骑为凿刻制作,坐骑尾巴较长,双耳硕大,躯干部分有条纹装饰,一人在坐骑背上,一手控制坐骑,一手后扬,似乎在跃马飞奔;人骑右上方为一大线条动物,背部有两处隆起,似骆驼;人骑下方一动物与坐骑极为相似,体形硕大,尾巴下垂,双耳较大,躯干部分有条纹装饰;画面左侧为一只完整的大角羊与两只未完成的动物,大角羊的羊角硕大、明显。整幅岩画均为凿刻制作,凿点硕大,刻痕较浅,线条较为生硬。在人骑与动物周围是密布的凿点与刻痕,是有意为之还是制作岩画时失误而做,不得而知。

**图 70 小插旗口人骑与动物岩画**

编号为 XCQK3-2 的岩画在 XCQK3-1 左侧两米左右,为放牧岩画。画面最下方为一人骑在马上,一手控制坐骑,一手后扬,在人骑的上方是四只似羊的单线条动物,四只动物均有较长的颈部,头部上扬,尾巴或下垂或上翘。整幅岩画为凿刻制作,凿点较其他岩画更为细密(图 71)。

第五岩画点距第四点约 100 米,共发现两幅岩画,编号分别为 XCQK5-1、XCQK5-2。第一幅岩画所在的石面面积较大,共有十一个岩画形象,分别是

**图 71　小插旗口放牧岩画**

位于石面左上部的两个人骑,位于石面中部的六个动物与一个人体,以及位于石面右下角的两个动物。该岩画均为凿刻制作,左上角两个人骑岩画制作较为精致,凿点细密,刻痕较深,其余岩画制作较为粗糙,凿点粗大,刻痕较浅,整幅岩画因分布面积较大故难以分辨(图 72)。编号为 XCQK5-2 的岩画为人体岩画,画面中的人体双腿微弯,单手平举,头与脚刻画明显,腰部两侧有明显的凸起。该岩画凿刻制作,凿点细密,刻痕较深。

## 六、盘沟岩画

　　盘沟位于小插旗口以南 1 公里左右,在两山谷之间有一座不知何年代的砖窑遗址,周围遍布碎砖断瓦,另有多处房屋遗址。在砖窑遗址以南有一座名为"鹿盘寺"的古佛寺,建造年代不得而知,在鹿盘寺以南便是盘沟。

**图72　小插旗口人骑与动物岩画**

在盘沟11个岩画点共发现20幅岩画，内容主要有人面像、动物、符号等。除第六岩画点位于山谷南壁外，其余岩画点均位于山谷北壁。盘沟的岩画除个别位置较高的符号岩画外，大部分岩画都漫漶不清，难以分辨，特别是位于山谷底部的岩画，因洪水冲刷及土石冲撞导致极为模糊，因此仅在文中将较为清楚的岩画做一说明，其余模糊难辨的岩画不再介绍。此次在盘沟所发现的岩画是之前文物普查中未发现、未记载的，均属新发现的岩画。

编号为PG2的第二幅岩画是一单体动物，尾部上扬，四肢难辨，头部因石面剥落而缺失。该动物岩画磨刻制作，刻痕较浅，线条单一制作较为简单。从石面断裂处分析，剥落的石面上应该还有岩画。

符号岩画是盘沟岩画的重要组成部分，大部分符号岩画都分布在距沟底5米以上的山坡石壁上。盘沟第六岩画点的一幅残缺的符号岩画，仅余下半部弯曲的单线条弧线，上半部因石面断裂而缺损。该岩画凿刻制作，凿点清晰,线条流畅。

　　第八岩画点共发现四幅岩画,编号为 PG8-2 的符号与动物岩画(图 73)有多个形象,其中较为明显的两匹相向而行的马的刻痕颜色与其他岩画的刻痕颜色有明显区别,应是后人在原岩画的空白处添加的。仔细观察可知,两匹后期制作的马属磨刻制作,刻痕较浅;而画面中其余符号与动物岩画为凿刻制作,凿点粗大、清晰,刻痕中有堆积物导致难以分辨。石面中部的裂缝对岩画有较大的破坏。

**图 73　盘沟符号与动物岩画**

　　图 74 是盘沟一幅人面像与符号岩画,编号为 PG11-1,画面由两个人面像与两个符号组成。人面像岩画造型较为奇特,最右侧人面像面部轮廓为方形,轮廓内部以交叉的线条将面部分为四部分,每一部分有一圆点,似面部的眼睛与嘴;中部的人面像同样为方形的面部轮廓,由交叉的线条分为四部分,左右两部分中同样有圆点,上部为倾斜的短线,同时在整个面部轮廓上方有

头饰,下颌部分有似胡须的短线条。左侧两个符号均为方形加交叉线条的造型,上下相连。整幅岩画均为凿刻制作,线条宽大,刻痕较深,刻痕中的凿点清晰可辨。

**图 74　盘沟人面像岩画**

## 七、新沟

新沟位于盘沟以南 0.5 公里左右,沟口有一座巨大的由石块堆积的石堆,与大西峰沟沟口、插旗口沟口、小插旗口沟口、贺兰口沟口的石堆形制相似,仅大小不同。该石堆原貌应为上小下大的“T”形,后因时间久远坍塌为圆锥形,在新沟沟口石堆东侧另有六座石块堆积的小型石堆。在新沟沟内及沟外洪积扇上共发现 37 幅岩画,134 个单体岩画。单体岩画之所以数量较多,是因为在洪积扇上有两个单体动物群及符号岩画,分别有 31 个和 20 个单体动物及符号岩画。新沟岩画数量较多,题材有人面像、鸮面、射猎、符号、动物群、手印、坑穴等,其中大部分岩画是之前岩画普查中所未发现的,属于新发现的岩画。

在新沟共普查发现五幅岩画,第一幅岩画位于沟内东面的一块岩石上,内容为正在行走的马。画面中的马头部前倾,尾巴微扬,四肢前后自然分开,似在行走。该岩画为凿刻制作,线条流畅,刻痕较深,凿点清晰。

　　图 75 是新沟内发现的最后一幅岩画,距沟口 0.3 公里左右,是新沟周围所发现的唯一一幅带有人面像的岩画。这幅人面像岩画的造型较为特殊,头部有三道不一样的发饰,左侧有与脸部相连接的刻痕,并有明显的颈部刻画,两道与面部两侧轮廓相接的弯弧表示眼睛,除眼睛外没有其他面部器官。人面像右下侧有一单线条动物,制作较为简单。整幅岩画凿刻制作,线条流畅,刻痕较浅,有清晰的凿点。

**图 75　新沟人面像与动物岩画**

　　在新沟外的洪积扇上共发现 31 幅岩画,大部分为单体岩画,即在单独一块石头上制作的岩画,既有单个的动物、符号,又有数量巨大的动物群岩画。图 76 是新沟外洪积扇平原上一幅较为典型的单体动物岩画,在一块不大的石块上刻有两个简单的动物,左侧动物体型较大且较为清晰,四肢明显,耳朵上扬,尾巴下垂,右侧动物残缺,且较为模糊难辨。整幅岩画磨刻制作,刻痕较浅。

**图76 新沟外单体动物岩画**

图77是较为少见的单体人骑与动物岩画。画面左侧为一人骑，右侧为一动物，整幅岩画似乎表达的是人骑在马上进行放牧。该岩画为磨刻制作，线条简单，刻痕较浅。值得一提的是该岩画制作在深棕色的单体岩石上，都是在石块表面上进行磨制，通过颜色的反差来表现岩画的内容，这两幅岩画周围有大量的深棕色岩石。这些深棕色的单体石块在贺兰山并不多见，仅在新沟外的石堆东侧有大片的分布，这些深棕色石块从何而来、所做何用，不得而知。

编号为XGW12(图78)的岩画特点明显，在一块岩石相邻的两面均制作有岩画。石块侧面的岩画内容为一人张弓搭箭，瞄准前方，在猎人的身后还有一似狗的动物；石块上方则是一人站立在动物后背上，在其后方有一残缺的动物；两侧的岩画通过石棱处较长的刻痕进行联系。整幅岩画均凿刻制作，凿点清晰、明显，刻痕较深。

图79为人骑与动物群岩画，整幅岩画共有31个单体岩画图案，除两个人骑图案外其余均为动物图案。虽然每个岩画图案的制作都较为简单，为单线

图 77　新沟外单体人骑与动物岩画

图 78　新沟外单体射猎岩画

**图 79 新沟外人骑与动物群岩画线描图**

条动物,但整幅岩画仍然给人以极强的震撼力。因该岩画位于一棵树下,岩石与地面齐平,表面被黑色微生物所覆盖,但岩画刻痕依然清晰、明显。该岩画为凿刻制作,刻痕中的凿点较为清晰,刻痕较深,线条流畅,是新沟岩画的重要代表。

"鸮面"岩画在贺兰山岩画中较为少见,从目前普查的情况来看,仅在新沟外有两幅,在贺兰口有一幅,其余岩画点均未发现同类岩画。"鸮面"岩画因其数量较少而显得极为珍贵,图 80 中的"鸮面"岩画最引人注目的是中部的两个螺旋纹及下部的平行折线,且顶端折线与螺旋纹相连,仅从螺旋纹与折线看似乎是"鸮面"的形象,但结合最上部的圆点、圆弧造型综合来看,似乎是一位穿着纹饰复杂长袍的人,此类岩画所蕴藏的内涵还需进一步挖掘。

图 81 为动物群岩画,由八只以上动物组成。画面中最大的动物屈腿盘卧,两耳竖立,尾巴下垂,四肢前段有圆点,虽为单线条制作的动物,但背部以

图 80　新沟外"鸮面"岩画

图 81　新沟外动物群岩画

双线条进行修饰;在该动物下方有五只体型较小的动物,其中两只大角羊清晰可辨,其余动物因制作简单难以分辨,同时这五只较小的动物既有单线条动物,又有通体凿痕的动物;画面上方另有几只动物及大片刻痕较为模糊不清。整幅岩画凿刻、磨刻相结合,线条流畅,凿点清晰,但刻痕较浅,线条边缘粗糙不平。

图 82 中的岩画因刻痕较浅而难以分辨,仅能依稀辨认出两个动物。通过普查组现场辨认,发现该岩画由两个人体、三个动物组成。画面中的动物体型巨大,上方动物四肢强健,体型丰满,其头部前方和腹部下方各有一人体,头部处的人体呈蹲踞状,双手弯曲下垂,生殖器明显,其下方还有一连体动物,腹部人体双腿微弯,双手上举,似在挤奶;下方动物稍小于上方动物,同样体形硕大,在其腹部有一相连的似动物、似符号的造型。整幅岩画凿刻与磨刻相结合,刻痕极浅,仅右上角人体与动物容易分辨。

**图82　新沟外人与动物岩画**

在新沟以南至小贺兰口之间,还有几条较小的山谷,这些山谷没有名称,但仍有部分岩画分布,普查组将位于这一区域内的岩画统一编号为 XGN,以区分新沟及其洪积扇上岩画的编号。

图 83 是新沟南第一条较小山谷中的一幅动物群岩画,该岩画由八只或大或小的动物组成,值得注意的是画面中的动物呈上下颠倒形式分布,特别是上方两只大角羊较为清晰,其刻痕颜色与其他动物的刻痕颜色相比较新,明显是后期所做。通过对比可以看出,该岩画在早期制作完成后,因洪水冲刷或其他原因导致石块翻滚颠倒,后人在原有岩画的空白处又制作了岩画。画面中早期制作的岩画刻痕颜色与岩石较为接近,制作较为复杂,大部分动物有残缺;后期制作的两只大角羊则制作较为简单,为单线条动物。此类在同一块石面上能明显区分不同时期制作的岩画较为少见。

**图 83　新沟南动物群岩画**

图 84 为射猎岩画,画面由猎人、弓箭、动物等组成,因该岩画为磨刻制作,刻痕较浅,且刻痕颜色与石面颜色较为接近,导致岩画难以分辨,仅右下方人体可以辨认,其余部分漫漶不清。经普查组人员现场辨认,对刻痕进行了细致的勾勒,最终完成该岩画的线描图。从画面中我们可以看到两个猎人手持弓箭射向前方的动物,下方猎人所持弓箭通过一圆环与猎人相连,该猎人脚

下还有一单线条动物,在上方还有一弓箭无人使用。整幅岩画磨刻制作,刻痕较浅。

**图 84 新沟南射猎岩画**

### 八、北青石沟

北青石沟在新沟以南 1.5 公里左右,共发现六幅岩画,十六个单体岩画图案,题材有人体岩画、动物岩画、符号岩画等。

图 85 为符号与动物岩画,该岩画中部造型极为复杂的符号岩画引人注目,周围还有多个动物与该符号相连。在符号岩画上下另有多个动物分布。整幅岩画凿刻制作,凿点粗大,刻痕较浅。

### 九、小贺兰口

小贺兰口位于北青石沟以南 0.7 公里,贺兰口以北 2.8 公里,在小贺兰口山谷中未发现岩画,在其外的洪积扇平原上发现岩画 29 幅,共 100 余个单体

**图 85　北青石沟符号与动物岩画**

图案。小贺兰口岩画的题材主要有单体动物岩画、动物群岩画、符号岩画、射猎岩画、人体岩画等。

　　图 86 是发现于小贺兰口外一条泄洪沟内的动物群岩画,岩石上的动物均呈上下颠倒的姿态,应是岩画制作完成后岩石因洪水冲击导致翻转所致。该岩画由多个大小不一的牛、羊等动物组成,从刻痕颜色上看,左下角动物的刻痕颜色较新,右上部分岩画刻痕的颜色几乎与石面一致,可以推断该岩画并非同一时期所做。整幅岩画为凿刻、磨刻相结合,左下角的岩画刻痕较深,凿点细密;右上角的动物则刻痕较浅,凿点稀疏。

　　表示动物之间狩猎的岩画较为少见,图 87 是小贺兰口外一幅动物捕猎的岩画。画面中有一大一小两只动物,体型较小的动物两耳直立,尾巴上扬,站在体型较大动物的背上;下方体型较大的动物后腿微曲,生殖器明显。整幅岩画为凿刻制作,上方动物刻痕较深,凿点细密,制作较为精细;下方动物则由单线条勾勒而成,稀疏的凿点组成的线条描绘出了动物的轮廓。

图 86　小贺兰口外动物群岩画

图 87　小贺兰口外狩猎岩画

图 88 是一幅单体动物群岩画,画面共有五只大小不一的动物,值得注意的是这五只动物并非同一时期所做,两个颜色较新的动物明显是后期所做,与石面颜色有着明显区别,其余三只动物的刻痕颜色与石面颜色较为接近。该岩画为凿刻制作,早期制作的三只动物凿点细密,刻痕较浅;后期制作的两只动物则凿点粗大,刻痕较深。

**图 88　小贺兰口外动物群岩画**

## 十、贺兰口岩画

贺兰口岩画按其分布的自然环境和地貌形态划分,可分为山地岩画、山前草原岩画两种类型。

山地岩画,主要分布在贺兰山东麓山沟内外的岩壁上,以贺兰山中北段各山口为多。有岩画分布的山口,山高谷深,沟口豁大,地势开阔,一般都有山泉涌出,形成溪流,故水草丰茂,谷内有森林分布。岩画多制作在沟谷南北山崖石壁之上,画面宏大,以组合图像为多,单体图像较少。岩画内容为人面像、狩猎、放牧、争战、祭祀等,其间多有工具、武器、车辆、文字题记及符号图案出现。岩画集中的地段一般自谷底而上,在高度约 10 米的岩崖上图像居多,最高不超过 20 米,其上则少有发现。

山前草原岩画,主要分布在贺兰山前洪积扇的荒漠草原上。这里有大面积露出地表的裸岩和黑色岩漆的漂石。岩画均制作于浅洪沟之间的滩脊岩石上,多呈带状分布,并呈现出"大分散、小集中"的特点。比如在贺兰山贺兰口山前洪积扇荒漠草原上,就分布有大小岩画石 1 594 块。这些岩画石分布在积石滩中,只要发现一块,周围即有多个散乱分布。由于石块面积较小,有的仅 20—30 公分,所以岩画画面也不大。这里的岩画以单体图像居多,但在露出地表的大块裸岩上,往往会有多个图像出现。岩画绝大多数为动物形象,间或发现人面像和符号。

贺兰山岩画在 20 世纪 60 年代末 70 年代初被陆续发现,后经自治区文物考古部门、贺兰山东麓各市、县文管部门及岩画管理部门大规模的系统调查、记录,在 90 年代出版了李祥石、朱存石编著的《贺兰山与北山岩画》和许成、卫忠编著的《贺兰山岩画》两部贺兰山岩画图录。据笔者统计,前者记录的贺兰山岩画总数为 1 015 组、3 580 幅,后者记录的贺兰山岩画总数为 990 组、3 263 幅。

贺兰口岩画作为贺兰山岩画的代表,其分布面积大体上与作为国家级文物保护单位的贺兰口岩画的保护面积相一致,岩画分布面积为 12 平方公里。在贺兰口岩画保护区内,共发现、记录 2 326 组(图录记为 2 306 组)、5 681 幅岩画。岩画分布在沟口外以南面东山坡(A 区)、沟口内南山坡(B 区)、沟口内北山坡(C 区)、沟口外以北东山坡(D 区)、沟口外洪冲沟两侧(E 区)、沟口外洪积扇荒漠草原(F 区)等六个区域。本节将选取贺兰口各岩画区具有代表性的岩画进行阐述。

在贺兰口 A 区分布的岩画数量较少,其中最具代表性的是一幅巨型的单体虎岩画(图 89)。这幅巨大的猛虎岩画被刻制在山体崩塌的巨石上,围绕这一巨大的猛虎,还刻有多个动物、弓箭与符号。从构图来看,虽然石面局部破损且岩画清晰度较差,但从其卷曲的尾巴和身躯上块状的装饰上判断,这应是一幅猛虎图,同时硕大而坚挺的生殖器证明这是一只雄性老虎。该岩画磨刻与凿刻相结合,刻痕较深,线条流畅,内涵丰富,是贺兰口岩画中少有的巨型动物题材的岩画。

图 90 位于贺兰口 A 区的山坡上,画面中有三四只清晰的动物,其余模糊不清,下方的动物体型较大,线条优美流畅,颈部上方似乎是一只尾巴上扬

图 89　贺兰口动物岩画

图 90　贺兰口动物群岩画

的动物,正准备捕食下方的动物。整个画面动静结合,完整地展现了动物的野外生存状况,让人有一种清新自然、返璞归真的感觉。

图91是一幅刻制在巨石上的放牧岩画,由于年代久远,石面剥落,仅存一个人骑、两只动物能够辨认,最下方一动物似马,双耳较长,通体凿刻制作,似在漫步前行,马头前方有一凿痕,马的下方、左侧还有凿痕,但已模糊不清,难以辨认;左上方为一人骑,凿刻制作,正在策马奔跑;右上方是一头牛,牛角高耸,牛眼圆睁,身躯健壮,线条清晰流畅。

**图91 贺兰口放牧岩画**

在贺兰口沟内的B区和C区,面积约0.79平方公里的崖壁上、沟谷旁,分布有516组2 101幅岩画,平均密度每平方公里2 862幅。其中有八处岩画密集的"圣像壁",共发现有584幅人面像岩画,占贺兰口人面像岩画总数的83%,占贺兰山已记录的人面像岩画总数的72%。在这个山口中,南山壁上的岩画比北山壁上的岩画少。南山壁 14 个地点分布有岩画 187 组 762 幅，北山壁 21 个地点分布有 329 组 1 339 幅岩画。

图 92 是位于贺兰口沟内 B 区十分典型的以舞蹈和首领人面像为主要题材的岩画群，右方有一幅刻痕十分清晰的人面像，头部上方有一个明显的带有手臂的"柱子"，有人称为"通天柱"，是部落首领（又是巫师）的标志，它具有传达信息的重要功能。左下方有一群挽着胳膊娱舞的人体，他们的头顶都有一个倒"U"字符号，这个"U"字符号象征隐藏、隐蔽的意思，这就说明这项舞蹈活动是在隐蔽处进行的。这些元素与周围的人面像、符号、马匹、猎人等形象，共同组成了一个重大的祭祀场面。在部落首领的带领下，他们通过集体娱舞来祭祀，以祈求人畜两旺、食源富足。

**图 92　人面像与舞蹈岩画**

图 93 是贺兰口刻痕最深的岩画群之一，为石器磨刻而成，最深的刻槽深度达 2 厘米，宽度达 4—5 厘米。贺兰山石质为石英砂岩，硬度高达 6 度，如此深的刻痕很难在短时间内完成，而是先民们带着执着的信仰，日积月累反复磨制而成。先民们制作岩画的过程，往往又是祭祀的过程，他们在创作大面

积的岩画时,一般都是有组织的集体活动,他们通过祭祀,把心目中的神像刻制在岩面上进行膜拜,每次祭祀活动的时候都要在之前所刻的形象上继续磨制,或者根据需要再磨制一些新的崇拜对象,因此形成了我们今天看到的刻痕深浅不一的岩画群。

**图 93　贺兰口人面像与动物岩画**

在贺兰口 B 区一面黑褐色的山壁上,至今还保留着一些珍贵的岩画,其中石壁的中央磨刻有一幅倒三角形的岩画(图 94),是众多符号中比较具有代表性的一种,在中国古文化的符号类中普遍表示女阴的形象,但如果巧妙地颠倒一下位置,变成一个正三角,则代表男根的形象。小小的三角形符号通过不同方式的变化,涵盖了世间阴阳两极,所透露出来的文化博大精深,带给我们无穷无尽的想象,可谓符号中最具概括力的一种。① 倒三角形符号右侧的人面像,线条粗犷,造型奇特,系典型的石器磨刻。脸部轮廓呈长方形,两道极为夸张的胡须,有力地突出了雄性特征。作为一个符号,长方形本身就代表着男根。中国象形文字"祖"即祭祀男根,其中的"且"就是男根的形象。阳性符号的使用使得这幅人面像与倒三角形符号相辅相成,共同构筑了远古文化中的生殖崇拜,通过对这些生殖神的祭拜,来满足他们对人口的渴求。

**图 94 贺兰口人面像与符号岩画**

图 95 在贺兰口"水关"遗址往西 10 米处,位于 C 区,是一组人面像群岩画,这组人面像群最突出的特点就是头顶上有个三角形装饰,像戴了一顶小尖帽,因此我们通俗地称为"戴尖帽的人面像"。图中两幅人面像五官写实,准确地表现出了他们的表情,其中左下的人面像还带有躯干。右上方的人面

---

① 崔凤祥、崔星:《符号系统岩画考释》,《湖北民族学院学报(哲学社会科学版)》2012 年第 5 期,第 27 页。

像较大,但没有躯干,表情微笑。岩画为凿刻制作,凿点清晰粗大,刻痕较宽,线条流畅。

**图 95  贺兰口人面像岩画**

图 96 这幅太阳神岩画是贺兰口岩画乃至中国岩画中最具代表性的一幅。该岩画位于贺兰口 C 区,刻制在距地面 20 米高朝向正南的石壁上,是贺兰口目前所发现岩画中地理位置最高的一幅。炯炯有神的重环双眼,短线刻画的睫毛,光芒四射的线条,半圆形的面部轮廓,鼻子及嘴部匪夷所思的描绘,将太阳神表现得神采奕奕、庄严肃穆,其冷峻的神情中透露出的威严、和蔼使人不由心生敬畏之情,带给我们无穷的遐想。这幅太阳神岩画无论在艺术造型上还是文化内涵上都堪称是经典之作,具有极高的艺术造诣。关于这幅太阳神的文化内涵,学术界众说纷纭,有人认为这是典型的自然崇拜,是对太阳赋予万物生命的感恩并对其加以神化的一种反映;也有人认为由于太阳和人类生活有着极为密切的关系,一些部落将太阳视为保护神,并作为部落图腾或氏族首领而加以崇拜;还有人根据人面像岩画研究的成果

认为这幅太阳神实际是对生命的赞美、对生殖的渴求。①

**图 96　贺兰口太阳神岩画**

图 97 位于贺兰口 C 区的石壁上,从上到下刻满了人面像,是贺兰口面积最大的一处"圣像壁",有近 60 幅人面像和 30 多个动物、符号及西夏文字。独特的地理位置和大量岩画的刻制充分说明此处在当时被奉为"灵石"而受到众人的膜拜,以至于后来的西夏党项人也不甘寂寞,以文字"能昌盛正法"表达他们对"佛祖"的无限虔诚。

图 98 是贺兰口岩画中最具代表性的岩画之一,"镇山虎"位于 D 区山体山根处一块面东的脱落巨石上,是虎类岩画中的精品。岩画中虎的形体较大,线条宽粗、流畅,以平行的折线与条带表现虎的身躯,两个螺旋状的纹饰形象生动地展示了老虎壮硕的腿部肌肉,我们可以用虎躯伟岸、虎爪锐利、虎尾弯曲、虎牙森森、虎目雄雄来形容这只镇山虎,老虎强健、勇猛、威武的王者之气跃然石上。

---

① 贺吉德:《贺兰山岩画研究》,宁夏人民出版社,2012 年,第 159 页。

**图 97　贺兰口西夏题刻与人面像岩画**

**图 98　贺兰口镇山虎岩画**

　　贺兰口沟口外的洪积扇荒漠草原(F 区)，保护区面积 9.27 平方公里。这里为第四纪地质构造，巨石成阵，因洪积形成的漂石层呈扇形分布，越接近山体密度越大。共分布着 1 594 块刻有岩画的石头，岩画单体图像 2 538 幅，其中数量最多的是动物岩画,有1 155幅,占贺兰口动物岩画总数的65%。这些岩画多磨刻在露出地表的石脊上和可移动的大小独石上。刻制岩画所利用的石头一般磨圆度较好,石面上有黑色或灰黄色、赭红色岩漆。呈现出西密东疏、大分散小集中的分布特点。

## 十一、苏峪口岩画

苏峪口位于贺兰山拜寺口与贺兰口之间,为国家森林公园,处于贺兰山国家级自然保护区内,是贺兰山岩画的重要分布区域。苏峪口岩画主要以人面像岩画、动物岩画、符号岩画等为主,除了山谷之内有岩画分布外,其山口南北及山口外的洪积扇上依然有岩画分布。2008年宁夏博物馆对苏峪口岩画进行了普查,并将普查简报发表在《文物》杂志上。根据普查时确定的地理划分原则,将苏峪口南、北及苏峪口外一公里的范围内所发现的岩画均划分到苏峪口,以"苏峪口外"命名区分,山谷内岩画以"苏峪口内"命名。在苏峪口周围共普查岩画近百幅,其中部分岩画是之前岩画普查所未发现的,属于新发现的岩画。

### (一)苏峪口外岩画

在苏峪口外岩画路以东一公里的范围内共普查岩画62幅,编号从SYKW1至SYKW62。此区域内岩画均为单体岩画,内容包括符号、动物、人面像等,现对其中部分岩画进行概述。

此区域发现的第一幅岩画为符号与动物群岩画,编号SYKW1。该岩画由四只单线条动物与一个符号组成,四只动物凿刻制作,呈半圆状分布在石面上、下方和右侧,刻痕较深,线条流畅,凿点清晰,因石面斑驳而略显模糊;画面中的方形符号刻痕较深,颜色较新,其周围有大片模糊的刻痕,难以分辨,该符号岩画应是后期所做。

苏峪口外第三幅岩画为动物群岩画,编号SYKW3,由大小不一的七个动物组成,其中五个较大的动物双耳耸立,尾巴修长、弯曲,生殖器明显,均为雄性动物;穿插其中的两只体型较小的动物难以分辨。

苏峪口外第四幅岩画为坑穴岩画,编号SYKW4,此岩画由十余个磨刻而成的坑穴及两个模糊的符号组成,坑穴位于断裂的石面上部,磨刻制作,边缘较为光滑,因坑穴与石面断面极为接近,不排除有个别坑穴因石面断裂而损毁。

图 99 为符号与动物岩画,编号 SYKW5,画面由两个符号与两只动物组成。石面下方的两只动物制作简单,线条单一;石面左侧符号似"龟"形,刻痕较深,右上方符号制作较为复杂,由多道交叉在一起的线条组成,从该符号刻痕颜色上判断,其制作年代应晚于石面其他岩画。整幅岩画凿刻制作,刻痕较深,线条流畅。

**图 99　苏峪口外符号与动物岩画**

图 100 为动物群岩画,编号 SYKW8-1,五只动物上下有序地分布在石面上,中间是一只犄角弯曲的大型动物,其尾部被另一只较小的动物头部叠压,腹部下方是一只未完成的动物,另外两只动物分布在该动物上下方。该岩画磨刻制作,刻痕较浅,线条流畅,右侧石面另有一人体岩画,同样磨刻制作。

**图 100　苏峪口外动物群岩画**

编号为 SYKW14 的单体人面像岩画(图 101),虽左侧与上部残缺,但残存部分依然向世人展示了这一岩画的精美。人面像面部轮廓呈椭圆形,头顶有多道弯曲的线条装饰,额部有"V"状刻痕,另有多道弯曲的刻痕表示面部五官。值得注意的是,下颌部向外延伸出一道弯曲的刻痕,刻痕因石面破损而损毁。整幅岩画凿刻制作,凿点清晰,线条流畅。

图 102 为残缺的动物岩画,编号 SYKW39。该岩画与编号 SYKW10 的动物岩画较为相似,躯干部分布满不规则的圆环与坑点,背部线条的折角几乎完全一致,嘴部同样有似动物的造型。此岩画头部与尾部残缺,爪部的刻画细致入微。整幅岩画凿刻制作,凿点粗大,线条流畅,制作精美。此类造型岩画除在苏峪口外发现两幅以外,仅在贺兰山插旗口外的洪积扇平原上发现一幅,与这两幅岩画极为相似。

图 101　峪口外人面像岩画

图 102　苏峪口外动物岩画

图 103 为造型奇特的人体与符号岩画，编号为 SYKW62。该岩画左侧为一制作简单的符号，由横竖交叉的两道弯曲的线条组成；中部是一怪异的人体，双臂平举，双腿前后微分，前腿向下延伸后又急剧转折向上，直至石面以外；人体岩画右侧是一简单的符号，由弯曲的线条组成，其右侧则是一个上部似手掌、中部有圆点、下部有多道线条的符号造型，再右侧则是一个似人体的图案。整幅岩画凿刻制作，线条较细，刻痕较浅，刻痕内凿点细密。

**图 103　苏峪口外人体与符号岩画**

（二）苏峪口内岩画

在苏峪口沟口以内两公里左右的范围共普查岩画 15 幅，多为人面像岩画，另有少部分动物与符号岩画，编号从 SYKN1 至 SYKN15。

编号 SYKN1－3 是一幅人面像与符号岩画。画面上方右侧是残缺的人面像，左侧是与之相连的复杂的图案；画面下方是一似人面像的符号。石面中部脱落，导致岩画破损。该岩画磨刻与凿刻相结合，刻痕较深，线条流畅，刻痕内有清晰的凿点。

图 104 是人面像与符号岩画,编号 SYKN1－4。画面上方人面像因石面剥落而残缺,仅残留部分刻痕;中部是一左一右两个人面像,左侧人面像头部有五条发饰,刻痕颜色较新,似是后期所做,右侧人面像同样有头饰,面部轮廓内有圆环状刻痕,面部下方有向右延伸的线条,因石面断裂而残缺;画面下方是两道刻痕与一道半圆组成的符号。该岩画中左侧人面像为凿刻制作,凿点粗大,线条较宽,刻痕较深;其余岩画为磨刻与凿刻相结合制作,线条流畅,凿点细密。

**图 104　苏峪口内人面像岩画**

图 105 为单体人面像群与符号岩画,编号为 SYKN4－2。此岩画所处石块应是从山崖石壁上脱落而来,画面由大小不同、形态各异的多个人面像岩画与符号组成,以磨刻与凿刻相结合的方法制作而成,线条流畅,刻痕深且清晰,是苏峪口中较为精美的岩画之一。此岩画现存放于贺兰山岩画风景区。

图 106 由三个人面像与一个符号组成,编号 SYKN5。画面左侧人面像仅有面部轮廓与发辫,无五官,似未完成;其右是一个"L"形符号;再右侧是一个

图 105　苏峪口内人面像与符号岩画

图 106　苏峪口内人面像与符号岩画

人面像,头部有发辫,面部轮廓内有交叉的线条与双眼,以一道横杠表示嘴部;画面最右侧同样是一个人面像,面部轮廓内有大片刻痕。整幅岩画磨刻制作,线条流畅,刻痕较深,因石面较为斑驳,故线条边缘并不光滑。

图107是苏峪口内最引人注目的人面像群岩画,编号为SYKN8-1。由十余个大小不一、形态各异的人面像岩画组成,其最大的特点是以磨刻而成的大片刻痕表示双眼,个别人面像岩画面部轮廓内有交叉的线条,下颌部有胡须状装饰。该岩画为凿刻制作,刻痕较深,线条流畅清晰,部分岩画漫漶不清。

**图107 苏峪口内人面像群岩画**

图108为人骑岩画,编号为SYKN9。画面上方是一人骑在马上呈飞奔状,马匹尾巴上扬,四肢前后分开,前肢下部有刻痕;下方人骑则呈闲庭信步状,人骑在马上悠然自得。除人骑岩画外,画面左侧似有刻痕,较为模糊难辨。该岩画磨刻制作,刻痕较浅,线条流畅。

图109为人面像、人体、动物、符号岩画,编号为SYKN10。画面左下方似站立的人体,双臂平举;画面中部构图较为复杂,一个体型巨大的单线条动物

图 108　苏峪口内人骑岩画

图 109　苏峪口内人面像、人体、动物、符号岩画

位于石面中央,其轮廓内部及尾部分布有三个人面像,后肢前方有一圆环符号,其下方还有一体型较小的动物;画面右侧岩画造型复杂,其中一幅同心圆岩画清晰可辨,另有人面像、动物等图案与之相连;画面最右侧是一制作繁复的符号。整幅岩画凿刻与磨刻相结合,刻痕较深,线条流畅。

　　图 110 是一幅人面像岩画,编号 SUKN15。该人面像由宽大的线条组成面部轮廓,面部轮廓内有多个坑穴与刻痕可以清晰辨认。其左下方另有多条刻痕,较为模糊。此岩画磨刻制作,线条流畅,刻痕光滑且深,是较为少见的单体人面像岩画。

**图 110　苏峪口内人面像岩画**

## 十二、大韭菜口岩画

　　大韭菜口位于回回沟以南、拜寺口以北,是一条较为宽阔的山谷。沟外是大片的洪积扇平原,植被荒芜,滚苏路在山谷前蜿蜒而过。山谷内同样林木稀疏,无山泉水流出,但山洪冲击明显。整条山谷在距沟口1公里处分为左右两条较小的山谷,而岩画就在山谷两侧从谷底向上30米之间的山坡上。

图111为符号与动物岩画。左侧动物模糊难辨,为三只单线条制作的羊;右侧为方格形的符号,刻痕较宽,凿点粗大。整幅岩画凿刻制作,但从动物岩画与符号岩画的刻痕颜色上分析,并非同一时期所做。

图111　大韭菜口符号与动物岩画

图112为金钱豹与动物群岩画。画面布局合理,结构完整,以中部体形巨大的似金钱豹的图案为中心,周围环布多个动物。虽头部与前肢因石面断裂而缺失,但躯干上密布的百余个大小不一的圆形坑穴给人以极大的震撼,同时该动物有着壮硕的身躯与修长的四肢,生殖器明显。在金钱豹的背

部及脚下，还有多个大小不一、形态各异的动物组成的动物群，包括鹿、大角羊等。整幅岩画兼有凿刻与磨刻两种制作方法，线条流畅，刻痕清晰，凿点密集，但该岩石左侧断裂，石面上有多道横竖交错的裂痕。值得一提的是，身躯遍布圆形坑穴的动物岩画就目前的岩画普查来看，仅在贺兰山苏峪口外的洪积扇上发现两幅，同样是单体岩画，但石面上仅一幅金钱豹动物图案，无其他动物，而该幅岩画位于大韭菜口内的北侧山坡上，除金钱豹图案外还有其他动物，可以说是贺兰山岩画中少有的制作如此精美的单体动物群岩画。

图 112 大韭菜口金钱豹与动物群岩画

图 113 由三只动物与两个符号组成。画面最上方是由四道弯曲流畅的刻痕组成的似"介"字的符号；其下方是一只体形较大的动物，尾巴弯曲，双耳直立；该动物颈部下方是一只体形较小的动物，腹部下方是一条较短的刻痕；画面最下方同样是一只动物，尾巴、四肢弯曲，其头部与画面中部的动物后肢相连。整幅岩画凿刻制作，刻痕较浅，线条流畅。

**图 113 大韭菜口动物与符号岩画**

图 114 为人体岩画，由两个人体组成。画面中左侧人体双腿分开，双脚踩地，双手上举，手部有明显的三个分支，腰部似有一圆环状装饰，以圆点表示头部，以单线条表示身躯；右侧人体双腿分开，双脚弯曲上翘，双臂向下张开，手部同样有明显三个分支，腰部似有装饰，以圆点表示头部，以单线条表示身躯。整幅岩画凿刻制作，线条流畅，刻痕较浅，凿点清晰，似乎是在表示人类舞蹈时的场景。

图 115 为人体岩画。画面左侧的人体较为清晰，该人体双腿分开侧向站立，双手上举，手部有四个分支，其中一只手似乎握着一长条状的物品，生殖器明显，以圆点表示头部，以单线条表示身躯与颈部，颈部较长；右侧人体较为模糊，仅以稀疏的凿点组成躯干、四肢及头部。整幅岩画凿刻制作，凿点细密，刻痕较深。

图 116 为射猎与符号岩画。画面右上方岩画似鸟头，右下方岩画似一人手执弓箭射向前方，弓箭右侧是一个似动物的图案，身躯、尾巴与四肢较为清晰，未见头部，又似一符号，方形轮廓上方左右两侧各有两道较短的横向刻痕，下方是两道竖向的刻痕。整幅岩画凿刻制作，线条宽大，刻痕较深。

图 114 大韭菜口人体岩画

图 115 大韭菜口人体岩画

**图 116　大韭菜口射猎与符号岩画**

　　图 117 为动物岩画。画面中的动物尾巴下垂,头部有弯曲的角,一只角弯曲向后与后背相连,另一只角向前伸出,有多个分叉,四肢或弯曲或直立似在行走,生殖器明显,身躯有横竖条纹装饰。该岩画凿刻制作,线条较细且流畅,刻痕较浅。

　　图 118 为一匹奔跑的马。画面中的马身躯壮硕,四肢前后弯曲作奔跑状,生殖器明显,腹部下方有一条与四肢及生殖器相连的线条,背部有弯弧状刻痕,双耳直立,颈部有向后延伸而出的马鬃,尾巴似乎随马匹奔跑的姿态而随风飘逸。整幅岩画凿刻制作,线条流畅,刻痕较浅,将马匹奔跑的姿态表现得淋漓尽致。

　　图 119 为符号与人面像岩画。因该岩画位于距地面较高的石壁上,导致岩画难以分辨。画面左侧是多个似残缺的人体的符号,仅多道残缺的刻痕依稀可辨;画面右侧是一幅人面像,眼睛、嘴巴等五官明显,人面像左侧为一个同心圆符号。整幅岩画凿刻制作,线条宽大流畅,刻痕较浅。

图 117 大韭菜口动物岩画

图 118 大韭菜口马岩画

图 119　大韭菜口符号与人面像岩画

　　图 120 为人体与符号岩画。画面下方人体生动传神，一手弯曲上扬，一手平举，平举的手掌五指分开，弯曲上扬的手仅两个手指可清晰分辨，该人体腰部有装饰，似穿一裙状衣物；上方人体制作较为简单，双腿分开，双手平举，生殖器明显，以两个相交的圆环表示头部，其右后方的石壁上是圆弧与凿点组成的符号；画面左侧似未完成的人体，仅以稀疏的凿点组成了人体轮廓；三个人体之间是大片的凿点。画面左上方有一模糊难辨的符号。整幅岩画凿刻制作，线条宽大，刻痕较深。

　　图 121 为大韭菜口极为精彩的岩画，由不同制作方法与表现手法的人面像、动物群、人体及符号组成。人面像位于石面的中上部，上方人面像岩画圆形的面部轮廓内有多道弯曲刻痕及凿点表示五官，人面像下部与一个身躯布满横竖交错刻痕的动物相连，该动物尾巴下垂，四肢弯曲似在行走，颈部有三道延伸出的刻痕，头部完全掩盖在人面像之下，似乎以人面像来表示动物的头部，同时人面像与动物相交处向上延伸出一道曲折、弯曲的刻痕。该人面像下方是另一幅人面像岩画，制作较为简单，面部轮廓内有弯曲的双眉，其余

图 120　大韭菜口人体与符号岩画

图 121　大韭菜口人面像、动物群、人体、符号岩画

五官模糊不清,值得注意的是该人面像下方延伸出一道较长的刻痕。整幅岩画中还有多个动物分布其中,尤以画面中部一只体形巨大的动物最为明显,该动物尾巴弯曲上扬,臀部有螺旋纹状的纹饰,头部缺失,颈部下方是一只单线条动物。除这一只体形壮硕、纹饰精美的动物外,岩画中的多个动物有序地分布在画面之中,有大角羊、鹿等,这些动物或制作繁复、或制作简单。人体岩画位于画面中上部,仅人体的下部较为清晰,能够清晰分辨人体的下肢。符号岩画则位于画面的最左侧,其形状为一圆点外有两个同心圆。整幅岩画凿刻制作,线条流畅,刻痕较深,制作较为复杂,内涵丰富。

　　以上岩画均为大韭菜口右侧山谷中的岩画,左侧山谷中岩画虽然较少,但在山谷深处的峭壁上发现一幅目前为止体量最大的人体岩画。

　　图122为人体与动物群岩画。画面中的人体体形硕大,头部有发辫,颈部刻画明显,双臂弯曲下垂,双腿肌肉丰满,屈膝站立,有硕大的生殖器。在人体下方有多个似羊似鹿的动物图案,画面下方左侧另有两个符号。整幅岩画凿刻制作,线条宽大,刻痕较深,在贺兰山岩画中极具代表性。

**图122　大韭菜口人体、动物群岩画**

通过以上关于大韭菜口岩画普查概况的介绍,不难发现,大韭菜口岩画是贺兰山岩画中比较具有代表性的岩画点,由于以往的岩画普查中对大韭菜口关注较少,导致大韭菜口岩画几乎不为世人所知。随着相关岩画保护机构、文保机构对贺兰山展开的持续不断的岩画普查,相信会有更多的岩画被发现,从而进一步增加贺兰山岩画的数量、丰富贺兰山岩画的内涵。

## 十三、拜寺口岩画

第一岩画点距离百寺山庄东北方不足 70 米的一处山崖上,石面崩塌、脱落严重,共五组十五幅岩画分布在深色石壁上。第二岩画点在第一岩画点东北方 220 米左右的山坡上,为单体岩画,共两组十八幅岩画。第三岩画点在第二岩画点后方 20 米左右,仅一幅人体岩画。

图 123 的岩画内容为人体、动物与符号,刻痕较浅,线条流畅,凿刻制作,石面裂隙。画面上方是一个完整的人形岩画,双腿分立,双手平举;人形

**图 123　拜寺口人体、动物与符号岩画**

岩画上方和左侧是符号岩画，由简单的线条组成；人形岩画下方是一体型较大的单线条动物，双耳巨大，四肢分明，躯干部有一线条装饰，背部稍有隆起，头部残缺；巨型动物下方是弧形符号和一个似未完成的人体岩画，难以辨认。

图 124 为人体与动物岩画，凿刻制作，刻痕较浅，石面中部断裂。画面左侧的人体双腿弯曲，双手平举，生殖器明显，线条宽大；右侧的动物似鹿，鹿角硕大，鹿尾较长，四肢分明。总体上看似乎是人在追赶前方的鹿。

**图 124　拜寺口人体与动物岩画**

图 125 是一幅制作极为复杂且精美的单体岩画，凿刻制作，刻痕极深，凿点粗大，线条流畅，由多个动物及人体组成，石面部分剥落并有多道裂隙。画面中最吸引人的是下方一头体形硕大的牛，这头牛刻痕较深，牛角弯曲上扬，牛背隆起，牛尾下垂，四肢粗壮，身躯壮硕，极具美感。在牛的四周有多个动物，如大角羊、鹿等，这些动物均为凿刻制作，或驻足观望，或向前飞奔，或低头觅食，这些动物毫无规则地分布在牛的四周，但整体画面又布置得十分自然。画面最上方是一个直立的人，正张弓搭箭对准下方的动物群，猎人双腿微曲，腰部挎一物品，头部有装饰。猎人前方是一只似狗的动物。整幅岩画

将远古时期猎人狩猎场景与不同种类动物的形态表现得淋漓尽致，给人以极大的震撼。

图 125　拜寺口人体与动物群岩画

# 第二节　大麦地岩画

大麦地是宁夏、内蒙古交界卫宁北山的一片荒漠，这里了无人烟，生长着稀疏的酸枣、骆驼蓬等植物。卫宁北山与贺兰山相对成犄角，黄河由此转折而伴贺兰山北行。大麦地东西约 50 公里,南北宽 25—30 公里,海拔 1 400—1 600 米,最高峰土窑 1 687 米。这里群山环绕,山岗遍布,沟壑纵横,人迹罕至。但在这荒芜的约 15 平方公里的区域内,在十几道如同浪起潮涌的山梁崖壁上,连绵不绝地陈列了大大小小精彩纷呈的岩画作品,一般都延续百米以上到近千米长。在密集地段,几乎每块石头上都有岩画,而许多岩画都有叠压打破关系,平均每平方公里达到 200 多组,在大麦地岩画密集分布的中心区域,遗存岩画达 1 000 余幅,展现个体形象达到 4 000 余个,其数量之多,规模之大,内容之丰富,在中国乃至世界都属罕见。①

大麦地岩画属于我国北方岩画系统,其制作方法是利用石器、金属等工具在石头上采用凿刻、敲击、研磨、刻画等方法制作而成。从制作方法和工具来看,先是使用石器磨制或者打制,后来用青铜器和铁器凿刻,在自然平整的岩石层面与节理面上,制成瑰丽壮观的岩画群落。在绘画语言上,不仅有通常的打制或磨制的阴刻线条,还有在所有岩画遗迹中罕见的减地而留取石皮的阳刻图像;不仅有线条勾画,还有整体块面的画。虽然多为互不相关的单个形象,但有的画面布局合理,颇有生活气息。同时,在大麦地发现多个符号岩画,其所蕴含的文化内涵难以破解。此外,有些古老的画面叠压在更古老的画面上,形成一种打破关系,由此可以考察不同时期创作的沿袭和变化。

与贺兰山岩画相比,大麦地岩画分布有更多群体性的场面,有先民放养几十只山羊的画面,有数人驭马引狗对众多野羊的围猎,甚至有并列七八只老虎的动物生存斗争的场面等,都显示得波澜壮阔,洋洋大观。最大的一幅岩画宽达 9 米,高约 1.2 米,绵延连续地刻画了一百多动物、符号等形象。有些石壁由两三块巨石累积而成,石面又十分整齐,于是成了描绘盛大的寺塔祭拜场面、各种猛兽或野羊自由穿梭场面的最好载体。比较贺兰山的以个体形象为主的岩画,大麦地的大场面显然更具有震撼力。

图 126 右上角是两座塔,左侧的塔由大到小呈"T"形有序排列,右侧的塔造型复杂,下方是"T"形,上方为椭圆形,椭圆形内部由三角形、方形、圆

---

① 谢玉杰:《大麦地岩画》,上海古籍出版社,2004 年。

形罗列组成,画面右下角是一个蹲踞形人体岩画,双腿弯曲,一手上扬,一手弯曲,手中似乎托着某种物品。整幅岩画由凿刻与磨刻结合制作,线条宽大,刻痕较深,画面布局合理,除右上角与左下角之外其余部分难以分辨。

**图 126　大麦地塔形岩画**

**图 127　大麦地西夏文与人体岩画**

图 127 为大麦地岩画中少见的带有西夏文字的岩画,画面左侧西夏文的意思为"佛",右侧的人双手叉腰,双腿弯曲,脚下是一只四肢较长的动物,画面最下方是三只动物。整幅岩画均为凿刻制作,凿点粗大,线条流畅,刻痕较深。带有文字的岩画是极为罕见的,通过西夏文判断该岩画应为西夏时期所做,将西夏人对佛教的尊崇表现得淋漓尽致。

大麦地岩画中刻画最多的是羊,但是除了北山羊、盘羊、大角羊等物种不同以外,写实风格和装饰风格的不同表现,更产生了常常超越现代人想象的众多样式的画面。比如说,在装饰风格的岩画中,我们经常可以看到斯基泰艺术或者鄂尔多斯青铜器上表现的风格。

图 128 是大麦地岩画中比较有代表性的动物群岩画,虽然岩石中部大块

脱落,但石面上依然保存有十余只大大小小的动物,这些动物或是鹿,或是羊,有的动物制作得极为精美,将动物的形态进行较为逼真的刻画;有的动物则制作较为简单,仅用简单的线条组成动物的头、尾、四肢。从岩画刻痕的颜色上分析,画面中的动物似乎不是同一时期所做。整幅岩画均为凿刻与磨刻相结合,在磨刻的刻痕中有明显的凿点。岩画刻痕较深,线条流畅,极为生动传神。

**图 128 大麦地动物群岩画**

图 129 中最吸引人的是一大三小马蹄印的造型,四个马蹄印岩画虽大小不一,但具体形制上极为相似,同为凿刻与磨刻相结合制作,线条宽大,刻痕较深。画面中部的老虎岩画极为精彩,虎身部分的折线将老虎的雄壮表现得细致入微,以重环表现虎的眼睛极为有神。此外画面中还有两只动物,同样制作得较为精美。整幅岩画布局合理,线条流畅。

图129　大麦地动物与蹄印岩画

　　图130是一幅制作极为复杂、精美的狩猎图,画面由多个人物、动物组成,动物的种类有老虎、羊、鹿等。岩画中的人物有的张弓搭箭瞄准猎物准备发射,有的则张开双臂驱赶成群的动物,画面中部一只鹿的身上有另一只动物似猎狗,尾巴上扬,嘴巴大张,似乎马上就要将鹿咬住;而动物则在猎人及猎狗的围捕下惊慌失措,四下逃散。该岩画将古代捕猎的场面进行了充分的展示,并且通过对大小动物的合理布局将立体的场面在平面上进行完美复制,从而使该岩画具备了丰富的文化内涵。整幅岩画凿刻与磨刻相结合,线条宽大流畅,刻痕较深。

　　图131是一幅单体动物岩画,一头凿刻制作的牛。岩画中的牛身躯硕大,用大小不一的圆环进行装饰,将牛健硕的身躯进行了充分的展示,牛背上驮一物品,同时牛头低垂,牛角高昂,特别是将牛的四肢刻画得较为细小,通过

图 130　大麦地狩猎岩画

图 131　大麦地动物岩画

对比现实的牛更加壮硕。该岩画凿刻制作,刻痕较深,以细密的凿点对牛进行了细致入微的刻画,较为精美。

图 132 由三个人体与十余只动物组成,三个人体一上两下,上方的人双腿弯曲,一手叉腰,一手平举,平举的手上似乎拿一物品;下方左侧的人体双腿同样弯曲,双臂下垂,头部有发辫;下方另外一人体同样双腿弯曲,双臂下垂稍向外翻,三个人体均生殖器明显。画面中的动物大都为鹿或羊,羊角弯曲,鹿角硕大,四肢明显。整幅岩画凿刻与磨刻相结合,凿点清晰,刻痕较深,线条流畅。

**图 132　大麦地人体与动物群岩画**

图 133 是一幅题材丰富、内容多样的岩画,画面由多个动物及人体组成,动物有羊、鹿、虎、牛等,另有五个蹲踞式人体。画面中的动物有的制作较为复杂,有的较为简单,五个人体均双腿弯曲,双臂或上举,或向下弯曲,且生殖器明显。整幅岩画均为凿刻制作,凿点细密,特别是对五个人体的制作较为精致,将人物的特征进行了详细的展示。除了右下角的老虎外,其余动物均为单线条动物,虽制作简单,但每一只动物均形神兼备。岩画右侧有后人凿刻的"海"字。

**图 133　大麦地人体与动物群岩画**

　　图 134 是大麦地岩画中一幅比较具有代表性的人体岩画。该岩画凿刻制作,线条较细且流畅。该人体岩画面部五官清晰,胸腹部硕大,四肢明显,右臂因石面断裂而缺失。从其硕大的胸部与腹部上看,似乎是一名怀孕的女人,表达了远古人类对生殖的崇拜。

　　图 135 是一幅符号与动物岩画。画面右上角巨大的椭圆及其内部的"十"字组成了非常少见的符号岩画,其左侧还有一道深深的刻痕。在符号岩画下方是三只大角羊,羊角弯曲硕大,此外画面中还有多道刻痕与凿点。该岩画凿刻与磨刻相结合,上方的符号岩画线条宽大、流畅,凿点清晰可辨;下方的三只羊制作得较为精细。

图 134　大麦地人体岩画

图 135　大麦地符号与动物岩画

　　图 136 为射猎岩画,下方一人手持比人体还大的弓箭瞄准上方的鹿、羊等动物,中部还有一人骑在马上对这些动物进行驱赶。画面中的动物身躯硕大,羊角弯曲,在猎人的驱赶下向一个方向逃窜。画面右上方还有一圆形符号。整幅岩画均为凿刻与磨刻相结合,刻痕较深,线条流畅,凿点细密,将远古时期猎人狩猎的场景表现得较为精彩。

**图 136　大麦地射猎岩画**

　　图 137 岩画是凿刻制作,画面中部一人骑在马上张弓搭箭,对准前方的动物,让人不解的是猎人的坐骑后腿被圆环缠绕。人骑后方还有一人同样张弓搭箭。画面右下角一人手持一圆环,似绳索。在三个猎人周围则是各种简单刻画的动物或者符号。猎人骑在马上张弓搭箭进行狩猎的造型在大麦地乃至宁夏岩画中极为少见。该岩画凿刻制作,线条流畅,凿点粗大,刻痕较深。

　　图 138 由人面像、符号及一个未完成的人面像组成。人面像位于整幅岩画上方,凿刻制作,刻痕较深,头上有三道竖杠表示头发,脸部左右各有两根

图 137 大麦地射猎岩画

图 138 大麦地人面像与符号岩画

横杠表示胡须,面部有明显的眼睛、鼻子和嘴。人面像下方是一弯曲的圆弧,圆弧右侧是一长方形的符号。最下方是一未完成的人面像,从已完成的痕迹看,头部有两道竖杠,脸部左右两侧各有两道横杠表示胡须。整幅岩画均凿刻制作,凿点粗大,线条流畅,刻痕较深。

图 139 为动物群与符号岩画,画面中的动物为鹿、羊等刻画得细致入微。该岩画最吸引人的则是左上角与中部的符号,左上角的符号似一人站在船上,双手挥舞绳索;中部的符号似"王"字,中间一横变为圆环,下方又延伸出一道弯曲的弧线。整幅岩画均为凿刻制作,画面精美,刻痕较深,特别是右侧存在相互打破关系的动物群极为生动传神。

**图 139　大麦地动物群与符号岩画**

图 140 为两个残缺的人面像。上部人面像大面积破损,仅存面部轮廓、右眼、嘴巴等部分,在右眼下方似乎是一残缺的动物;下方人面像似乎未完成,仅有面部轮廓及三道表示发饰的竖杠,面部轮廓线条破损。整幅岩画凿刻制作,凿点粗大,线条流畅,刻痕较深,但大面积破损残缺。

**图 140　大麦地残缺的人面像岩画**

　　图 141 由两个人体、两只动物及弯曲的线条组成。上方两人体盘膝而坐，双手弯曲上举，面部五官清晰，似乎是在向上天祈祷，又像跪拜礼佛；中部两只动物制作较为简单；下方弯曲的弧线表示河流或云朵，难以分辨。整幅岩画均凿刻制作，凿点粗大，线条流畅。

　　图 142 由两个人面像及两个符号组成。画面左上方为一圆环符号；右侧是一个人面像，面部轮廓借用了石面自然断裂的裂痕，使得面部呈现不规则的圆形，两只眼睛、两个鼻孔和嘴；该人面像右下方是一个由两个圆环和一个竖杠组成的符号，竖杠位于两个圆环中间；画面最下方是一个较小的人面像，眼睛与面部轮廓几乎融为一体，中间一圆点表示鼻孔，下方的圆点表示嘴。该岩画为凿刻制作，凿点粗大，线条流畅，刻痕较深，内涵丰富。

图 141　大麦地人体与动物岩画

图 142　大麦地人面像与符号岩画

　　总之，大麦地岩画是用自然铁块金属工具在石头上磨、凿、敲、刻制作而成，内容多描绘人物、动物、狩猎、歌舞、畜牧、宗教等，基本上表现以狩猎与游牧生活为主的社会生产生活场景。

# 第七章　内蒙古岩画

　　岩画是历史的佐证和写照,岩画以独特的形式反映了中华民族的形成与发展,从历史的深度和广度再现了中华民族的伟大创造。内蒙古岩画分布非常广泛,在内蒙古阿拉善盟、巴彦淖尔市、包头市、赤峰市、呼伦贝尔市分布着数以万计的岩画。

　　内蒙古岩画的题材多样,内容丰富,既有岩刻类岩画,又有岩绘类岩画,有动物岩画、狩猎岩画、放牧岩画、祭祀岩画、图腾崇拜岩画等等,可谓风格迥然、异彩纷呈,体现了我国岩画的丰富内涵和艺术魅力。从中可以看出内蒙古岩画比较全面、系统地反映了我国古代北方游牧民族的社会生产生活情况。同时,内蒙古岩画把对于生活敏锐的观察力和艺术上粗犷的手法浑然一体地结合起来,达到了较高的艺术水平。从时代和作画民族看,内蒙古岩画不仅形成早,延续时间也长,除原始氏族部落外,几乎包括在中国北方一带居住过的所有游牧民族。内蒙古岩画有着质朴、生动的艺术特色与浓厚的生活气息,多以写实手法为主,记录了远古时期的社会状况。在构图、制作技巧和画面表现力等方面,显示了岩画作者的观察力与艺术才华,从而产生了强烈的艺术效果。

　　巍峨壮丽的阴山山脉,犹如一条巨龙横亘在内蒙古自治区的中南部,大致走向为西南—东北,然后转向西北—东南,长约 500 公里,纵深约 50—80 公里,平均海拔 1 500—2 000 米,阻挡了西北蒙古高原的风沙和寒流,护卫了富庶的河套平原。阴山山脉主要由大青山、乌拉山、色尔腾山、狼山组成,阴山蒙古语为"达兰喀喇",意为"70 个黑山头",阴山山脉是古老的断绝山地,地质上主要由太古代变质岩组成,主峰呼和巴什格,海拔 2 364 米,山峰北坡较平缓,南坡山体陡峭,形成天然屏障,地形反差巨大,而且热量、水源以及动植物也表现出明显不同。

　　北朝民歌《敕勒歌》中唱道:"敕勒川,阴山下,天似穹庐,笼盖四野。天苍苍,野茫茫,风吹草低见牛羊。"以富于特征的形象,勾勒出了一幅阴山下雄伟壮阔的优美景象。我国北方的游牧先民羌戎、匈奴、鲜卑、突厥、回鹘、党项、契丹、女真、蒙古等民族,在这里繁衍生息、劳动,创造了独具特色的历史、文化,为中华文明增添了亮丽的色彩。同时,也在阴山的山岩峭壁之上,刻制了数以万计的岩画,以或抽象或具体的形象描绘了不同民族在历史长河之中为生存为繁衍而生生不息的历史画卷,真实记录了远古以来北方各民族在不同的历史发展时期的生产生活场景,反映了人类历史发展过程中的社会实践、经济活动和赖以生存的自然环境以及人们的心理活动、宗教信仰,并通过岩画这种特殊的文化现象和造型艺术,成为人们表达情感、交流心态、传授经验的社会实践活动,并且一代代流传下来,以形象和符号成为人类交流、交际、沟通的工具和媒介。①

早在公元 5 世纪,北魏地理学家郦道元就在《水经注》中提到阴山西段狼山地区的岩画。作为我国已发现的岩画中题材广泛、内容丰富、艺术精湛的岩画,全面、系统、科学地考察与研究阴山岩画,却始于 20 世纪 70 年代后期。这使得在深山峭壁沉睡数千年的岩画,终于走出阴山面向世界,成为世界学者争相研究的对象。

阴山岩画的发现是追溯河套文化和我国北方民族发展史的一件大事。这些古老的岩画,除了本身就是文化遗产之外,更是极珍贵的历史资料,对文化历史研究意义重大。盖山林先生通过几十年的研究认为:人类在有书籍之前,我们的远祖曾经通过歌传口授,通过在甲骨上刻字、在青铜器上铸铭文、在陶器上刻绘符号来记录历史事件。但古人留给今人的痕迹,只是漫长浩瀚历史中的一朵浪花、几片涟漪,令人无法从中探得历史的全貌,然而岩画恰恰弥补了这种缺憾。地球的表面宛如一块无边无际的画布,只要有古代人类居住过,并有适于作画的石料,那里就会有岩画。② 岩画遍布于全世界的各个角落,以图像的美术形式记载着人类 4 万年的历史。它以古朴、粗犷、凝练的画风和丰富而独特的文化内涵,通过直射或折射,表现了永不再现的远古,从生产生活、群体活动、宗教萌芽、心理状态、审美趋向、自然观等方面展现了人类

---

① 束锡红、高法成:《贺兰山岩画与阴山岩画的艺术特色和文化内涵比较》,《学园》2009 年第 5 期。

② 王治国:《阴山岩画是河套游牧文化的历史见证》,《巴彦淖尔日报(汉)》2010 年 12 月 3 日。

的早期历史活动,成为文化人类学、传播学、民俗学、美学、原始宗教史、美术史、艺术史、民族史等多学科的重要研究对象,堪称想象宏丽、感情浓烈、造型生动简朴、意境深邃的形象性史诗。岩画以全球性的广度和历史性的深度,生动地记载了人类的生存活动。①

现在发现的阴山岩画,主要分布在西起阿拉善左旗,经磴口县和乌拉特后旗南部,东至乌拉特中旗,东西长 300 公里,南北宽约 40 公里的地域。作为我国岩画发祥地之一,阴山岩画的主要岩画地区为狼山等地,岩画的内容有动物、人物、飞禽;人物的活动有狩猎、乘骑、放牧、舞蹈、征战、巫师作法、交媾等,还有男根女阴、手足印、蹄印、帐篷、车辆、日月星辰、圆穴等大量的符号、标记等。阴山岩画制作方法主要有磨刻法、敲凿法、划刻法,另外有少量的绘制法,其中以敲凿法为主,磨刻法仅限于早期,是石器、青铜器和后期铁器工具创作的艺术杰作。②

# 第一节　磴口县阴山岩画

## 一、默勒赫提沟岩画

图 143 是阴山岩画中最著名的一幅,该岩画在磴口县默勒赫提沟第一个岩画点的一处山崖峭壁上,画面由多个人面像岩画组成,每一幅人面像岩画大小不一、形态各异,位于峭壁的最高处,仿佛神灵俯视众生。整幅岩画中的人面像均为凿刻与磨刻相结合,线条宽大流畅,刻痕极深,石面存在大量的裂痕,急需加固保护。

图 144 为凿刻的人面像岩画,线条流畅,刻痕较深。该人面像岩画体量较大,面部眼睛、眉毛、嘴巴明显,额头有头饰,头饰延伸到头顶部分,颈部有圆形刻痕。该人面像右下方是一模糊不清的岩画,似是人面像,凿刻制作,但整幅岩画漫漶不清,难以分辨,仅多道刻痕可辨。

---

① 张春雨:《西北第二民族学院岩画研究现状与展望》,《北方民族大学学报(哲社版)》2007年 11 月。

② 王建平:《浅谈对阴山岩画的保护与研究》,《河套学院论坛》2012 年第 3 期。

图 143　磴口县人面像岩画

图 144　磴口县人面像岩画

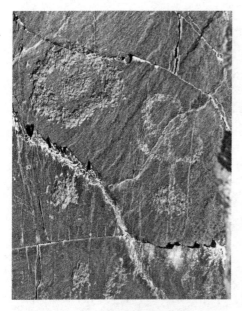

**图 145　碛口县拜日图岩画**

图 145 是一幅拜日图。画面左上方一圆环中有一点,表示太阳;右下方一人双腿跪地,双臂上扬,似乎是在向天上的太阳顶礼膜拜;画面左下方有几处凿点。整幅岩画为凿刻制作,凿点明显,表示太阳的圆滑与点线条宽大、刻痕较深,人物岩画则线条较细且流畅,凿点细密。该岩画形象生动,将远古人类对太阳的崇拜表现得极为充分,给人明显的震撼感。

图 146 是一幅带有光芒的人面像岩画,应为太阳神岩画。画面中的太阳神以螺旋纹表示双眼,以三角形符号表示鼻子,以圆环表示嘴巴,额

**图 146　碛口县人面像岩画**

头有"V"字型装饰,面部边缘遍布竖条状的光芒,画面最下方有大片刻痕。整幅岩画凿刻制作,凿点较大,线条流畅,刻痕较深。石面右上部有裂痕,是较为经典的人面像岩画造型。

图147为人面像岩画。该岩画的一个特点是整个人面像的轮廓呈水滴形,在隆起的额头上有上下两个圆环(下方圆环中有圆点)和左右各两道竖线组成的符号,以圆环中加一点表示双眼,以一竖杠及两个点表示鼻子,以椭圆形圆环表示嘴巴,嘴巴上方有两道横线表示胡须。该岩画制作精美,形象生动,整幅岩画凿刻制作,线条流畅,刻痕较深。

**图147　磴口县人面像岩画**

图148由两个人面像与三个符号组成,上方人面像的脸部轮廓近似水滴形,轮廓外侧有多道竖杠,面部眼、鼻、嘴巴明显,该人面像左上方有一圆弧状刻痕。下方人面像为无轮廓人面像,面部眼睛、鼻子、嘴巴刻画明显,额头有"W"状符号装饰,两侧脸颊有弯弧状符号,下颌亦有装饰,该人面像右下方有两个圆环符号,右侧有一道刻痕。整幅岩画均为凿刻制作,凿点密集、粗大,

刻痕较深,线条流畅。无轮廓人面像在阴山岩画中比较少见,是人面像题材中较为特殊的一种。

**图 148　磴口县人面像与符号岩画**

图 149 由两条缠绕在一起的蛇与下方的波浪形符号组成。关于蛇的形象的岩画在阴山仅此一例,两条蛇身躯修长,线条流畅,缠绕在一起的身体呈圆环状,以更深的凿点表示蛇的头部。下方波浪形的符号似山脉。整幅岩画均为凿刻与磨刻相结合,线条流畅,刻痕较浅。

**图 149　磴口县蛇形岩画**

图 150 是一幅极为复杂的岩画,画面中心是六个衔接在一起的圆形刻痕,外侧被矩形框围绕,矩形框右上方为太阳及符号造型的岩画,左侧是两个人面像及符号,下方是一造型奇特的岩画,头部眼睛、嘴巴明显,额头有弧形装饰,头部外侧是多道发辫或光芒,与硕大的头部形成鲜明对比的是较小的身躯与极短的腿,无手臂。该岩画位于默勒赫提沟第六岩画点较高的悬崖峭壁上,攀爬极为困难,难以想象先民是如何在如此陡峭的悬崖上制作岩画的。整幅岩画凿刻与磨刻相结合,凿点粗大,刻痕较深,线条流畅,制作精美,但其内涵让人难以理解。

图 150　磴口县人面像与符号岩画　　　　图 151　磴口县人体岩画

图 151 为三个人体岩画。画面中的三个人体一大两小,上方较大的人体双腿分开,双手平举,两只手各托举一个“十”字形符号。画面右侧较小的人体同样两腿分开,两手平举,双手各托举一个“十”字形符号。最下方人体双腿分开,双手平举,手中无物品。三个人体均有明显的生殖器,说明是男性人体。该岩画凿刻制作,刻痕较浅,但其内涵值得深究。

图 152 为动物群岩画,画面由十余只动物组成,有大角羊、鹿、狼等,画面中大角羊的羊角极为硕大,表现夸张,中下部狼的造型则较为经典。整幅岩画均为凿刻制作,凿点细密,刻痕较浅,线条流畅,画面整体看上去较为凌乱,其制作风格与默勒赫提沟其他岩画点的岩画有一定差别。

图 152　碛口县动物群岩画　　　　图 153　碛口县符号岩画

图 153 为符号与动物岩画。画面最上方为一凿刻制作的羊,羊的下方是造型奇特的符号,圆圈中有数道横向刻痕与一道竖向刻痕,竖向刻痕贯穿每一道横向刻痕,在圆圈的左下方还有一椭圆形符号。该符号下方还有两个符号,其刻痕颜色与上方符号、动物岩画的颜色存在明显差异,似不是同一时期所做。整幅岩画均为凿刻制作,线条流畅,刻痕较深。

图 154 由动物群、符号与人体组成。画面中部是一生殖器明显的男性,人体下方是造型奇特的符号,似一人站立在一带有遮挡物的台子上,人体上方是多个动物,包括大角羊、老虎等,均为雄性动物。画面左侧的两个动物因其刻痕颜

色与石面较为接近而难以分辨。整幅岩画均为凿刻制作,凿点细密,线条流畅。

**图154 磴口县动物群、符号与人体岩画**

图155是一幅较为经典的射猎岩画。岩画由拉弓射箭的猎人、大量的动物和一个"十"字符号组成。画面中由上至下分布着四个拉弓的猎人,四个猎人将大批动物包围其中,并且每一个猎人均生殖器明显。画面中的动物有鹿、羊等,均制作精美,其中具有斯基泰风格的鹿和其上方的"十"字符号最引人注目。下方的多个动物刻痕较浅,线条宽大,与其他动物有明显区别。该岩画凿刻与磨刻相结合,是不可多得的狩猎岩画。

## 二、格尔敖包沟岩画

图156是阴山格尔敖包沟的一幅人体岩画,画面由三个相向而行的人体组成,左边两个体形较大,右边一个体形较小。从人体造型上来看,中间较大的人体双腿分开,上臂较为模糊;而左右两个人体双腿分开,双臂大臂平举,小臂下垂,特别是左边人体生殖器明显。从三个人体岩画的刻痕颜色上看,

图 155　磴口县射猎岩画

图 156　磴口县人体岩画

左侧人体颜色较新,似是后人所做,其余两个人体刻痕颜色几乎与石面颜色一致,年代较为久远。整幅岩画为凿刻制作,线条流畅,左侧人体凿点粗大,中间及右侧人体凿点细密。

　　图157为动物群与人面像岩画。人面像岩画位于左上部,线条宽大,刻痕较深,五官明显;动物群岩画则位于右侧,由多个动物及弯曲的线条组成,动物群岩画的线条较细,刻痕较浅,与人面像岩画有明显的区别。人面像岩画与动物岩画位于同一石块的不同面上,均为凿刻制作,凿点密集。

**图157　磴口县人面像与动物群岩画**

　　图158为一幅无轮廓人面像。人面像的面部有眼睛、鼻子、嘴巴和胡须,奇特之处在于在人面像无面部轮廓,而且额头和脸颊有弯曲的弧线装饰,这种无轮廓人面像在阴山岩画中不多见,不知是制作者没有完成还是有意没有刻画面部轮廓,值得深入研究。该岩画凿刻与磨刻相结合,线条较细,刻痕较浅,制作较为精美。

　　图159由三个无轮廓人面像组成。三个无轮廓人面像均为重环双眼,无

**图 158　磴口县无轮廓人面像岩画**

**图 159　磴口县无轮廓人面像岩画**

面部轮廓。最上方人面像额头有符号装饰,唇部有胡须;中部人面像仅双眼可辨,下方人面像额部同样有符号装饰,无其他面部器官。整幅岩画均为凿刻制作,线条流畅,刻痕较深,凿点粗大。

图160为人面像、符号与动物岩画。该岩画制作较为精美,题材丰富,既有人面像,又有动物,还有符号。人面像又分为无轮廓人面像和有轮廓人面像;画面中的动物为大角鹿,鹿角高耸,有数道分支;画面中的符号由同心圆与多道竖线组成,较为少见。该岩画为凿刻制作,凿点粗大,线条流畅。

**图160　磴口县人面像、符号与动物岩画**

图161是两幅凿刻与磨刻相结合的人面像岩画。该人面像岩画的一个特点是凿痕极深,在阴山岩画中十分少见。画面左侧的人面像双目圆睁,双眉

高耸,鼻子与嘴巴明显,在脸颊两侧有倾斜的刻痕装饰。右侧的人面像则较为简单,仅眼睛与嘴巴可辨,但刻痕同样较深。两个人面像之间有一圆穴,似是左侧较大人面像的脸部装饰。

**图 161　磴口县人面像岩画**

图 162 由两个凿刻的人面像与同心圆组成。左侧人面像造型较为独特,两只眼睛凸出面部轮廓以外,有身躯与四肢;中间同心圆刻痕较浅,难以辨认;右侧人面像刻痕极深,头部有花状装饰,脸颊消瘦,双目圆睁。整幅岩画为凿刻制作,并经过仔细打磨,制作极为精美。

图 163 为人体与符号岩画。上方是一圆圈与似动物的符号,下方是一造型极为复杂的人体。人的头部有发饰,面部有眼睛和嘴巴,身体非常复杂,有多道横竖线条组成,似一个人有很多的手臂与腿,整体造型奇特。整幅岩画为凿刻制作,线条较细,刻痕较浅。

图 162　磴口县人面像与同心圆岩画

图 163　磴口县人体与符号岩画

图 164 是一组单体巨石岩画。在一块独立的巨石上磨刻着数十个符号、人面像、动物等图案。符号多为圆环,动物岩画制作较为简单。岩画为磨刻制作,刻痕较浅,但刻痕颜色与石面颜色有明显的反差。

**图 164　磴口县人面像、符号与动物岩画**

### 三、托林沟岩画

图 165 由三个笑脸人面像组成,三个人面像并不在同一石面上,但其形态与制作手法基本一致。其双眼均弯曲呈两道弯弧,以三角形表示鼻子,嘴部呈方形,内部有多道竖杠,额头有三条倾斜平行的斜杠,头发直立、分叉。整幅岩画给人以喜悦的感觉,凿刻制作,线条较细,刻痕较浅。

图 166 为人骑与人体岩画。左侧人体双腿叉开,双臂平举,小臂下垂,手臂下夹着两个物品;右侧人骑制作较为简单,人以缰绳控制马匹,另一只手似执马鞭,马的尾巴上扬,四肢下有一横线。该岩画凿刻制作,线条虽生硬,但画面充满美感,凿刻制作,凿点粗大,刻痕较深。

图 167 为人体、动物与符号岩画。从刻痕颜色上看,动物与符号为同一时

图 165　磴口县人面像岩画

图 166　磴口县人体与人骑岩画

图 167　磴口县人体、动物群与符号岩画

期制作,人体与下方的圆点则是后人所加。画面中的三只大角羊似在奔跑,
后期所加的人则骑在最大的羊身上。整幅岩画为凿刻制作,通过对比发现,
原来所做岩画的凿点细密,线条流畅,刻痕清晰,而后期所做则较为生硬。

　　图 168 由一大一小两只动物组成,上方动物体形较大,有着硕大的羊角和
壮硕的臀部,尾巴上扬,后腿弯曲,前腿微曲,生殖器明显,将雄性动物的健壮
表现得淋漓尽致。下方的动物体形较小,但有着长长的尾巴和犄角,难以分
辨是什么动物。两只动物均凿刻与磨刻相结合制作,刻痕较浅,线条流畅。

　　图 169 为射猎岩画,整幅岩画因石面断裂而支离破碎。画面左侧一人手
持弓箭对准右侧的动物,猎人生殖器明显;右侧的动物有羊、虎等,最右侧是
一单线条动物,难以分辨。该岩画凿刻与磨刻相结合,猎人的制作较为精美,
动物的制作则较为简单。

　　图 170 为一幅射猎岩画,画面由一个拉弓射箭的人、一个人骑及多只动物
组成。猎人张弓搭箭对准前方的动物,下方的人骑似乎是在驱赶动物,大群
的动物在猎人的驱赶下惊慌失措。整幅岩画为凿刻制作,线条流畅,刻痕清
晰,凿点细密。

图 168　磴口县动物岩画

图 169　磴口县射猎岩画

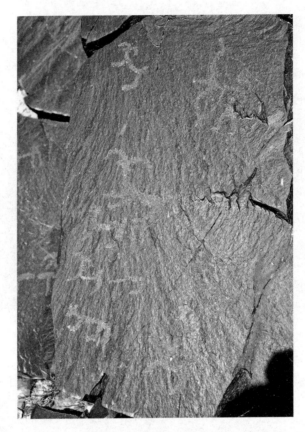

**图 170　碛口县射猎岩画**

　　图 171 为单体岩画,在较小的石面上凿刻、磨制制作了多个人体、人骑及动物岩画,应为放牧岩画。上方的人体岩画与人骑岩画较为复杂,人骑岩画下有动物及其他刻痕。左下方是一个凿刻的人骑,凿点较为稀疏,人骑在马上一手执缰绳,一手弯曲上扬。右下方是两个人体与一只体形较大的动物,动物前方一人双腿弯曲,双臂微抬,生殖器明显,另一人在动物下方,手执弓箭射向动物,箭已经射中动物并将动物射穿。整幅岩画内容复杂,题材多样,制作较为精美。

　　图 172 为人面像、老虎与符号岩画。画面由两只巨大的老虎、一个人面像及其他符号组成。画面上方是人面像,制作较为简单,仅眼睛和嘴巴明显。在人面像的左侧和下方是一大一小两只老虎,体形较小的老虎制作简单,仅一线条勾勒出了虎的躯干和头部,体形较大的老虎则制作相对复杂,虎身有

图 171　磴口县放牧岩画

图 172　磴口县人面像、老虎与符号岩画

多道线条作为装饰，老虎下方有多个符号。整幅岩画凿刻与磨刻相结合，线条流畅，刻痕较深。

　　图 173 由两个人面像岩画组成，左侧人面像岩画漫漶不清，仅部分面部器官可以辨认，右侧人面像的轮廓上尖下圆，尖状部分有两道与眉毛平行的弯弧，面部的鼻子与嘴同样由两道弯弧表示。该岩画凿刻与磨刻相结合，线条流畅，刻痕较深。

图 173　磴口县人面像岩画

# 第二节　乌拉特中旗阴山岩画

## 一、毛都乎热沟

　　图 174 为毛都乎热沟符号与动物岩画。左上角的圆环极为标准，圆环下方似一简单刻画的人体，画面右下角是一只似狗的动物，四肢弯曲，头部高昂，生殖器明显。整幅岩画凿刻制作，线条流畅，刻痕较浅。

　　图 175 为人面像群与符号岩画。画面由三个人面像及多个符号组成，均

**图 174　乌拉特中旗动物与符号岩画**

**图 175　乌拉特中旗人面像群与符号岩画**

凿刻制作。右上角人面像制作较为精美,额头有发饰,以连续在一起的圆弧表示双眼,以圆环表示嘴部,脸颊有弧状装饰;画面中部类似人面像符号,在近似矩形的框内有一圆点;该符号左侧是一制作简单的人面像,仅面部轮廓和嘴部可辨。整幅岩画均凿刻制作,线条宽大流畅,刻痕较深。

　　图176为动物群、人骑与符号岩画。画面中的动物种类繁多,有老虎、羊、大角鹿和牛等,在大片动物群中间有一人骑在马上,手持一圆圈状套索,似乎在进行捕猎,其目标就是前方的大角鹿,这头大角鹿身躯硕大,有着夸张的鹿角,极为引人注意。另有大量的符号穿插在动物与人骑之间。整幅岩画面积较大,内容丰富,画面布局合理,虽石面中间有断裂,但不影响整体画面。整幅岩画凿刻与磨刻相结合,较为精美,是阴山岩画中比较经典的岩画之一。

**图176　乌拉特中旗人面像群与符号岩画**

　　图177大角鹿岩画。画面中一上一下两头大角鹿均为凿刻制作,刻痕较深,其远大于身躯的鹿角极为夸张醒目,引人注意。每头大角鹿的鹿角均有8个以上的分支,有序地排列在中间一个大角的两侧,制作极为精美。

　　图178是一幅射猎岩画,由两个人与两只动物组成,画面中的人位于动物

图 177　乌拉特中旗大角鹿岩画

图 178　乌拉特中旗射猎岩画

的两侧,左侧的人手持弓箭对准动物,腰部挎有兵器,右侧的人生殖器明显,舞动双手跳跃,驱赶动物;画面中的动物四肢弯曲,似在奔跑,下方的动物头部模糊不明显,上方的动物似鹿,鹿角分叉且硕大,鹿头的前方还有一动物的头部。整幅岩画凿刻制作,将远古时期人类捕猎的场景进行了生动的展示。

## 二、地理哈日

地理哈日岩画点在阴山山脉之中,距其最近的城镇也有 20 公里左右。这一岩画点的岩画都分布在绵延几公里的山脉之上,山头上大片黑色的石头上有大量的岩画,其题材主要以动物、动物群为主。因其题材大部分雷同,故只选取几幅比较有代表性的岩画做阐释。图 179 是地理哈日岩画点一幅制作极为精美的岩画,似老虎又似豹子,尾巴卷曲,躯干圆润,其上有螺旋纹、圆环等装饰,雄性生殖器明显。最奇特之处在于头部没有进行写实的刻画,仅以横竖线条表示,极具美感。在这一似虎似豹的动物之下还有多个模糊不清的动物,难以分辨。该岩画磨刻与凿刻相结合,线条流畅,刻痕清晰。

**图 179　乌拉特中旗老虎(豹)岩画**

图 180 是地理哈日比较有代表性的一幅动物岩画,在粗糙的石面上以凿刻与磨刻相结合制作这些动物,线条较细,刻痕较浅,将大角鹿鹿角刻画得极为夸张,石面有剥落,各个动物之间存在打破关系。

**图 180　乌拉特中旗动物岩画**

图 181 为动物群岩画。在这一片石壁上制作了近百个动物岩画,虽大部分动物漫漶不清,但其中几个体形巨大的鹿、羊的形象极为逼真、清晰,将动物驻足、奔跑、觅食的形态表现得淋漓尽致,同时整幅岩画构图合理,大小动物相间,给人以极大的震撼。该岩画磨刻与凿刻相结合,线条较细,刻痕较浅。

**图 181　乌拉特中旗动物群岩画**

# 第三节　乌拉特后旗阴山岩画

## 一、朝勒亥沟

图 182 是朝勒亥沟老虎岩画。该岩画较为模糊，通过辨认可看出岩画中的老虎以多道横线表示身躯，虎尾下垂，虎腿弯曲，腿部肌肉雄壮，头部漫漶不清。该岩画为磨刻制作，线条流畅，刻痕较浅。

图 183 为动物群岩画，在一单体巨石上磨刻有大量的难以仔细辨认的动物岩画，岩画之间存在打破关系，从刻痕颜色上分辨，个别颜色较新的岩画与其他岩画似乎不是同时期所做。该岩画为磨刻制作，刻痕较浅，经千百年的日晒雨淋后更加模糊。

图 184 同样是一幅动物群岩画。画面中的动物有鹿、羊、狗等，各个动物的朝向不同，既有同向又有相向，其中几只体形较大的鹿与羊较引人注

图 182　乌拉特后旗老虎岩画

图 183　乌拉特后旗动物群岩画

意,特别是画面正中的一头大角鹿,鹿角弯曲上扬,四肢弯曲,鹿尾上翘,肌肉丰满,将雄性鹿的形态进行了生动的展示。画面中的其他动物同样形态逼真,极具动感。整幅岩画为磨刻与凿刻相结合,刻痕极浅,且石面有大面积剥落。

**图 184　乌拉特后旗动物群岩画**

图 185 为射猎与符号岩画。画面中有大量的动物,包括大角鹿、大角羊、骆驼等,初看上去似乎是一幅动物群岩画,但在画面左侧有一简单刻画的人手执与其身体相当的弓箭射向前方的动物,在画面右侧大量的动物之中有几个圆环状的符号。整幅岩画均凿刻制作,以稀疏的凿点形成动物、人等形象,内涵丰富,题材多样,相互间存在打破关系,但刻痕较浅,个别岩画漫漶不清。

**图185　乌拉特后旗射猎与符号岩画**

## 二、虎沟

图186为阴山岩画中最具代表性与震撼力的一幅岩画,该岩画由七只以上老虎及其他动物包括骆驼等组成。在一块巨石上制作如此之多的老虎在国内外岩画点都是十分少见的。画面中的老虎均为凿刻与磨刻相结合,或卧或坐或立,虎身遍布弯曲的折线,身躯硕大,体态丰满,肌肉雄健,将老虎的王者之气进行了生动的表现。在细节的刻画上,虎爪、虎耳、虎嘴、虎眼均制作细致,特别是虎眼用两个打磨得极为光滑的圆穴表示,在整个岩画中非常明显,而右侧两只相向而卧的老虎通过嘴部的交叉连接在一起,处理得相当巧妙。除了七只老虎以外,画面中间上方还有一骆驼岩画,同样磨刻与凿刻相结合,驼峰高耸,腿部肌肉壮硕,身躯较大,但头部模糊。此外在老虎与骆驼周围还有多处打磨痕迹,但均漫漶不清,难以分辨。画面右下方脱落的石面已经造成最下方一老虎的损坏,急需保护。

**图 186　乌拉特后旗群虎图**

## 三、滴水沟

　　图 187 为滴水沟人面像与动物岩画。画面中的人面像并无面部五官,仅以数个圆点表示。左侧人面像头部有夸张的头饰,头饰中有一圆点,且发辫

**图 187　乌拉特后旗人面像与动物岩画**

弯曲,颈部中间有一圆点。右上角人面像头部左右两侧各有两条向上弯曲的发辫,下方有三道弯曲的似胡须的装饰,最右侧一条胡须则借助石面自然的裂痕。该岩画中的动物制作简单,仅以单线条表示。岩画中两个似人面像的岩画造型在阴山岩画中较为少见,其内涵需进一步研究。整幅岩画凿刻与磨刻相结合,线条流畅,刻痕较深,石面上有多道裂痕。

## 四、达西拉格沟

图 188 为达西拉格沟人骑、射猎、符号与动物群岩画。岩画中的动物主要是骆驼,另有大角羊与鹿等。画面左侧有一男性猎人,生殖器明显,手执弓箭对准前方的骆驼等动物,右下角一人骑在马上驱赶动物。最左侧及左下方的动物、符号等似乎与右侧的射猎场面没有联系,但从其刻痕颜色及动物形象的制作上看应是同一时期、同一作者所做。另外,该岩画部分动物的刻痕颜色有明显不同,且存在相互打破关系,并不是同一时期所做。整幅岩画凿刻与磨刻相结合,线条略显生硬,刻痕较深,是较为少见的以骆驼为主要形象的岩画。

**图 188 乌拉特后旗人骑、射猎、符号与动物群岩画**

# 第四编

# 岩画文化遗产数字人文保护

本编内容总体以数字人文为视角,对岩画遗产保护与传承相关问题进行探讨,以期在新时代背景下,为文化遗产"活起来"作出新的理论探索。第八章"岩画文化遗产数字人文保护新形势"主要利用数字化方式建立涵盖岩画调查、管理与研究的"中国岩画数据库",使之成为抓住机遇、应对挑战、推动岩画学发展的最好路径。第九章"岩画文化遗产数字人文保护新模式"考察了中国岩画文化遗产分布较为集中地区的保护情况及典型做法,着重分析了我国岩画文化遗产保护的新形势,提出了岩画文化遗产数字人文保护面临的新挑战,结合数字人文技术的发展对岩画文化遗产的新功能进行了总结,最终提出了岩画文化遗产保护的新路径,希望以"一带一路"为契机,将世界各地彼此孤立的岩画遗存进行信息整合与传播,重构以中国西北地区为中心的岩画交流"丝绸之路"。第十章"岩画文化遗产数字技术保护新方法"系统地梳理了岩画文化遗产保护的六大主要技术路径,并从传统与数字人文保护手段有效衔接、岩画遗产条块化管理体制与数字人文手段有效整合、数字人文技术的法律保障、岩画保护数字人才资源库建设等四个方向进行了研究展望。

总之,充分发挥数字人文技术在岩画文化遗产保护与传承中的作用,将岩画文化遗产的抢救性保护转为对岩画文化资源的数字化保护和创新性利用,让岩画文化遗产在人类文明传承实践中真正"活起来",进而促进我国文化遗产的保护与传承,保持文化遗产的生命力,为中华民族优秀传统文化的发展和复兴奠定坚实基础。

# 第八章　岩画文化遗产数字人文保护新形势

本章内容基于数字人文的大时代背景,通过对中国岩画的结构体系、调查、管理以及研究这四方面的分析,对中国岩画目前面临的机遇与挑战进行全面的解读。挑战既包括由于学科归属不明确而导致的管理、保护和研究方面面临的不同程度的困难,也包括欠缺相应理论方法对岩画进行文化解读。利用数字化理念、技术建立包括岩画田野调查、数据资料管理与深度研究的"中国岩画数据库",必将全面推动岩画研究、保护的深入发展。

岩画的考古学研究早在 20 世纪初欧洲冰河时代洞穴岩画研究时代便已步入正轨,尽管欧洲洞穴岩画早期并未能从冰河时代艺术考古领域里脱离出来,却奠定了岩画研究考古学方法的基础。20 世纪中后期欧洲青铜时代岩画的调查与研究,同时在北欧沿海与阿尔卑斯山麓的河谷地带展开,其丰硕的研究成果,不仅让这些岩画遗址较早进入《世界文化遗产名录》,也对学界重新认识欧洲青铜时代的古代民族与历史提供了新鲜而珍贵的图像资料。

随着世界不同角落岩画的不断发现与研究,今天人们对于岩画似乎已经不再陌生。然而,我们是否真正意识到岩画研究领域真正的挑战在哪里?其挑战性不仅在于岩画的考古年代确定与岩画保护这两大世界性难题,也因为即使以今天已有的知识结构,同样很难阐释岩画的内容与意义。我们缺乏理论与方法,并身处一个全新的领域,这才是我们真正面临的最大挑战。

挑战总是与机遇并存。四十年来,中国岩画研究曾经经历的挫折与困难,今天仍然存在,而我们所面临的困难是多方面、多层次的:有岩画保护与管理方面的问题;也有如何开发利用的问题;而在开发利用这个问题上,最为迫切的可能还在于岩画如何向大众宣传,就我们国家的人文大环境而言,对岩画这一学科的认识,还处于一个相对初级的阶段;另外,保护与开发这一矛盾如何协调,也不同程度地存在于各岩画遗址地;当然更有岩画作为一种文化遗产形态,学术界该如何界定,甚至岩画在其学科归属上,仍然存在非常多的不确定性。作为文化遗产,尤其是古代文化遗产,它们理应归属于考古学与文物管理部门,但考古学界对岩画认识与理解上存在较大的争议。这在岩画遗产的发现、调查及行政管理方面,虽然目前都由文物部门在管理,但文物部门要处理的业务范围大而繁杂,相较而言,岩画可能会被放在不那么重要的位置;而岩画的开发、利用问题,国内除岩画遗产数量庞大的诸省区(宁夏、内蒙古、广西等),除博物馆有一定数量的介绍外,许多地方尚未纳入议事日程。至于岩画的研究,由于学科归属不明确,一直以来都缺乏真正有效的机构建设。自 20 世纪 50 年代至今,大半个世纪过去了,岩画事业的保护研究与开发利用,似乎仍处于一种学科上的无归属状态。

然而,正是在这样一个情形下,另一个大背景是——全球已明确进入电子网络的大数据时代。在这样一个全新的时代,岩画作为一个特殊的学科,又该如何界定、如何运营、如何发展呢? 在数字化时代下,讨论岩画的发展问题,首先还是需要对岩画这一现象本身进行一番剖析。

# 第一节 岩 画 结 构

总体上看,"岩画事业"实际上是一个系统工程,涉及的部门远比人们想象得复杂。表 1 是近年来对"岩画事业"所涉及的内容与范围所勾勒出的基本框架。不难发现,岩画的学科建设与事务管理,都与当今数字化过程有着极为密切的联系。

从表 1 可看出,所谓"岩画事业"可分为三部分,这三部分可能有时间先后之别,也可以是平行发展的关系,分别为岩画调查、岩画研究、岩画管理(或保护),可简称为"调查""研究""管理"。

### 表 1　岩画作为系统工程的基本框架

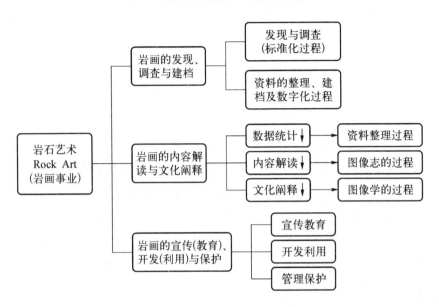

"调查"部分又可分为两点：一是发现与调查，这主要是一种田野工作，数字化则主要关乎调查过程的标准化，尤其是数据采集上的标准流程的建立；二是资料整理与建档，这一阶段数字化更为重要，数据库的建立是岩画资源整理、归类与系统化的一个结果，而这个建立过程本身，又是岩画保护工作最为基础的部分。"研究"部分，无论是资料梳理、数据统计还是内容解读、文化阐释，都与数据库、数字化关系密切，既可以看成第一项工作基础上的推进，也可看成是它们的延伸与深入。"管理"部分，包括了宣传教育、开发利用与管理保护三个大的子工程，与前面两大部分并不是前后关系，而应该是平行发展的模式关系。

结构看似清楚，但实际操作层面上却错综复杂，原因是三大部分所归属的机构与门类不同，换言之，岩画看似是一个整体，但实际上真正涉及岩画事务的机构来源不同，性质也不同。概括地说，"调查"主要归基层文物部门；"管理"的情况比较复杂，旅游开发、博物馆、工艺美术以及地方宣传部系统都会参与，这主要取决于某个岩画遗产对外宣传的力度与实际上旅游产品开发的程度；"研究"相对面窄，参与的人员非常有限，有高校、研究所的研究者，更多的还是岩画遗产单位的工作人员。

"调查"90％以上由各地文物部门,尤其是基层文物管理部门进行,但基层部门人员有限,很难有时间有人员对本地的岩画资源进行系统的调查。一些岩画研究机构因为教学与研究的需要,也会参与基础调查,有时是受当地委托,有时是自己主动调查,但所占比重极低。当然,这里还不包括调查流程与资源采集的规范性等问题。

"管理"可能是参与部门最多但管理水平最参差不齐的一块,目前比较突出的问题是岩画作为文化遗产,其归属在文物部门,但开发时却主要由旅游部门负责,各地普遍存在要么"束之高阁",几乎完全没有出现在公众视线,要么尚未做好保护措施便已有公众介入(这样会直接造成保护上的压力)。另外,从目前的实际情况来看,岩画的公众宣传是相对滞后的,许多国际岩画专家都十分强调岩画保护的基础是公众对于岩画的认识与敬畏,这一点我国缺乏相应的教育与宣传。

至于"研究",国内岩画研究者常称自己为"岩画人",但实际上也只是一个岩画研究者,这意味着岩画研究者的主要工作仅限于"研究",田野调查也只是服务于研究。以中央民族大学中国岩画研究中心为例,作为中国岩画最早的研究机构,虽在岩画人才培养、学科建设、岩画研究方面取得了显著的成果,但也只是一个以岩画教学与科研为主的小型科研平台,所能做的工作极其有限。而类似于中国岩画研究中心这样的研究机构,在中国的数量也极为有限,这主要还是因为中国缺乏专门的岩画研究机构,所培养的岩画人才即使毕业了也很难有发展的空间。有趣的是,即使如此,大半个世纪以来,各地岩画研究的成果还是形成了数量与质量上的不断积累。

综上所述,可知岩画作为一个系统工程,三大部分彼此相辅相成,相互影响促进。就目前而言,第一、第三部分更为重要(见表2),而岩画的所有事务又都可囊括到岩画的保护工程之中。岩画的"保护",在所有工作中最为迫切与关键,基础建设与研究进展最终也会成为岩画保护事业的重要一环(见表3)。

**表2 岩画三大部分的关系示意图**

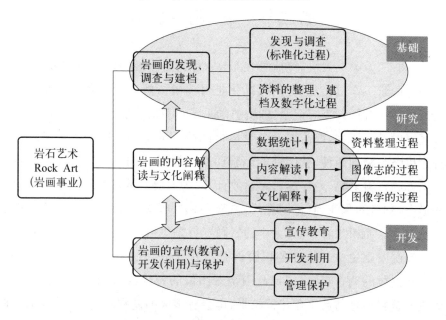

**表3 岩画保护是始终是中国岩画事业的重中之重**

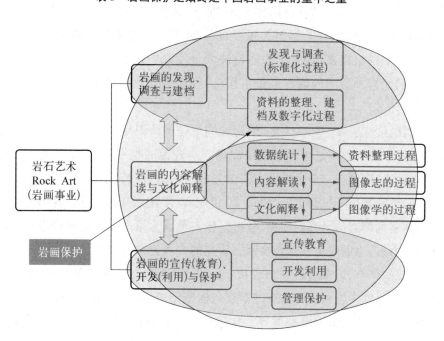

# 第二节　岩　画　调　查

　　"调查"为第一大块,包括两大部分:首先是岩画的发现与调查,主要属于一种田野工作,调查过程的标准化是目前亟待解决的问题。目前国内各地虽然都在进行调查与记录,即资料的采集,但如何调查,记录的规范性,调查记录的基本流程,都需要有一个尽可能统一的标准。田野调查工作也可分为粗略与精细两种,就国外的经验而言,细致调查的情况下,一块岩石一米见方的资料采集,最详尽者可达数日,因为需要非常精确地描绘每个图像的形态,刻凿的深浅,测量图像尺寸,对不同图像之间的组合关系进行辨识分析等等。而粗略者,同样大小的岩画资料采集可能只需要两三个小时,大多数情况下则更少。这样的田野调查工作所获得的数据,差别会非常大。那么在这样的调查资料(图像与围绕着图像的各种数据)的基础之上,所能形成的资料整理与数字化建档结果,也会有很大的差别。显而易见,调查作为岩画研究与管理的基础,实际上应该是目前最需要统筹与建设的部分,但国内不仅缺乏调查采集资料的统一标准,在资料的整理建档流程上,也缺乏相应的标准。这部分工作至关重要的原因还在于岩画资源消失是一个必然,近一个世纪以来,岩画资源随着被大量发现的同时,也在以较快的速度消失,因此岩画资源的调查采集工作,已经成为岩画系统工程中最重要、最急迫的环节。

　　岩画虽然遍布全球各大区,但为人们所普遍认识却只是近一个世纪以来的"新鲜事物",中国是世界上最早记录岩画资源的唯一国家,早在北魏郦道元《水经注》里便有二十余处提到祖国大好河山的古代岩画遗迹,但岩画真正为人们所熟知也不过四十年时间。20世纪80年代,盖山林、陈兆复等先生开创中国岩画调查与研究的事业,考古工作人员成为第一批系统调查岩画资源的中坚力量,也涌现出一批岩画调查研究的专著论文等成果。集四十年中国岩画发现、调查、记录与研究的经历,当今中国所有省区都发现有岩画,大部分省区也对辖内岩画资源进行过普查与档案记录,其中广西左江花山岩画文化景观2016年申请岩画类世界文化遗产成功,填补了我国岩画类世界文化

"零"遗产的空白。

　　然而,岩画的调查记录与建档工作,一直以来都是各省区各自为政,有的已做了大量工作,如广西、云南、宁夏、内蒙古以及东部沿海省区的江苏、福建等;有的正奋起直追,如河南、贵州、黑龙江、新疆与甘肃等;但仍有些省区至今尚未能实现省区内岩画资源的调查记录与建档。可以说中国各省区岩画事业的发展有突出的参差不齐现象,此乃其一。其二,迄今为止,从国家层面,对中国岩画资源进行全面系统的整理记录,尤其是数字化建档工作,一直是一个空白,而这又是一个岩画类文物管理与保护亟待解决的重要前提。岩画作为一种重要的早期中国各地的图像资源,是文献史料匮乏地区考古实物资料的重要补充,也可能是许多民族地区史前或历史时期留给我们的唯一文物资料,从全国角度,全面系统地盘点、发现、调查、记录与归档,应该是目前中国岩画事业中最重要的工作,没有之一。建立中国岩画资源数据库,将所有岩画资源数字化,是岩画研究基础中的基础,也是岩画保护管理中最重要的环节,可谓当务之急,迫在眉睫。

　　从国家层面,全面系统地归纳整理各省区近半个世纪以来所有公开发表的岩画数据(包括岩画地点的环境、生态、历史与民俗背景的数据,岩画图像本身制作方法、主题内容及艺术表现风格等各项),建立以数字化为主的"中国岩画数据库";在此基础上对中国岩画资料总体进行分区、分期、分类、文化性质、因素组合关系、相关数据统计及分析等基础研究,以形成对中国岩画的整体认识与宏观把握,进而与毗邻中国的北亚、中亚、南亚、东南亚以及环太平洋岩画系统进行比较研究。对中国本土岩画的宏观(包括区域研究)与国外岩画的对比研究,只有在大量数据资料得以统计的基础上,才可能更具有实证性、全面性与准确性,才可能出现新的研究视角。

# 第三节　岩　画　管　理

　　第三大块的"管理",看似是岩画的后续性工作,是在调查研究的基础上展开的开发、利用、管理与保护,但实际上它与前两大块也应该是一种平行发展的关系。如果说中国四十年来的岩画事业,前三十年里,前两大块占据了主导地位,那么近十年来,岩画的宣传、开发、利用等方面的工作也有明显的进展,当然关于岩画的保护则在近二十年有了相当大的改观。这部分的工作实际上主要由岩画遗产所在地的文物、文化,尤其是旅游部分来主导的。

中国岩画遗产的管理保护除了调查建档之外,目前最主要的方式有三种类型:一是岩画遗址的直接保护,这里还包括立法和制定参观规则等,最为常见的是修建护栏以避免行人或旅游者直接靠近岩画图像,并对损害岩画者追究责任等等。中国一些岩画大省区,如宁夏、广西与内蒙古都通过严格立法直接介入岩画的保护与管理。

二是通过博物馆来有效地宣传保护岩画,这种形式的宣传保护可能在北方诸多岩画大省做得最好,内蒙古诸岩画遗产地虽然尚没有纯粹的岩画博物馆,但许多博物馆内岩画都是最重要的展品,如巴彦淖尔市的"河套文化博物馆"内设立了一个岩画展厅,无论布展结构还是题材内容,都非常能够体现阴山岩画丰富厚重的历史文化内涵和多样古朴的艺术气质,尤其是几幅早期天体与神灵岩画作品,以极为强烈震撼的效果,为河套岩画博物馆增加了强大的史前文化的力量。包头市博物馆里也设有一个完整的岩画博物馆,内容丰富,作品数量庞大,从岩画的各个题材到艺术表现手法,有全面的展示,很好地传达出阴山、阿拉善与乌兰察布岩画的多样性,艺术气质独特而强烈,也是一个成功的岩画博物馆典型。乌海市桌子山岩画博物馆是建立在乌海召烧沟岩画遗址之上的一个博物馆,这里有中国最好的早期人面岩画遗址,为了有效地保护濒临消失的岩画遗产,早在 20 世纪 90 年代,乌海文博机构就在思考类似乌海这样酸雨严重的地区如何能够保护石刻岩画类不被侵蚀危害的有效方式,2013 年前后在乌海市郊,最大的召烧沟岩画遗址处建立的一座地面博物馆,将地表上的人面岩画群全部放入博物馆。另外,阿拉善盟博物馆、内蒙古博物馆也都不同程度地展开了岩画的布展与宣传教育工作。

三是通过岩画旅游业的开发推进岩画宣传,让更多群众认识并喜爱上岩画,在这一点上,宁夏贺兰山岩画的开发利用取得了很好的成绩。宁夏也是中国目前在岩画的管理、开发、利用与研究保护上,在机构上建设工作做得最好的省区,二十余年来已积累了丰富的经验。首先是宁夏率先形成了管理与研究分离的机构设立,自治区文化和旅游厅下属单位宁夏文化艺术中心在 1999 年增挂"宁夏岩画研究院"牌子,现为宁夏岩画研究中心,主要工作为开展区内外、国内岩画的学术交流活动以及宁夏现存岩画发现与研究工作;银川市政府设立直属单位银川市贺兰山岩画管理处,专门负责银川市境内贺兰山地区的岩画管理与开发。管理处直接建立在著名的贺兰口,这里是整个贺兰山脉岩画分布最为密集与集中的区域,贺兰山最为壮观的人面岩画群也在这里。由于岩画地点集中,图像内容丰富,造型与艺术风格多样而精美,是非常适合岩画旅游开发的遗址群,现在贺兰山岩画旅游业也开展得非常好。另外,早在 2008 年起,贺兰山岩画管理处便在著名的贺兰口岩画遗址保护区创建了"银川世界岩画馆",这是我国首座岩画博物馆,也是唯一一座全面系统介绍展示全球岩画的博物馆。为了能够让古代的岩画文化与当代造型艺术在精神上形成连接,还在世界岩画馆不远处建立了韩美林当代造型艺术馆,在古代岩画与当代文化创意之间,建立起桥梁。贺兰山岩画管理处还与中央民族大学中国岩画研究中心合作建立起岩画研究的博士工作站(2017 年贺兰山岩画艺术节揭幕),在岩画资源的开发管理与保护上,形成了一整套规模。

四是通过科技手段保护岩画所在岩体、画面以及环境,在这方面宁夏贺兰山岩画、江苏连云港将军崖岩画与广西花山岩画等管理部门,都有过很好的业绩。尤其是广西左江花山岩画的保护工程,在近二十年内取得突出的成就。1963 年,宁明花山岩画成为广西壮族自治区重点文物保护单位;1988 年又被国务院公布为全国重点文物保护单位,左江流域的其他岩画点也先后被公布为自治区级或县级文物保护单位,形成了国家、自治区、市、县四级政府关联的保护体系,为左江花山岩画的保护提供了基本的保障。在 1990 年,相关研究部门又对宁明花山岩画进行了遥感测绘,1991 年初,在测绘的基础上,中国地质大学水文地质工程地质系、广西文物工作队收集宁明花山地区有关气象、水文地质及工程地质、地震等方面的资料,对花山岩画地质环境条件进行了全面调查,并提交了《广西花山岩画地质环境病害及防治对策研究报告》,对岩画环境地质病害进行了分析,提出了地质病害防治的基本对策,为花山岩画的保护奠定了良好的基础。所以,在针对岩画的保护工程中,也涉及其所在地质环境的调查,保证了岩画所在景观的完整性。2005年初,中国文物研究所对花山崖壁岩体做了稳定性加固、水害治理和本体开裂、片状剥落加固等大量工作。2005年末,国家文物局组织有关专家学者深入宁明花山做实地考察,对"广西壮族自治区宁明花山岩画水害治理工程及危岩体抢险性加固保护工程设计"方案进行论证。2009年,完成了花山岩画一期保护抢救性加固保护设计文本编制,并通过了国家文物局的审批,花山岩画本体保护工程自2010年至2014年逐步实施,确保了花山岩画的保护工程顺利进行。

当前,对宁明花山岩画的岩体加固工作已按照已有方案逐步开展,现已完成全部三期的岩体加固工程。

2008年6月,广西壮族自治区文物局在南宁组织召开花山岩画脚手架专项设计和花山岩画堆积平台勘察方案专家论证会,同意并建议尽快实施。到2009年初,进行了花山岩画堆积平台钻探等勘察工作,搭建了第一期区域的脚手架,并完成了岩画山体的边坡加固工程。目前,左江花山岩画文化景观的38处岩画点及其他岩画点的保存现状均良好,其保护工作采取了以宁明花山岩画为先导和重点的保护策略。在遵循"最小干预原则"的前提下,以宁明花山岩画保护和研究为试点,逐步探索左江花山岩画的科学保护之路。

# 第四节 岩画研究

岩画研究可以是贯穿始终的,也可以是阶段性的。贯穿始终指调查采集过程中也贯穿着研究,研究应该立足于田野实践,不仅是岩画遗址环境、景观的认识,也有对岩画图像的直观感受与观察,这些都是研究的重要基础。但研究阶段更需要理论与方法的介入,需要大量搜集整理各种文献资料,需要提出问题并作深入钻研,需要严谨实证的态度,需要充足的论证过程,即使如此,是否能拿出合理且站得住的结论也未必能够实现。不过相较而言,研究在时间的紧迫度上没有调查采集与建档高,可以缓一缓,它更需要时间的沉淀、学术能力的训练与培育,创新性与学术性是研究的关键部分。而在整个研究过程中,岩画数据库的建立与完善,既是基础部分,也是研究成果的一部分。通过对大半个世纪以来中国岩画研究成果进行整理的结果发现,数字化建设同样存在急迫性,大量散见的论文与著作资料需要通过数据库的建立得到有效整理,也更便于研究使用,另外对它们的归纳分析还可清楚地反映中国岩画研究的发展历程以及成果认识。

以岩画研究论文为例,通过数据库提供的资料,对中国岩画研究的发展历程做一整理总结。所做的整理分析,依据两个数字化成果,一是朱利峰博士《20 世纪至今中国岩画研究的重要论文统计表》(1935—2012);二是张亚莎教授、张晓霞博士所做中国知网刊载的岩画论文数据表(1978—2020)。

中国岩画界将岩画研究的开始,追溯到 1915 年岭南大学的黄仲琴教授对福建华安仙字潭岩画的考察,其论文《汰溪古文》发表于 1935 年《岭南学报》,研究论文的开端也被定在这个时间点上。1930—1950 年的二十年间关于岩画的论文仅有 4 篇。20 世纪 50 年代,由于广西左江花山岩画的发现,这十年内论文数量有 13 篇,当然此一阶段也主要围绕花山岩画的发现、调查与研究展开。20 世纪 60 年代,又一处南方岩画——云南沧源岩画的发现引起学界更多关注,这十年以沧源岩画为主要讨论对象,论文数量达 20 篇。这以后便进入"文革"十年,其间由于甘肃黑山岩画的发现,十年内论文也有 10 篇。1930—1979 年近半个世纪的中国岩画发表论文一共 49 篇。

其间"岩画"一词出现过两次,一次是 1962 年克由木在《文物》上发表的《新疆北部的岩画》,另一次是 1973 年由陕西师范大学政史系考察小组撰写的《黑山岩画的族属与断代问题》。从这两篇文章中可以看到,这两次"岩画"的出现多少带有一些偶然性,且该名词的使用多针对北方地区的凿刻类岩画。而大半个世纪以来,所有南方地区发现岩画,西南涂绘类岩画多称为"崖壁画"或"崖画",而福建华安仙字潭岩画则被称作"摩崖石刻"。"岩画"一词比较正式的出现似始于盖山林 1980 年发表的《游牧民族的精湛艺术——阴山岩画》,1981 年陈兆复发表在《中国画研究》创刊号上的《古代少数民族的岩画》也有同样的效应。而这两位中国岩画研究的领军人物相继在 20 世纪 80 年代初发表的论文似乎也印证了中国岩画研究高潮阶段的到来。

根据朱利峰博士对 1980 年以来的岩画论文发表数量进行的统计,整个 20 世纪 80 年代,岩画研究发表论文数量急剧升高,从 70 年代仅有 12 篇,一下达到 504 篇之多,平均每年论文数量在 50.4 篇,也就是说每一年论文发表数量就超过了前半个世纪的总和！其中又以 80 年代最后四年时间里发表论文数量为最,这四年论文数量多达 293 篇,占整个 80 年代论文发表总数的 58.13％,将近 60％,而平均到每年发表论文则高达 73.3 篇,远超这 10 年来平均 50.4 篇的平均值。

20 世纪 90 年代的情况变得复杂,1990—1994 这 5 年里,还能维持着较好的发展势头,尤其是 1990 年这一年,发表论文数量是整个 20 世纪 80—90 年代二十年里最高者,有 91 篇,但紧跟着 1991 年便一下降至 39 篇,这以后便在 40 篇上下徘徊,至 1995 年又一下跌落到十几篇的水平。20 世纪 90 年代岩画论文整体发表数量有 293 篇,平均每年只有 29.3 篇,比 80 年代整体的平均值在 50.4 篇的水平,直线下跌 41.87％。不过 90 年代的情况比较复杂,前五年的平均值并不低,为 51.4 篇,整体看不比 80 年代整体差,可后 5 年的平均值仅有 7.2 篇,这便已经不是一般性的下滑,而是过山车似的跌落下来。90 年代中国岩画出现了一个岩画研究人员集体撤退的现象,1995 年张亚莎教授正好调入中国岩画研究中心工作,可以说是亲身经历了中国岩画的"大萧条时期",它发生在 1995—2008 年之间。

综上可对 20 世纪 80—90 年代的中国岩画研究做一个简单的概括:1980—1985 年是起始期,为稳中带升的状态,这六年间论文发表数量为 211 篇,平均值为 35.17 篇;1986—1990 年为高峰期,这五年内发表论文数量为 384 篇,平均值在 76.8 篇,是中国岩画研究进入第一个鼎峰状态的时期;但很快在 1991 年时出现逐渐下滑趋势,1991—1994 这四年内的衰势并不很明显,论文总数为 166 篇,平均值则为 41.5 篇;然而从 1995 年起,论文数量不过十数篇,这种状况维持了一两年,1995—2009 年的十四年间,中国岩画研究的论文发表,按朱利峰博士的统计,仅有 41 篇,平均每年岩画论文发表数量 2.93 篇。"萧条期"(1994—2009 年)的时间几乎与黄金时期(1980—1994 年)一样,各为十五年左右。

进入 21 世纪的前十年,中国岩画界仍继续着研究的低迷状态,据朱利峰博士的统计,2000—2009 年,岩画发表论文仅有 5 篇。2010 开始情况明显好转,2010—2012 年间发表文章在 116 篇,平均每年为 38.67 篇,显示出明确回升的趋势。不过需要指出的是,这期间发表的论文主要出自各种岩画画册的序言、翻译文章与论文集。

　　除了朱利峰博士的统计数据,笔者对中国知网"岩画研究"的期刊成果也进行了一次系统的数据统计,与岩画相关的论文共计 2 020 篇,第一篇进入中国知网的岩画论文开始于 1980 年,这个时间节点非常能反映出中国岩画黄金时期开始在国家学科平台上的显现,是非常有意义的。可以说近十年来(即 2010 年代)中国岩画研究这一块研究势头非常强势,成果也非常显著,而这一现象充分说明了中国岩画研究已经进入了一个稳步发展的时期。

　　在这 2 020 篇与岩画相关的论文里,20 世纪 80 年代知网登载的论文有 112 篇,占总数的 5.54％。90 年代发表论文有 239 篇,占总数的 11.83％。进入到 21 世纪之后的前十年,知网上刊登的岩画论文有 474 篇,占总数的 23.47％。到了 2010 年之后的这十年,发表论文数量一下就上升至 1 194 篇,占 1980 年以来全部知网岩画论文的 59.1％,直逼 60％。也就是说,前三十年的总和为 40.9％,这最后十年占近 60％的比重,远远超过前三十年岩画研究态势。

　　当然,中国知网数据与朱利峰博士统计的数据似有明显差异,第一个原因是朱利峰统计时间截止到 2012 年底,后面的这八年时间并没有计算在内,但正是这八年时间,中国岩画研究出现了重大变化。进入 21 世纪以后的前十年(2000 年代)发表论文数量为 474 篇,但在 2011—2020 后十年(2010 年代)发表论文数量便高达 1 194 篇,近 1 200 篇,是前十年的近三倍数,前十年论文数量占 21 世纪以后 20 年的 28.4％,而后十年论文数量占 71.6％,说明最后这十年是中国岩画研究出现大发展的高潮期。第二个原因,知网的这个逐年上升趋势,似乎未能反映出 20 世纪 80 年代后期至 90 年代前期的这个高峰阶段,因为 20 世纪这个时段的论文发表有不少是以论文集的形式出现,知网上很难查阅到,也就无法反映 20 世纪 80 年代后期至 90 年代前期中国岩画第一个研究高峰期的现状。

　　因此,朱利峰博士的数据统计比较好地反映出 20 世纪 80 年代至 21 世纪前五年中国岩画研究的现状,而知网岩画论文数据则能更好地反映出进入 21 世纪以后中国岩画研究的大发展势头。

　　从 2010 年开始,中国岩画研究进入第二个高峰期,从全国范围内总体产生的论文数量仅知网所刊的情况看,这十年之间(2011—2020 年)共有 1 194 篇论文,平均值高达 119.4 篇论文,比 2000 年平均值只有 47.4 篇的水平有了很大幅度的上升,较之 20 世纪 1986—1990 年的第一个高峰期的平均值 76.8 篇的数据看,也有较大的增长。而且最令人兴奋的是这些论文更多来自年轻一代,研究者的研究角度、探讨内容也各有差异,说明研究者更多来自非岩画专业,这是个可喜的现象,反映出国内更多的青年学人们开始关注岩画领域。

# 第九章　岩画文化遗产数字
# 人文保护新模式

"一个民族的复兴需要强大的物质力量,也需要强大的精神力量","实施非物质文化遗产传承发展工程,进一步完善非物质文化遗产保护制度"。党的十八大以来,习近平总书记高度关心文化和自然遗产保护工作,并做出了一系列重要指示和工作部署。决策高层一系列政策和建议充分体现出文化遗产保护的重要性。传统保护手段与数字人文相结合,充分利用数字人文技术对文化遗产进行数字化保护与开发利用,让岩画文化遗产以各种数字形态安全、便捷地进入公众视野,在开放的实体和虚拟空间中可持续性地发挥岩画遗产的社会功能。本章旨将数字人文技术与岩画文化遗产保护有效结合,为沉睡在大漠、深山、草原以及博物馆的岩画文化遗产"活起来"进行新探索。

当前岩画文化遗产保护体系初步形成,模式逐步完善,保护对象范围由岩画延伸到自然生态环境。然而,岩画调查与研究滞后、保护模式不完善、数字录入标准不一等问题,反映出传统保护方式已不适应信息时代发展需要。数字人文技术赋予岩画图像收录、资源开发、环境改善、多维观测等方面的保护功能。本章内容基于既有研究,在数字人文视阈下,结合文化遗产"活起来"的保护趋势,探索岩画文化遗产保护的新功能。运用数字人文技术构建岩画文化遗产数据库、建设网格化保护体系、实现国际岩画数据资源共享、激发公众参与岩画保护,从而形成数字人文岩画遗产保护新模式,主导岩画文化遗产保护新方向。

# 第一节　岩画文化遗产保护新形势

## 一、岩画保护体系初步形成

首先,在机构建设方面,我国已初步建立起政府部门为主导的岩画保护机构体系。以广西左江岩画保护管理机构为例,中央层面保护机构涉及国家文物局、建设部、环保局、林业局、交通运输部、水利部等部门;省级层面有广西壮族自治区人民政府、文化厅、住建厅、交通厅、水利厅;县市级单位有宁明县、龙州县、江州区、扶绥县人民政府、文物局、住建局、环保局、水利局等,庞大的管理机构体系已经建立起来。其次,法律规章建设方面。1985 年我国加入《世界遗产公约》以来,我国文化遗产保护相关法律法规逐步完善。2000年 10 月,制定和实施《中国文物古迹保护准则》。2006 年,文化部颁布《世界文化遗产保护管理办法》。至 2006 年 6 月起,国务院把每年 6 月的第二个星期六定为“文化遗产日”。2011 年 10 月,《宁夏回族自治区岩画保护条例》正式实施。2012 年,广西壮族自治区政府制定并实施《广西壮族自治区左江岩画保护办法》,2014 年,崇左市人民政府颁布实施《崇左市左江岩画保护管理办法》。2017 年 11 月,第十二届全国人民代表大会常务委员会通过对《中华人民共和国文物保护法》作出修订的建议。一系列从中央到地方与岩画文化遗产保护相关的法律法规建立起来,让岩画文化遗产保护逐步有法可依。

## 二、岩画保护模式逐步完善

目前,岩画文化遗产保护模式大体分为三种。一是景区式保护模式。如贺兰山岩画遗址景区,2008 年被评为国家 4A 级旅游景区。该景区囊括了 6 000 多幅岩画,是贺兰山岩画最具代表性的部分。岩画内容涉及初民社会的生产、生活、娱乐、战争、歌舞、交媾、祭祀,以及人体、动物、植物、生产生活工具、文字等图案和场景,以 700 多幅人面像最为著名。景区建成后,加大了对岩画区域保护力度,减少人为损害岩画发生的概率。二是博物馆式保护模式。如 2008 年 11 月,宁夏贺兰山建成了银川世界岩画馆,陈列来自世界 31 个国家 200 多个地区 500 多件精美实物、照片、拓片、油画、复制品等岩画艺术品。银川市贺兰山岩画管理处以该馆岩画文化交流为契机,举办一年一度的贺兰山岩画艺术节,开展世界岩画保护与开发等相关课题探讨,推动岩画保护从官方—学术界—社会公众多层面展开。三是出版保护模式。随着学术界对岩画重视度逐年提升,越来越多岩画拓片、彩色照片、线描图等以出版物形式出现在公众视野。如《左江花山岩画文化景观》《贺兰山岩画》《大麦地岩画》《阴山岩画》等大型图录,以及《宁夏贺兰山岩画拓片精粹》《阿尔泰山岩画图录》《桌子山岩画拓片精粹》《新疆岩画》《巴丹吉林岩画》《曼德拉山岩画集》一批带有地方特色的岩画画册纷纷出版,发挥了岩画图像保护重要作用。

### 三、岩画保护对象内容丰富

一是分布广泛。从目前我国已发现的岩画点来看,北方地区的内蒙古、甘肃、宁夏、青海、新疆等省区均有岩画分布;西南地区的西藏、广西、云南、四川、贵州等省区也有大量岩画分布;东南地区的广东、福建、江苏、台湾和香港同样分布有大量岩画;甚至在河南、陕西等地也有岩画分布。二是地域集中。据粗略统计,我国已发现岩画千万幅以上。我国近代岩画探寻工作起步较晚,尚有大量的岩画卧伏荒野之中、屹立崖壁之上,有待发现。三是类型多样。20 世纪 80 年代以来,我国加紧了申遗工作,目前世界遗产 55 处。2016年,广西花山岩画申遗成功,成为我国第一个岩画文化景观遗产。根据 2012年 12 月 1 日《广西壮族自治区左江岩画保护办法》第十一、第十二条规定,除岩画本身以外,岩画所依附的山体、台地、河流、植被、村落、周边的环境、当地人文资源、少数民族文化与风俗等均成为保护对象。由此可见,新时代对岩画遗产保护提出了系统的整体性要求。

## 第二节　岩画文化遗产数字
## 人文保护新挑战

在环境影响和人为作用下,岩画文化遗产每天都在不断地消亡之中,风化、沙化、褪色、损坏、遗失等现象,导致一些珍贵的岩画不断消失。伴随网络时代的到来,传统保护方式短板逐渐凸显,主要表现为岩画研究不能满足数字化保护的需要、传统保护模式不完善、著录标准不统一等现实问题凸显。事实证明,仅在传统保护手段框架内进行改革已无法满足文化遗产"活起来"的时代之需。因此,将数字人文理念与技术运用到岩画保护工作显得刻不容缓。

## 一、岩画调查研究滞后

岩画是依附在岩石、崖壁上初民社会的艺术作品。岩画遗产的载体是物质的,而表现出来的文化属性与文化价值则是非物质的。

(一)研究起步晚,专业性不强。国外对岩画保护与研究起步较早,中国对岩画正式调查与研究开始于20世纪初。由于初期条件限制,对岩画进行调查和研究呈分散性、个体性、非专业等特征。直至20世纪中期,岩画大规模调查才逐步展开。1950年代,广西博物馆对宁明花山岩画进行了调查,并拍摄照片;1965年初,云南民族研究所汪宁生等人首先发现了沧源岩画,此后云南省文物考古工作者于1978年7月和1982年2月进行了第二次和第三次调查和图像采集,前后延续17年。70年代末至80年代初,内蒙古阴山岩画、宁夏贺兰山岩画、青海天峻岩画、新疆阿尔泰山岩画、内蒙古乌兰察布岩画陆续被发现。

(二)整体性研究滞后。从各省区岩画田野考察和研究现状看,尽管学界出版了多部专著和大型文献丛书,岩画的普查、保护与研究多在各自区域内进行,研究成果呈现地域性特征。加之,很多有价值的岩画因位置在人迹罕至之地不能被及时发现,不利于岩画文化资源的整体性保护与研究。另外,岩画文化遗产数据库建设迟缓,岩画数据共享平台建设滞后,岩画文化遗产保护与研究之间相互促进关系尚未形成,整体研究工作滞后于保护的需要。

## 二、岩画保护模式有待完善

首先,保护难度大。岩画文化遗产主要分布在广西花山、内蒙古阴山山脉、宁夏贺兰山地区,以及新疆、青海、甘肃、陕西、西南诸省,大多集中于人口稀少、幅员辽阔的空旷地带。传统方式无法将散落在森林、草原、戈壁、荒滩以及未被发现的岩画都纳入保护范围。其次,保护主体缺失,资金缺口大。除上级部门给予一定转移支付和财政补贴外,用于岩画保护的资金基本来自地方财政,资金不足已成为常态。第三,岩画属于公共产品,难以吸引社会资本投入。因此,仅靠地方财政投入巨资在各地建立岩画景区、主题公园、展厅、博物馆并不现实。另外,岩画与环境是一个有机系统,将海量岩画搬入馆藏机构不符合生态建设和岩画保护的基本规律。一方面,随着岩画价值逐步被社会认知,在商业利益的冲击下,许多岩画正在流失和损毁;另一方面,极端天气频发加速侵蚀着暴露在自然界的岩画。面对保护窘境,社会各界期待数字人文技术在岩画文化遗产保护中发挥"破局"性作用。

## 三、岩画数字著录标准不一

意大利著名岩画学专家埃玛努尔·阿纳蒂(Emmanuel Anati)教授很早意识到标准化的重要性,认为基本的记录方法、调查分析方法是岩画研究的基石,并积极推行"世界岩画档案"(WARA)这一全球性课题。在国内,盖山林、汤惠生、李祥石等著名岩画学者创建了不同的著录方法,提出我国岩画数字著录的各自标准。如盖山林在《阴山岩画》中创设了自己的一套岩画信息著录方式,他将岩画点分成地点、组别,在插图和图版中标明地点和组别号,如2∶1,代表第二地点第一组;地点和组别后的数字,如0.52×0.3,为岩画面的长宽尺寸。汤惠生、张文华在《青海岩画:史前艺术中二元对立思维及其观念的研究》一书中,设计了自己的岩画著录标准。他以岩画地点名字的字母编目,如野牛沟岩画,以Y为首编号,如Y1∶1、Y1∶2、HL23等。李祥石、朱存世在《贺兰山与北山岩画》为了便于掌握、了解、识读、研究贺兰山与北山岩画,将每一地区的岩画分成若干岩画点、区,再根据岩画特征和内容划定组后进行编号。同时,岩画学者们根据实际编辑、建库需要制定了不同特点的岩画资料著录标准,看似"百花齐放",实质却与岩画著录统一化的目标渐行渐远。

# 第三节　岩画文化遗产数字
# 人文保护新功能

　　数字人文（Digital Humanities，DH），源于人文计算（Humanities Computing），是在计算机技术、网络技术、多媒体等新兴技术支撑下开展人文研究而形成的新型跨学科研究领域。1949 年，意大利学者罗伯特·布萨（Robert Busa）最早借助计算机技术进行文本分析，开辟了人文和计算机两大学科融合发展的全新研究领域。

　　社会科学实践与数字人文结合，几乎都与数据库建设有关。比如，刘兹恒、涂志芳认为，资源的"关联数据化"即实现语义化，在数字图书馆系统甚至图书馆数据网络条件下，能够因彼此关联而极大地提升资源的可发现性、可获得性和利用价值。孙辉认为数字人文研究框架中的计算层的结果，可以较快给出海量文献中的概貌、脉络或各种关联，实现所谓"遥读"，起到"望远镜的"甚至"显微镜"的作用。王昊、薛文萍等指出，数字人文平台的建立，不仅能够储存数据，还能对海量信息进行分类、处理，提供精确化的检索服务。

## 一、数据收录保存岩画图像

　　（一）数字采集。岩画文化遗产分布地域较广，数量庞大，传统技术无法对岩画进行全面收集和整理。运用数字化技术，及时对各地的岩画资源发现（Discovering）和收集（Collecting）。通过前期捕捉、采样、拍摄、扫描、电子拓片，和后期图形设计和 3D 建模等实践，将户外岩画的图案进行数字采集。如笔者参与编撰的大型岩画资料图录《阴山岩画》，图号为 p.0138，命名为图符画面。它常年卧于内蒙古格尔敖包沟的山谷之间，岩画右侧已经丢失，右侧图像模糊不清。经过数字采集，许多类似的岩画图像成为岩画主题馆、博物馆、专题网站中动静结合的图像资料。

　　（二）数字定格。对收集的岩画图像进行数字化处理，分类保存数字资料，让岩画文化遗产的"真容"得到及时的数字定格。如《阴山岩画》图号为 p.0149，因被风化变得模糊不清而被命名为图符。岩画照片一旦被纳入数据库,就算一千年以后它的"真容"与今日无异,其艺术、文化、研究价值被永久保留,为后人留下巨大的文化财富。

（三）数据保存。数字人文技术在岩画研究应用方面大体可分为发现、记录、保存、研究、开发五个阶段,发现、记录、保存属于数据库建设部分,研究与开发则属于科学研究和价值利用等其他环节,是保护功能之延伸。数据库以无限容量空间、清晰数字图像、三维岩画环境模拟,以及岩画虚拟映射系统,用数字技术无限延续了岩画"生命"。

## 二、数字化开发利用岩画资源

数字人文"研究"涉及岩画文化资源挖掘和理论推陈出新,"利用"则涉及岩画文化的社会共享和经济转化。一是学术研究挖掘岩画遗产的文化价值。通过岩画理论研究,揭示、普及岩画所蕴含的生产、生活、文化、军事、艺术、生殖、宗教等人文信息,不断提高社会对岩画遗产的综合认识,激发公众对岩画人文信息的兴趣。如《阴山岩画》图号为 p.0139 命名为人面与图符。左数第一幅岩画主要采用凿刻法制作,面部轮廓眼睛为圆形,鼻子为八字状,嘴巴因岩石崩裂无法看清。中间一幅岩画以凿刻和磨刻结合为主要制作技法,眼睛为重环双眼,眼眶内侧与鼻连接,鼻为顶部向上开放的三角形。鼻与嘴之间有一字胡须,胡须的两端有圆圈修饰,嘴呈哭泣状,脸无外轮廓。右数第一幅岩画与左数第一幅岩画制作手法相近,不同的是有头发和眉毛。运用数字人文技术方法,能够突破传统碎片化研究局限,以人类起源、演变、发展进程为主线,分析不同时期岩画制作的技法,研究不同岩画制作者的内心情绪、艺术思想,探求人类文明之间的同一性和差异性,发掘岩画丰富的文化内涵与历史价值。二是学术研究将促进岩画遗产文化价值向其他社会价值转换。正如前南非总统 Thabo Mbeki 对德拉肯斯堡国宝级岩画"深卧荒野"无人知晓的事实非常震惊,反映出人们非常缺乏对岩画价值的正确认识。如内蒙古格尔敖包沟崖壁上的人面像岩画,图号为 p.0152,崖壁已经开裂,因山高路远少有人知。以数字人文研究为基础,举办各种岩画文化主题活动,将这些无人知晓的岩画展示在公众视野之中,寓教于乐,开发岩画教育价值,让人们在文化消费过程中真正体会岩画丰富的文化内涵,深化公众对人性中真、善、美等生活本质的理解。

## 三、数字物联网技术改善岩画环境

人类生产生活行为改变着土地、空气、水源原有组成结构。酸雨从城市向农村乡镇转移、污水由地表向地下渗透,夏季酷热、冰雹、洪水、沙尘暴等极端天气频繁出现,对岩画产生巨大威胁。除了少量岩画被放入博物馆、岩画馆以外,绝大多数户外岩画遗产正经历自然环境变迁过程,耗损事件频频发生。近年来,物联网技术发展迅猛,被广泛地运用到天气预报、农业生产、航空航海等方面。岩画保护与物联网技术相结合,运用于岩画本体与环境信息采集、数据远距离传送和实时数据分析,能充分发挥数字物联网技术在岩画环境保护中的作用。比如,左江花山文化景观检测预警平台系统。在监控室,所有摄像头收集的岩画及环境信息分屏显示,可以移动任何一个摄像头对信息放大后进行重点监控,以及对濒危岩画环境做持续性温度湿度变化监控。一方面,传感器采集岩画周围的气温、气压、降雨量、太阳辐射等环境信息,通过传感器——智能网关——数据处理中心——远程监控中心——人工操作界面,第一手的环境变化信息传递到人机互动界面,人们可根据物联网所反映的环境变化情况,采取针对性技术措施以改善岩画的户外环境,实现岩画动态保护。另一方面,及时调整岩画修复、加固等技术措施,使岩画保护具体办法随环境变化而变化,确保制作岩画的颜料和填涂物质长期存在。

## 四、数字监控实现对岩画多维观测

数字监控技术具有数据存储、动态监控、异情报警等综合功能。数字与实体空间有效互动,将发挥保护岩画不可替代的作用。(一)超越人类生理监控极限。随着室外监控被大量运用到户外,在增加对不法行为震慑力的同时,传统人工视频监控的弊端也暴露出来。岩画集聚区多人迹罕至,仅靠传统人工+视频模式很难对户外异常行为进行有效监控,常常因为人们的疏忽、疲劳以及传递信息的复杂性,造成监视任务的低效和繁琐。运用视频异常检测技术,对视频序列进行前景分割和提取,检测出运动目标,之后进行特征提取、筛选，用安全信号表示正常情况，用警报信号定位异常事件，以弥补人类监控的生理局限性。（二）实现跨地区保护与监控。传统电子监控是区域性的，监控范围有限，各监控点不能通过网络实现监控信息互动。数字人文技术搭建的户外图像、数字信息共享平台，二十四小时监控，实现各岩画区报警系统的链接与联动，保护人员在任意一个监控点都可以看到其他地区户外岩画的实况，保护场域被放置于"阳光之下"，户外实施任何涉及岩画的异常行为都会被曝光，从而对盗窃、破坏岩画等不法行为产生巨大的威慑作用。

# 第四节　岩画文化遗产数字人文保护新路径

推进数字人文技术与岩画有效结合，使岩画文化遗产保护从实体保护为主发展为虚实结合的保护模式，保护内涵更加丰富，方法更加系统，时效性与动态性得到不同程度的改善。"一带一路"倡议实施为文化遗产在世界范围交流和保护提供了新契机，将大大提高公众对人类文明起源的认知度，形成世界"命运共同体"意识，激发保护、研究岩画的参与热情。

## 一、创新数字人文技术，构建岩画文化遗产数据库

首先，加强岩画图像的采集和著录标准建设。利用高清数码相机、无人机航测、GPS测量等综合技术手段，采集各省区重要岩画遗址的图像资料，将已有岩画资料信息和新采集的岩画资料数据进行比对、分析，对岩画资料编目（岩画点顺序号＋岩画顺序号）、定名，形成统一的岩画著录标准，建设分类齐全、内容丰富的岩画文化遗产资料数据集。其次，岩画研究带动基础性数据及文化信息挖掘。在掌握大量一手资料的前提下，利用类型学、图像学、人类学等学科方法对岩画进行分类和文化解读，推进岩画专项研究的深度；利用微腐蚀断代法、传统考古断代法对岩画遗产进行分期与综合断代，解决岩画分期和断代难题；利用考古研究法、对比研究法等方法对岩画文化遗产功能与文化传播进行研究，探讨岩画文化遗产与游牧民族文化传播等问题，丰

富岩画文化遗产研究资料。再次,运用 MY SQL 为开发工具,以 PHP 为编程语言,以 Linux 为操作系统设计开发中国岩画文化遗产数据库系统,将岩画文化遗产数字化资源和研究成果录入数据库,丰富岩画数据资源,发挥岩画数据库对岩画图像的基础性保护作用。最后,推进岩画文化遗产数字图书馆建设。图书馆是数字人文项目孵化的场所,也是支持相关工作开展的重要机构。图书馆数字人文项目与岩画文化遗产数据库建设相结合,有利于整合岩画文化遗产数据库与其他各类数据库资源,最终形成低门槛、高质量、互联互通、信息"提取"与"存入"便捷的岩画文化遗产数据平台。

## 二、结合运用网格化方法,形成数字化、特色化保护体系

一是实现网格化管理技术与数字信息采集技术有效结合,形成岩画网格数字化管理特色。如前所述,岩画文化遗产分布极其广泛,由一个部门采集、管理全国 22 个主要省份岩画的办法基本不现实。网格化管理是近年来社区管理提出来的新理念,旨在按照管理权限和行政区划,将管辖地分为若干个网状区域单元,由相应的管理主体实施全方位、无死角的动态管理。推动网格化管理技术与信息采集技术相结合,实现精细化、个性化、多元化的管理目标。根据岩画分布区域实际,把这些区域分化成若干个网格,由各地区文物局牵头形成跨地区岩画联动保护。各管理部门根据管理权限,在不同管理范围内各自承担管理与保护责任,运用无人机航测、三维激光扫、GPS、GIS(地理信息系统)等数字人文技术,在各区域内完成"无死角"岩画实体保护和图像信息的采集工作。二是把数字技术性应用于岩画学前沿研究。比如,世界岩画以人面像岩画为"贵",以岩画文化遗产人面像数据资料为基础,充分运用量化分析、文本分析、GIS 地理空间分析和社会关系网络分析技术,从岩画分类、分期、社会功能三个维度,对人面像岩画进行多维组合的关联性研究。

## 三、以"一带一路"为契机,实现国际岩画数据资源共享

正如国际岩画学会原主席埃玛努尔·阿纳蒂教授所言:岩画研究只有在更大的空间范畴,放在一个宏大的视野当中,才会体现出更大的价值和意义。岩画作为"世界母语"的共识尚在建构,亟待从世界范围内寻找岩画是全球性

文化之证据。各自为政的保护方式阻碍了岩画文化信息全球共享和跨国界研究进程。"一带一路"是古代丝绸之路的新延伸,是连接欧亚大陆的经济、政治、文化交流的陆路走廊,随着"一带一路"倡议深入实施,岩画文化遗产拥有了全球性保护与开发空间。一是促进沿线各国民间往来。作为人类共性的代表性文化,"一带一路"沿线国家都拥有丰富的岩画资源,岩画所反映先民社会打猎、典礼、孕育、战争、结盟、耕种、出游等具有原始文化等共性特征,是"无国界"的视觉图像艺术珍品,为不同民族、国家人民所理解,共识颇多,这对于推进岩画世界性保护和构建沿线国家命运共同体意识都大有益处。二是促进沿线国家岩画数字信息共享。运用数字人文技术对各国岩画图像信息进行采集、比对,为"一带一路"沿线国家民族间迁徙、流动、交往提供证据。以"一带一路"为契机,数字网络为媒介,统一岩画著录标准,将世界各地彼此孤立的岩画遗存进行信息整合与传播,重构以中国西北地区为中心的岩画交流"丝绸之路"。

## 四、培育数字人才,激发公众参与岩画保护动力

事实证明,仅仅依靠当地政府、文物机构保护岩画文化遗产是远远不够的。岩画属于分散多地的文化公共产品,文化遗产"活起来"的关键在于公众参与。第一,按照岩画网格数字化管理要求,在各网格区域内组建各自具备专业能力、科研水平高的专家团队,利用互联网技术为各地区岩画保护指点迷津,发挥顶级专家在岩画保护中的作用。第二,开展岩画相关专业人员数字技术培训。岩画重点区域地方高等院校可设立岩画专业,定向培养出一批既精通数字人文理论,又拥有岩画保护实际操作能力的专业人员。第三,图书馆员不仅要做数字人文的积极参与者,而且要成为推动其发展创新的主力军。高校图书馆需要根据数字人文发展需要,设置不同类型的数字人文馆员岗位,不断提高馆员职业能力,打造一支掌握数字人文技术的馆员队伍,积极推动数字人文在国内向更高层次、更深领域发展。第四,积极引入岩画专业紧缺人才。完善岩画专业人才的引进机制,对数字人文相关专业的紧缺人才在职称、工资、亲属照顾等方面给予政策支持,增加对人才的吸引力。最后,打通公众参岩画保护的"最后一公里"。通过岩画景区市场化建设,把岩画从

"幕后"搬上社会、市场"前台",以电视、网络、微信、岩画网站等媒介作为数字化手段,将岩画艺术的风貌完整呈现出来,普及岩画所蕴含的美学、文学、考古学等方面知识,为岩画的人文、数字温度升温,引导公民形成对岩画文化价值、历史价值、艺术价值正确认知。通过商业开发,建设岩画特色旅游区、岩画文化创意区,开展岩画地区全域旅游,带动地方经济发展。以公众教育、参观导览、文化广场、学术交流等形式,引导公众与岩画文化遗产互动,激发出全社会参与和保护岩画的内生动力。

岩画文化遗产保护是一项长期性工作,符合新时代文化遗产保护"活起来"的趋势。在数字人文视阈下岩画文化遗产保护的内涵已经超越了区域分化治理特点,大数据平台更突显了跨地区边界保护的去"地域化"、去"学科单一化"和去"参与主体单一化"等"活起来"特征。一是将数字人文技术应用于岩画文化遗产研究。运用数字化技术,统一数据著录标准,推动数据库建设;实现信息共享,促进岩画研究的多元学科交叉互动;形成岩画研究成果的叠加效应,全方位推进岩画文化遗产的数字化建设进程。二是将数字人文技术应用于岩画文化遗产保护与开发是大势所趋。运用现代数字技术手段,以新方式对我国海量岩画文化遗产进行数字化保护,使岩画以生动的数字形态走进大众视野,实现岩画在公众教育领域"活起来"。三是数字人文技术应用将打破行政区划的体制限制和国际交流壁垒,传播中国岩画文明思想,推动中国与世界岩画文化之间交流,实现对传统文化遗产的传承和弘扬。

# 第十章　岩画文化遗产数字 技术保护新方法

　　20世纪50代以来，随着大量岩画在我国被陆续发现，岩画文化遗产保护研究也开始兴起。目前学界对于岩画文化遗产保护研究方兴未艾，并取得了初步的研究成果，研究者们对岩画影像保护、岩画实体技术保护、岩画档案式保护、岩画管治保护、岩画数字人文保护以及岩画保护、传承、开发相结合保护路径等方面做了开拓性探索，本章将对岩画文化遗产保护与研究的主要成果进行分类总结，指出现有研究的不足，并对数字人文技术及理念在岩画保护研究中的开展进行展望。

　　岩画文化遗产是原始、古代人类利用不同手段在自然岩石上制作的史前艺术。中国是世界上拥有岩画资源最多的国家之一，主要分布在北部、西南和东南沿海地区。按照岩画所在省份对岩画进行命名，北方岩画主要包括黑龙江、辽宁、内蒙古、宁夏、甘肃、青海、新疆岩画，大多分布在草原、岩壁、森林、沙漠。西南岩画主要包括四川、贵州、云南、广西、西藏岩画，多分布在江河沿岸的岩壁上。东南岩画包括广东，福建、江苏、台湾和香港岩画。岩画制作技法主要有磨刻、凿刻和涂料绘制三种。北方岩画以磨刻和凿刻为主，部分为刻画，用涂料绘制的岩画比较少；西南岩画多为红色涂绘；东南岩画多采用凿刻技法。

　　中国岩画被大量发现只有近百年的历史，主要集中在20世纪50年代至21世纪初。随着大量岩画走入公众视野，数量巨大、内容丰富、题材多样的岩画文化遗产激起了社会关注，一时间岩画旅游成为旅游业的新宠。从20世纪80年代后期开始，人们通过各种媒介逐渐认识到岩画的价值，极少数人开始有计划、有目的地攫取岩画，造成岩画数量急剧减少。另外，有些岩画被游人践踏，日渐残损、模糊，再加上无休止的拓制、槌击而加重破损。有些珍贵岩画没有任何保护措施,任凭风吹雨淋,自然风化日益加重,给岩画保护带来了难题,进而岩画文化遗产保护问题也引起学界高度关注。盖山林、楼宇栋、陈兆复、谢玉杰、束锡红、张亚莎、王克荣等学者相继发表代表性作品,产生了较大的社会影响。随着研究深入,岩画文化遗产保护研究逐步细化,成果不断增加,主要集中发表在学术期刊,而硕士、博士学位论文和专著相对较少。学界大多就区域岩画保护问题进行探讨,整体性保护研究的成果则比较缺乏。本章内容分析了现有岩画文化遗产保护的研究主线,并作出梳理和评述。

# 第一节　岩画影像技术保护

　　自然与人为因素成为岩画遗失、损坏的主要原因,在没有提出更好保护方法的情况下,实施对岩画本体图像保护就显得刻不容缓。陈兆复被誉为中国岩画传播第一人,2007 年主编了《中国岩画全集》。《中国岩画全集》是中国分类美术全集之组成部分,全集共分五册,包括:北部岩画卷(一本)、西部岩画卷(二本)、南部岩画卷(二本),介绍了内蒙古、黑龙江、辽宁、宁夏、甘肃、青海、新疆、西藏、广西、广东、贵州、福建、香港、台湾、云南、四川等二十多个省份(自治区)岩画。该书每本由三个部分组成,一为专论,二为彩色图版,三为图版说明。专论从文字的角度全面地介绍了中国岩画的发现、考察以及分布等情况;彩色图版以高质量的图片呈现出中国岩画丰富多彩的面貌;图版说明是运用文字手段对彩色图版部分的每张图片予以具体说明。该书收录岩画图片丰富,资料翔实,是一本难得的保存和研究中国岩画的资料。1962 年,盖山林在内蒙古文物工作队(现为内蒙古文物考古研究所)工作期间发现了阴山岩画,被誉为“中国阴山岩画第一人”。1985 年,盖山林主编的《阴山岩画》正式出版。全书介绍了阴山岩画调查经过、概貌和自然环境、岩画的分布地点及内容、岩画时代的探索、岩画所反映的古代猎牧文明等。本书展示了大量乌拉特中旗、乌拉特后旗、磴口县一带的阴山岩画图片,为内蒙古地区岩画图样采集、文化解读做出了重要贡献。之后,2010 年 9 月,北方民族大学主持编纂的大型丛书《阴山岩画》(同名)首发式在巴彦淖尔举行,这是一套四册的大型丛书,张春雨为主编,由束锡红教授领衔的专家团队历经三年合作完成。这套丛书内容涵盖了阴山山脉从巴彦淖尔腹部穿过横跨340公里的数以万计的古代岩画，以及岩画拓片、线描图、照片、对照表。束锡红教授认为，这套丛书不仅使国内外的研究者能直接观赏到精美的岩画，也能唤起人们对阴山岩画的关注与保护意识。王克荣、邱钟仑等编写的《广西左江岩画》从左江岩画的发现、岩画概述、岩画图像考释、岩画的分期与族属、岩画内容、岩画特色等方面，对广西左江岩画进行了系统介绍，是一本图像记录、保护与研究性质兼顾的书籍。

概述之，由于学术界对岩画的保护、研究意识不断提高，以我国主要岩画点为题材的记录为主兼顾研究性质的文献相继出版，如《大麦地岩画》《贺兰山岩画》《贺兰山与北山岩画》《中国阿尔泰山岩画》《中卫岩画》《西藏的岩画》等，使大部分主要岩画图片得到及时收录，为岩画图像保护和后继研究留下了宝贵的图像资料。今后，学界应加紧对散落在森林、峡谷、荒漠等地岩画图像的采集，完善中国岩画图像采集、定格等影像保护工作。

# 第二节　岩画实体技术保护

现代科学技术应用于岩画本体保护是最重要的保护方式。将物理学、材料学、应用化学、生态学等相关学科应用于岩画保护，改善岩画遗产的保存环境，修复受损岩画，无疑将延长岩画的自然与社会"生命"。

## 一、岩画环境保护技术

岩画实体保护者也是岩画实体保护技术的研究者，他们长期在不同环境中运用物理与化学技术对岩画实施保护，总结了具有区域性的岩画环境保护技术经验。崔凯、顾鑫等人认为岩画长期露天存放在一个物理与化学交互作用的自然环境之中，容易因载体变质出现片状翘起、刻痕变浅、表层风化、脱落等问题，这不仅与冬季气温降低、水化环境引起冻融和化学溶蚀有关，还与平日日际温度变化、降雨过程干湿环境突变相关，干湿与化学损伤作用是继冻融和化学损伤后又一种加速贺兰口岩画载体变质砂岩风化进程的重要原因。何贤元以贺兰山岩画载体砂岩为研究对象，通过化学溶液和干湿环境作用下的物理力学性能试验,探讨岩样对化学及物理环境的敏感度,运用微观试验和化学热力学分析,掌握贺兰山岩画在化学和干湿循环过程中劣化反应的基本规律。

## 二、岩画实体修复技术

郭宏、韩汝玢等认为物理风化引起的岩石片状脱落和化学风化引起的颗粒状产物对岩画的危害最大。研究团队经过现场调查与实验,发现丙烯酸树脂环氧树脂改性的黏合剂对防治岩画片状剥离病害效果较好,对岩石微环境没有明显负面影响,但是对于较为薄膜状产物、致密的颗粒状产物清洗效果并不明显。在岩画修复中要注意黏合剂的可再处理性,改进修复工艺,选择好修复时间。周宵、胡源等认为,水硬性石灰作为一种文物建筑保护新型胶凝材料,兼具水泥和石灰等传统建筑材料的优点,又弥补了石灰材料耐水性差、强度低、收缩性大等缺陷。研究表明,水硬石灰作为一种填补黏材料,其黏性好、污染少等优点表明可被用于花山岩画开裂岩体应急保护加固处理。青海省海西州属于地震高发区域,蒲天彪认为文物保护工作者需将每一次地震对岩画本体、环境造成的影响进行评估,做好"打桩""打沿""夹板"等应激性保护工作,制定岩画修复方案,根据岩画受损情况进行科技保护。

## 三、岩画病害防治技术

随着岩画技术性保护实践深入展开,污染物给岩画带来的病害问题引起了学者关注。周伟强、齐扬等认为,广西花山岩画污染物附着在岩画的石灰岩、颜料层之上,表明污染清洗是保护这类文物的关键举措。实验表明,蒸汽清洗具有中低温安全性,微粒子喷射要禁用硬性磨料。激光清洗在 186.46 mj 以下石材、56.02 mj 以下颜料具有安全性,化学清洗要禁用非中性药剂,不能大面积使用。郭宏、韩汝玢等采用电子探针面、偏光显微镜、红外吸收光谱、X 射线衍射等方法分析了花山颜料和黏材料的组成成分,发现岩画颜料中的铁红、朱砂成分使花山岩画呈现出铁红颜色。黏材料是由植物性材料组成,老化后分解出有机酸与岩石发生化学反应,形成草酸钙。在长期日光照射下,颜料中的有机胶结材料在空气中发生各种氧化反应,导致岩画颜料发生老化而失去黏性,部分红色颜料颗粒呈粉末掉落,岩画颜色变淡。

　　经统计发现,岩画环境保护技术研究成果较少,岩画实体修复技术研究次之,而岩画病害防治技术研究则主要集中在广西花山岩画,其他地区研究成果较少。鉴于岩画保护是一项涉及领域广、学科融合度高的工作。加上保护技术应用研究尚处于起步阶段,风险控制效果有待历史评估。因此,未来岩画实体技术性保护研究,需要根据不同区域岩画的各自物理与化学特点,加强有针对性的环境保护技术和实体修复技术科研力度,强化岩画实体保护技术的风险评估工作,丰富全国各地岩画密集区域病害技术性研究成果,最终形成岩画综合性技术保护体系。

## 第三节　岩画档案技术保护

　　以"岩画档案"为主题,在中国知网进行跨库检索,共检索到相似内容文章 30 篇,经过逐一辨别,其中只有约 7 篇文章与岩画档案式保护相关,其研究路径可分为岩画档案技术保护和档案式保护两种研究路径。

### 一、岩画记录技术

　　苏胜认为,完整性地记录岩画及各个方面是保护和保存岩画的基础。将多种多样的学科技术应用于岩画记录已经成为美国改进岩画记录方法的主要措施。这些技术包括卫星定位技术、虚拟现实技术、空间地理信息技术、数字化图像、环境摄影、遥感技术、立体扫描测绘技术、数据库技术等。苏胜在文中介绍了相关技术在北美岩画记录的应用情况,并对中美岩画记录技术进行比较,提出了改进中国岩画记录方式的途径。朱利峰认为,岩画遗产保护新方向是岩画档案数据库建设,岩画档案数据库系统包括四个子平台建设。一是资源建设平台。尝试将岩画 3D 影像、虚拟现实等新技术应用到岩画资料整理、筛选、说明文字著录、数码影像建档的工作中。二是资源管理平台。主要包括岩画影像上传、存储、备份和后台资料管理。三是资源开放平台。主要使用 OAI 机制,建设一个支持大众进行图像、文字、栏位检索的系统,完成权限管控和网页更新的任务。四是资源应用平台。用户可以通过有线、无线甚至家用电器来浏览岩画数据档案。杨惠玲介绍国内外岩画资料著录标准化发展动态,结合《多语言岩画研究术语表》和"世界岩画档案"(WARA)项目实施细则,提出了我国"岩画田野调查资料著录标准",具体包括:1. 引言;2. 名词与术语;3. 类目设置;4. 项目;5. 类型与来源;6. 详简级次等著录标准。

## 二、岩画档案建设

束锡红、王旭、聂君等认为,文化遗产档案式保护研究已经引起了学界的重视,但保护模式研究还不够深入,很少被学界关注。文章从岩画普查、档案建立和档案保存三个方面分析贺兰山岩画档案式保护模式的构建环节,从制定《宁夏岩画文化遗产档案式保护办法》、增加岩画专项保护经费、提高岩画档案式保护专业水平、构建全社会参与机制四个角度,提出贺兰山岩画档案式保护模式的实现机制。侯希文、李祝喜以档案学学科视角对西藏岩画档案保护进行研究,他们认为西藏岩画兼具形态的原始性和记录内容的原始性,是文字产生前西藏地方的"准文字档案"。针对西藏岩画人文与气候两种主要的破坏因素,提出通过积极申报《世界文化遗产名录》,制定西藏岩画保护的法律法规,成立岩画研究中心或岩画保护组织,筹建岩画主题公园,建立西藏岩画数字博物馆等办法,让西藏"准文字档案"得到社会和个人、实体与虚拟空间的保护。少数民族地区岩画资源丰富,韩南南、张伟认为当前我国少数民族地区岩画建档保护面临着岩画建档主体不明、岩画普查尚未全面展开、建档缺乏征集标准、岩画档案数字资源建设滞后等主要问题。应从明确保护主体、制定岩画建档征集方案、搭建少数民族地区岩画档案数字资源平台三个方面加强少数民族地区岩画建档保护。

当前岩画档案式保护路径相关研究成果较少,这与岩画档案相关建设实践滞后、学界缺少关注等密切相关。随着大量岩画在我国多个省份被陆续发现,我国建设岩画档案式保护行业标准的条件已经基本成熟。但是,从全国文物保护标准化技术委员会(SAC/TC289)已发布的"12 项国家标准,47 项行业标准;在研 30 项国家标准,62 项行业标准"来看,尚无通行全国的行业标准。因此,从岩画档案保护与档案建设实际需要出发,制定《岩画田野调查资料著录标准》,推进岩画档案保护领域研究等一系列工作,对发挥我国岩画文化遗产档案保护作用至关重要。

# 第四节　岩画法治保护

以岩画法治保护为主题的研究成果并不多,真正具有代表性的文章不过几篇,多数研究对岩画法律保护和修复规定如"蜻蜓点水",整体呈现"众人言,却寥寥数语;言不尽,然道之不深"的研究局面。由于没有制定岩画技术保护实施标准相关的法律法规,导致实践中岩画技术保护的法治建设远远落后于实践需要。因此,相关研究文章只能从岩画的地方法律法规等方面进行尝试性探讨。

## 一、岩画法律保护

法律是岩画保护的基本手段,其严肃性、权威性、规范性是其他保护手段无法替代的。法律对岩画保护技术规定是科学修复岩画的重要依据,然而现实中缺乏相关行业技术标准制约了岩画保护工作的开展。李明华认为,将宁夏贺兰山岩画、内蒙古阴山岩画、广西花山崖刻画作为一个整体申报世界遗产,对岩画的保护大有好处。岩画组团申遗将为建设与完善我国岩画保护法律体系提供一个较好的环境平台。当前,我国已经出台了一些地方岩画管理办法与条例,如《银川市贺兰山岩画保护管理条例》,立法层次偏低、保护机构权责不清、保护手段单一等问题在岩画法律保护实践中暴露出来,提高岩画立法层次、细化法律法规实施细则是对岩画文化遗产实施保护的最有力保障。《嘉峪关市黑山岩画保护条例》在甘肃省十三届人大常委会第十五次会议上获得批准,标志着甘肃省嘉峪关市黑山岩画有了地方性法律保护。尤婷婷认为《条例》突出地方立法"小而精"的特点,全文 23 条就黑山岩画保护主体、保护对象、保护原则、保护机构职能、岩画开发利用等方面都作了简明、实用的具体规定,针对性较强。舒梦雨(2017)在分析宁夏《文物保护法实施条例》《贺兰山岩画保护条例》《银川市西夏陵保护条例》主要内容及作用的基础上,认为民族地方文化遗产保护条例普遍存在保护对象不全面、民族特色不鲜明、追责规定不细致、立法滞后等问题,建议今后从修订滞后条例、增补新条例、加大惩罚力度等一系列层面、体现地方民族特色、开发与保护并重等方面加强地方物质文化遗产立法工作。

## 二、岩画治理保护

王喆认为,文化景观类遗产的保护管理,必须在保护岩画本体的基础上,对岩画所在区域的河流、山体、台地、周边景观以及相关的非物质文化进行整体保护,确保花山岩画文化景观的真实性和完整性。通过协调各县市有关部门岩画管治行动,统一规划保护区、岩画点,尽快解决左江花山岩画法律实施中统一性不够、操作性不强等问题。王婕将新公共管理的多中心治理模式理论运用到少数民族地区历史文化遗产保护研究,探求阴山岩画保护、管理和开发更为灵活、高效的管理模式。建议坚持"保护第一、兼顾利用、可持续发展"的管护原则,通过完善岩画遗产保护制度和监督机制、健全法律法规与公益诉讼制度,实现阴山岩刻保护与旅游开发良性互动。

从既有研究成果来看,以法律、公共管理等专业理论为视角对岩画进行管理维护方面研究成果数量少,缺乏深层次分析,缺乏就岩画保护主体、保护权利与责任、保护原则、保护对象、违法行为认定等核心问题的深入探讨,理论贡献浮于表面,实用性较弱。造成上述原因在于,一方面,缺乏地方保护条例与上级法规关系探讨,地方区域立法特色不强;另一方面,政府、文物保护单位、社会组织等岩画管护主体的责任、权力、利益协调机制等方面研究还有待深入。因此,今后需要更多法律和管理专业的学者进入到地方岩画管护研究领域,突出研究的地方特色,增强研究成果针对性和实用性,尽快弥补相关研究数量不足与质量不高的问题。

# 第五节　岩画数字技术利用

随着对岩画历史价值、文化价值、审美价值认识度的提高,人们一方面关注岩画的传承保护,另一方面希望通过开发岩画文化的经济价值以满足社会综合发展需要。当岩画文化遗产利用的方式已无法满足人们对古老岩画文化的需求时，岩画文化遗产数字化技术的运用为岩画传承、保护、利用开拓了新的路径。

## 一、岩画文化遗产保护与传承

魏鸿飞认为，静态表达是岩画价值展现的常规但并非唯一模式，动态化表达岩画是综合岩画价值表达的社会选择。岩画基于民族文化场景而形成，不能脱离民族文化之语境。将岩画的人物形象在舞蹈、影视、文创作品中复活，动态展示岩画人物的灵魂、思想和岩画生活场景是对岩画文化的传承。岩画价值只能在民族文化传承中才能体现，岩画价值的动态表达需要依托民族文化整体发展来推进。于波认为，自元代以来，随着蒙古族王朝开疆拓土，各民族在经济、政治、文化、社会生活中互动与融合。阴山岩画年代久远，"蒙地唐卡"作为内蒙古民族文化的一张名片，不断从阴山岩画中汲取文化养分，至今未曾断绝。相同文化背景，为"蒙地唐卡"与阴山岩画文化在表达内容与形式、图案与精神内核上的传承、融合提供精神基础。唐华清、黄红涛认为，左江花山岩画是古壮族先民自战国到东汉先后在临江高山的悬崖峭壁上绘制而成的广西民族文化瑰宝。传承花山文化，需要政府、学校、公众整体参与。开发花山文化，要从微观、中观、宏观做好花山生态保护传承、保护与开发。何永艳认为，红水河流域壮族"蚂节"与左江流域花山岩画是联系紧密的壮族文化事业，都具有大河流域壮族稻作文化的表征，体现人与社会的社会依生关系。它们都围绕铜鼓来组织活动，借助象征促进社会治理的仪式，因此皆具整合骆越先民社会的功能。

## 二、岩画文化遗产保护与利用

廖杨认为花山文化遗产是可以进行产业开发的经济资源。然而，与一般的文化产业和经济产业不同，花山文化遗产具有较强的公共产品属性，这决定了其产业资源和市场供给的多元性，也规制了其产业绩效的经济效益与社会效益的平衡性。作者希望通过有序开发岩画文化遗产资源的经济价值，实现岩画的科学保护，确保世界文化遗产作为人类公共产品的基本特质。李军以文化产业为视角，审视宁夏岩画开发中的大众遗产意识观念淡薄、文创产品知名度不高、岩画区域缺乏全域规划、理论研究不能满足产业发展需要等问题,建议通过引导社会积极参与、打造宁夏岩画品牌、进行遗址全域规划、增加识(释)图能力等措施,正走出一条"文旅融合"的发展道路。李晓秋认为,岩画本体保护存在基础配备设施不完善、知名度不高、旅游活动内容单一、客源市场单一、管理协调不力方面的问题。李浩、彭小娟认为,贵州岩画具有"少而散"的特点,大部分岩画没有被纳入政府旅游规划。建议在贵州龙里县建立一个岩画主题公园或岩画博物馆,从而达到普及岩画知识、展示岩画研究成果、开展岩画参观、岩画维护人员培训等目的,在有限条件下实现岩画的保护、开发和利用。

岩画遗产传承是"保护第一"原则的体现和实践。岩画传承不仅是对岩画实体的保护,而且是精神文化的代代相传。传承让人们产生对岩画文化场景相似的大脑记忆,通过让岩画中的人物形象在舞蹈、影视、文创作品中复活,唤起人们对共同祖先的追思,形成文化认同、情感共鸣,激发起新的文化创意,从而让远古文化服务于当代社会的物质、精神文明建设需要。从现有研究成果数量与比例关系来看,有重开发而轻传承和保护的表象。岩画开发、保护、传承是相互作用的关系,三者之间,既可以相互促进,也可能相互损耗。在保护岩画实体与传承岩画文化的前提下,如何有效开发岩画文化遗产巨大的经济价值,这考验着当代学者和相关利益群体的集体智慧。

# 第六节 岩画数字技术保护

2010 年以来,数字化、数字人文等理念不断运用到社会科学研究领域,为岩画保护开拓了新空间,使岩画在数字技术下"活起来"成为现实。

闵薇运用信息可视化设计的方法,对沧源岩画可数字化资源进行评价与分析,通过岩画的数字动画与系统、软件的导入,希望建立起人物库、器物库、房屋库、动物库、神祇和神话人物库、自然物库、符号和手印为要素的沧源岩画数据库,发展岩画数字化虚拟现实演示及交互式系统,最终形成一套信息产业与文化产业交叉研究的可视化系统。杨敏、束锡红等指出,岩画数据库不仅仅是将岩画档案进行数字化转换,它是以特定方式组织起来的岩画档案数据集合,存储的信息包括非图像数据和图像数据,具备信息检索、查询、自动匹配和数据输出等功能。岩画文化遗产数据库建设与保护目标能否实现,关键在于岩画非图像数据的描述、岩画图像数据的编辑和储存、岩画数据的检索等技术环节能否实现。2018年11月,束锡红教授研究团队申报的"中国北方岩画文化遗产资料集成及数据库建设"获批"2018年度国家社科基金重大项目",该项目运用高清数码拍摄、无人机航测等技术手段,对中国北方的岩画资料数据信息进行大规模综合集成,建设数据库,并基于岩画数据库检索的"分类""分期""社会功能",探索北方岩画分类与人面像岩画、北方岩画分期与综合断代方法应用、北方岩画功能与文化传播等关联性研究和岩画跨区域研究等重大问题。张超指出,宁夏中宁石马湾岩画数字化保护项目,采用项目启动→现场勘查→制订数据采集计划→采集数据(像控点数据采集、航飞影像数据采集、高清影像数据采集)→数据处理航飞影像处理、正射影像图制作→审验修改与提交成果的工作流程,已经取得了岩画区域三维模型、岩画正射影像、岩画区域三维交互、岩画区域空中视频、岩画区域空中全景等研究成果,是一次数字化技术让岩画遗产"活起来"的保护与开发相结合实践。邓启耀认为岩画保护、观摩、研究工作不易开展,岩画自生自灭的情况较为常见,建议运用数字化技术呈现岩画、场域、时间空间,实现岩画图式数字化解析,这将对中国岩画的数字化保存整理、未来保护规划、文化遗产申报做出理论贡献。

随着数字技术逐渐成熟,数字人文在岩画文化遗产保护的应用型研究已成为岩画学和自然科学界关注的热点,但目前学科融合发展还处于尝试阶段。未来探索数字化与民族文化的完美融合,对研究和保护中国岩画文化遗产至关重要。与此同时,加强数字人文技术在岩画博物馆、景区、商业领域的应用,对于岩画文化与商业价值开发,从幕后走向前沿,由静态走向动态地全面"活起来"意义重大。

## 第七节　岩画数字技术保护利用趋势

随着"数字故宫""数字敦煌"等文化遗产数字化项目成功实施,为在开放的空间下岩画文化遗产保护提供了很好的借鉴。未来岩画文化遗产的保护工作不是对传统保护手段的放弃,而是科技与传统保护方式之间的扬长避短。因此,未来研究将打破传统保护手段与数字人文保护技术之间的界限,二者之间良性互动或成为未来岩画文化遗产保护研究的主流。

### 一、传统与数字人文保护手段有效衔接研究

如果说传统岩画文化遗产保护主要是依靠人和组织实施保护行为的话,那么数字人文的应用则希望通过数字化技术拓展人们保护岩画的视野,拓宽岩画保护的领域,减少保护工作对人类生理功能的依赖,提高岩画资源保护的科学性和兼容性。二者之间不是"舍我其谁"的竞争,而是相互依赖、融合、促进的合作关系。当前岩画文化遗产保护传统手段和数字化研究之间的融合度不高,各说各话的现象比较常见。伴随后续研究的深入,如岩画数据采集、档案数字管理、岩画环境监测等领域人机合作空间巨大,传统与数字人文手段有效衔接将成为岩画遗产保护的重要研究方向。

### 二、岩画遗产条块化管理体制与数字人文手段衔接研究

如前所述,岩画分布点极其广泛,我国已经在多个省市自治区范围内的200余个县境发现了超过5 000个岩画遗址数以万计的岩画,对岩画的整体性保护提出难题。我国行政区划、条块分割的管理体制将岩画保护权力赋予地方政府,各自为政现象较为普及。数字人文技术应用对打破地域限制,在整合各地保护资源、协调各部门的岩画实体保护行为、统一数据标准和数字化渠道建设等方面提供了机遇。可见,如何利用数字人文技术实现岩画管理资源整合是岩画文化遗产管理体系创新的关键。

### 三、数字人文技术的法律保障研究

数字化不等于自由化和无序化,数字人文技术在岩画保护中应用前景光明,同时也会带来巨大的风险。"矩不正,不可为方;规不正,不可为圆",当前岩画遗产数字化保护存在中央与地方保护条例缺失,数字化风险管理的法律规定还没有建立等问题。需要相关领域学者们进行深入研究,提出立法建议。

## 四、岩画保护数字人才资源库建设研究

　　岩画保护兼具自然科学和社会科学特点，当前人才缺乏是制约岩画数字化保护建设的重要因素。如何利用高校、科研单位培养新一代岩画数据守护者，是岩画文化遗产得以有效保护、开发、传承的关键所在，其研究价值巨大。

# 第十一章　岩画文化遗产档案
## 数字化保护

## 第一节　贺兰山岩画档案式保护

### 一、贺兰山岩画概述

贺兰山岩画是中国文化的奇迹，也是世界文明的瑰宝，在世界文化艺术中占有重要地位。它分布集中而丰富，数量多，时间跨度长，作画民族多，具有独特的内涵；其历史、艺术、科学价值重大；特别是岩画最集中、最丰富的贺兰口，距宁夏回族自治区首府银川市中心只有 50 公里，驱车半小时可达，下车就可看到，这在全世界岩画点中也是绝无仅有的。这三大特点使贺兰山岩画为研究我国西北地区古代少数民族历史、文化艺术、宗教信仰以及民族关系提供了大量翔实的直观材料，对于历史学、考古学、民族学、美学、宗教、绘画等都有重要的学术价值。

贺兰山岩画的创作者和中国其他地区岩画的创作者，都是中国艺术的开山鼻祖。古往今来，日月轮转，悠悠岁月磨灭了多少前朝宫阙，而先民留在贺兰山上的线条生命依旧，神韵犹存，那些稚拙可爱的人物、动物形象和随心所欲的图式，放射着古朴和智慧的光芒；今人以此仿制的书画，成了绝佳的艺术品。先民的岩画距今已数千年，还有如此强大的震撼力，今人从中受到许多启发。

贺兰山岩画的创作者由许多民族组成，他们是中国边疆民族最早的艺术家。贺兰山岩画与邻近的内蒙古阴山、乌兰察布，甘肃黑山，新疆天山、阿尔泰山岩画相比，无论题材内容、风格特点、刻制方法都有许多相似之处，可以毫不夸张地说：北方体系岩画中的所有特征，贺兰山岩画基本都具备。这是因为古代北方民族的游牧迁徙,活动范围很大,他们在同一个历史时期,可能在不同地域留下自己的艺术创造,内蒙古、新疆、甘肃、宁夏的一些岩画题材和表现手法的相似,不只是表明创作者的艺术观念和思维方式相互接近,而且还暗示我们:有些作品可能出自同一古代民族甚至同一民间艺人之手。岩画艺术的出现和发展是人类文明史的里程碑之一。贺兰山岩画和相邻的阴山岩画的分布,大致与中国著名的长城平行,这并不是历史的巧合。中国历史上长城被称为北方草原文明与中原农耕文明交流的文化汇聚线,如果我们把视野投向更为广阔的欧亚大陆,从东向西沿着古代草原大通道,我们会看到绵延不断的岩画分布区,除了贺兰山岩画和阴山岩画,还有新疆阿尔泰山岩画、蒙古国的岩画、中亚地区的岩画等,都表现出许多相同的特点,为我们认识草原文化和农业文化的交流以及世界文化的交流提供了丰富的资料,展现出世界史前文明的发展脉络,对认识人类早期社会提供了独特的见证。

## 二、贺兰山岩画档案式保护

宁夏有着丰富的岩画资源和优越的岩画研究优势,贺兰山岩画是中国文化的奇葩,世界文明的瑰宝,是早期游牧民族艺术和智慧的结晶,人类应该十分珍惜这份不可再得的文化遗产。国家和地方政府对这份遗产已加大了保护力度,学术界也越来越关注贺兰山岩画。1991 年和 2000 年,在宁夏银川先后举办两次国际性的岩画学术研讨会,使贺兰山岩画享誉世界,大大推进了贺兰山岩画的研究和保护进程。

1991 年,在宁夏银川召开了"国际岩画委员会年会暨宁夏国际岩画研讨会",这是在亚洲召开的第一次国际岩画会议。各国代表实地考察了贺兰山岩画,他们在一幅幅岩画前驻足指点和惊叹的同时,对加强贺兰山岩画这一人类宝贵文化遗产的保护非常关注,并提出了很多建设性意见。

2000 年,"第二届宁夏国际岩画研讨会暨 2000 年国际岩画委员会年会"在银川召开,这是宁夏继第一次国际岩画研讨会之后组织召开的又一次大型国际学术会议。代表们对宁夏在贺兰山岩画保护、管理和开发方面所采取的有效措施给予赞赏,认为与首届会议召开时相比,贺兰山岩画的保护、管理水平有了较大的提高,这是宁夏有关方面为抢救岩画文化遗产作出的重大贡献。同时，代表们对今后贺兰山岩画的保护、管理提出了许多宝贵意见，认为目前贺兰山岩画当务之急仍是如何加强保护、防止毁坏的问题，只有妥善地保护好、管理好这一人类文化遗产，才谈得上如何进一步开发和利用。

2003 年，西北第二民族学院（现北方民族大学）率先在宁夏高等学府和科研机构成立岩画研究中心，组织科研人员多次深入人迹罕至的贺兰山进行调查研究，对岩画的调查超越了学术界以往掌握的全部范围。科研人员在 250 余公里干线的十几条山沟中来回奔波，调查了 24 个岩画分布点，囊括了几乎所有主要的甚至从未有人到达的分布点。先后拍了照片，制作了线描图，并搜集、拓印了约 1 800 幅图像，进行了初步分类和定名，并与上海古籍出版社达成了密切的合作。双方人员共同进行了前期工作，包括确定体例、商定定题、详细的场记工作，以及互相切磋得以提高拍摄水平，所以在短时间内顺利完成了《贺兰山岩画》大型文献丛书的编纂和出版工作。

这套精美的《贺兰山岩画》是继《大麦地岩画》之后北方民族大学又一重要的岩画学术成果。《贺兰山岩画》收录岩画彩色照片 1 000 多幅，岩画线描图 3 000 多幅，此外还有近千幅拓片集萃。以严肃的科学态度，全面系统地介绍和研究了贺兰山岩画，并且对贺兰山岩画的文化价值和文化遗存、文物景点以及地理、地质做了综述，对岩画产生与发展的社会条件和物质条件进行了客观分析。这批岩画资料全面系统地向世人展示了贺兰山岩画的风采全貌和细节信息，是极为珍贵的第一手人文资料。不仅使久负盛名的"太阳神"、人面像、手印等得到再次真实地体现，而且首次发现了代表农耕文化的植物图形以及对于人类进步具有重大意义的马镫等。

可以说，这是最全面反映贺兰山岩画艺术特点及实物的丛书。在暂时还无法用科学办法保护野外岩画的条件下，对于保存原始资料可谓厥功甚伟。

## 第二节　大麦地岩画档案式保护

### 一、大麦地概述

大麦地位于宁夏、内蒙古交界的卫宁北山的深处，它是荒漠中的荒漠，大麦地岩画是这荒漠深处蕴藏的宝藏。

　　宁夏贺兰山及卫宁北山是北方狩猎和游牧部落最早活动的地域之一。据考古资料和文献记载,从远古时代起,这里曾出现过荤粥、鬼方、猃狁、戎、狄等氏族或部落;春秋战国以来,这里又相继居住过北狄、匈奴、铁勒、乌桓、鲜卑、柔然、突厥、党项、蒙古等民族。在严格意义的文字形成以前,甚至在以后相当长的时期里,岩画实际上是众多有名或无名的狩猎部落、游牧民族记录自己日常生产生活的载体,留传给世世代代后人的宝贵信息和美的启示。

　　大麦地地处卫宁北山,一般认为,卫宁北山是贺兰山南端余脉,其实不然。卫宁北山与贺兰山山体形成时代不一,山体的结构不一,山体走向不一。大麦地所在的卫宁北山是独立的山体,而大麦地岩画是和贺兰山岩画既有联系又自成体系的独立的岩画群。

　　自成一体的大麦地地理单元是一种盆地状山地,相对海拔较低,仅在 1 350—1 450 米,四周却是高山环绕,多在 1 550—1 650 米之间,仅有几个山口可以通行。在东西长约 5 公里、南北宽约 3 公里的范围内,四面群山环绕,山梁山沟石壁嶙峋,排列有序,基岩的层面与节理面自然平整洁净,又多覆盖有黑色岩漆,为岩画创作提供了天然的高质量的载体。尤其是在大麦地之东就有北山铁矿,含铁量较高,这些原生铁矿石本身的硬度为制作岩画创造了天然的工具。有丰富的题材,有合适的岩壁,有坚硬易得的工具,这些与先民的创造灵感和表现技能相结合,经久不绝,世代相传,便形成了独具一格的大麦地岩画。

　　大麦地的人文环境处于宁夏和内蒙古的交界地区,北有阴山岩画,东北毗邻贺兰山岩画,南踞黄河,从历史上生活过的人类族群来说,应和阴山、贺兰山的大致相同。但是,大麦地岩画数量之多,密集程度之高,内容之丰富,却较贺兰山和阴山更为突出。尤其是由于地处偏僻地理环境,自然环境恶劣,人烟稀少,基本保持原生状态,较少受到后人的干扰。全面完整地整理研究大麦地岩画,对揭示整个北方岩画特点和构成具有典型意义。

　　大麦地岩画较之国内目前发现的北方岩画,比如阴山岩画和贺兰山岩画,有很多相通之处,这体现人类早期活动的一般规律。由于地域相近的关系,在此流动的氏族、部落也大致相似。然而由于地质条件、岩石形态、部族流迁、民风向背等多种原因，大麦地岩画同样表现出了卓然不群的特点。

　　大麦地岩画分布数量之众多、规模之宏大，内容之丰富、分布之密集，实为罕见。要找到大麦地岩画固然不容易，但是一旦找到，它就会向你慷慨地毫无保留地展示出无尽的画廊奇观，其数量之众多，世界罕见，实为中国乃至世界远古文化的丰裕宝库。我们可以运用理化方式确定各个时期岩画的年代，又可以通过年代的确定来研究不同时段的社会生活特点。尤其是一些非常突出、特殊的形象，在确定年代之后，可以起到坐标或样板的作用。和贺兰山岩画相比，大麦地岩画有更多群体性的场面。比起贺兰山的以个体形象为主的岩画，大麦地的大场面显然更具震撼力，总是能够给人最深刻的印象。大麦地独特的自然环境和历史背景，独特的多民族文化的交替和融汇，形成了当地岩画的独特性和多样性。大麦地岩画是我国古代北方少数民族的历史纪录，经历了漫长的史前时期和历史时期，兼容了众多的原始部族和游牧民族的连续创作，自然也就有了多样的题材和风格。岩画主题包括了早期先民社会生活的方方面面，以及人们心中的想象、意念、信仰等；也有一些古朴怪诞、离奇斑斓的神话题材。贺兰山岩画以太阳神和人面像著称，大麦地岩画的太阳神相对简洁单纯，人面像则在胸颔部增加了装饰物件，很可能在某个时候，在大麦地和贺兰山居住生活的是两个不同的部族。经过仔细比对，我们会发现更多的画面和技法的差异，从而探寻出社会人类学、美学等各种变化轨迹。大麦地岩画给人一种希望的力量和昂扬的精神，一锤一凿之间昭示了与自然搏击或者和谐生存的深刻启示，以及永恒的艺术魅力。关于岩画与刻画符号有可能是文字或文字前身的书写形式，在 20 世纪就已经引起了人们的关注，但在世界范围的岩画研究中，时至今日也只是找到零星的似符号又似文字的形象与图形，从没有找到过如大麦地这种有文字（符号）组成的复合式的多组符号或文字。因为远离城市，远离交通要道，远离人类居住区域，大麦地岩画总体上还是保持了原始状态，所遭受的破坏、盗窃和涂画还只是刚刚开始，尚未形成规模。进入大麦地的道路，只有岩画研究和文物保护的专业单位以及当地极少居民知道。这样，我们就可以确信所有的资料，包括岩画画面、制作工艺、断代数据等的真实性。这样就可以避免迫于外界破坏而被动仓促的临时举措，使得有关管理部门可以比较从容、完整地考虑和设计保护方案,使得有关科研部门能够获取准确的资料,从而得出正确的结论。

## 二、大麦地岩画档案式保护

大麦地处于游牧文化和农耕文化的交错地带,这里的游牧民族出于祭祀、膜拜、祈求、敬畏、娱乐、记事等种种需要制作了岩画。可以推断,古代先民无论南北,都是爱好岩画的。因此,才成就了今天我们看到的恢宏壮观的大麦地岩画群。大麦地岩画手法新颖,造型生动,跨度久远,题材多样,内涵丰富,有着较高的艺术水平。岩画的内容题材主要有天地神灵、日月星辰、战争舞蹈、图案符号、男根女阴、手足蹄印、飞禽走兽、狩猎放牧等等,是远古先民狩猎与游牧文化的真实写照。

在地质勘探队偶然发现"大麦地"之后,长期以来仍然默默无闻;连绵于高岗之上的几千幅岩画,从远古诞生之日起,孤独地面对风沙斜阳千万年。大麦地岩画内容精彩、数量巨大、范围集中、鲜为人知、保存甚好,使得我们所做的工作可以不浮光掠影浅尝辄止,而是力求按照科学全面完整的构想来进行。2003年,就在"非典"肆虐的时候,西北第二民族学院项目组决定对大麦地岩画进行调查、拍摄和整理、研究。

2003年夏天,西北第二民族学院与上海古籍出版社组成的项目组第一次奔赴大麦地。大麦地夏天气温高达50度,平缓的山坡没有可以庇荫的石崖和树木。在那里,每天都要经受对生命的威胁,经历很多艰难困苦的考验。岩画中的人物只有线条,只有肢体语言,没有肌肉,没有表情,没有声音。即便是简单如此、精练概括的刻画,仍然让我们感受到一万年到一千年以前的搏击、呐喊。而此刻,这些流动在民族血脉中的精神,又活动在一群现代的学者、专家、志愿者的身影中。瞄准的弓箭变成了照相机长长的镜头,胯下的骏马变成了四轮吉普车,赤裸的身躯穿上了迷彩服。唯有那些线条未变,隐隐显露在这群老老少少的勇士中。

经过几个月的不懈努力,大麦地岩画项目组先后对几乎全部的大麦地岩画拍摄了彩色照片,制作了线描图,还收集了数百幅拓片。事实上,在长期筹备调查拍摄著录的过程中,大麦地岩画项目组已经无数次直面岩画被盗窃破坏损毁的残败镜头;由此,尽管项目组对其研究还不充分,尽管资金、人力都有着巨大的困难,尽管会遇到一些意想不到的压力,但是,出于保护流传远古先民的文化遗产,出于对岩画这一不可再生资源日益损毁并难以遏制的忧虑,项目组力图完美地出版《大麦地岩画》这套大型丛书。

《大麦地岩画》大型丛书是作为西北第二民族学院和上海古籍出版社的重点项目来进行的。双方人员共同进行了包括确定体例、商定定题、详细的场记等前期工作。经历三年时间,至 2005 年 8 月,《大麦地岩画》正式出版。《大麦地岩画》丛书共四卷本,收录岩画彩色照片 1 000 幅,岩画线描图 3 000 多幅,此外还有 800 幅拓片集萃。该书资料的长期隐秘,以及收录数量之多、质量之精,超出人们的意料。除北方岩画常有的动物图像外,大量的符号组合已经具备了文字的象形、指事、会意、转注等功能,引起学术界极大的关注。图书采用大开本精印,以彩照、拓片、线描图等多种形式全面系统地介绍和研究了大麦地岩画,并且对大麦地的文化遗存、文物景点以及地理、地质做了综述,对大麦地岩画产生与发展的社会条件和物质条件进行了客观分析。以这样完整的、几乎是网罗无遗的规模和大画面大开本的形式出版,在国际和国内岩画学领域中是史无前例的。这批岩画资料首次向世人展示了大麦地岩画的整体风貌和细节信息,是极为珍贵的第一手人文资料。此书的意义首先在于对野外文物以出版形式进行的保护和宣传弘扬,得到了党和国家的高度重视和充分肯定,2008 年获得"首届中国出版政府图书奖"提名奖的殊荣。

## 第三节　阴山岩画档案式保护

### 一、阴山岩画概述

阴山山脉横亘在内蒙古中部,蜿蜒千里,由大青山、乌拉山、色尔腾山和狼山组成,南临黄河,北靠乌拉特草原,不仅是一条地理分界线,而且蕴涵了丰富的古代文化和艺术瑰宝。狼山在阴山的西部,是发现岩画的主要区域。虽然现在这里很多地方已变成沙漠或半沙漠的山地,但在古代,因其紧邻黄河,是水草丰茂、树木葱茏、百兽赖以繁衍的地方。山中岭高谷深,奇峰林立,岗峦层叠,怪石遍地,悬崖立壁,沟边巨石,往往是磨刻岩画的理想园地。

阴山岩画有 5 万余幅,岩画内容反映了北方草原游牧民族祭祀、狩猎、放牧、娱乐和多种多样的人面像、神灵形象、人物活动场面以及多姿多彩的森林草原动物形象。阴山岩画表现出了独特的艺术成就,具有突出的象征性形式风格,充满奇妙的视觉动态魅力,并巧妙地显示出图案装饰化的倾向,体现出东方特有的一种写实形式。它们几乎包括了世界各地岩画的所有内容,可归为动物图像、人面像、人体像、生活图像、符号与图案等五大类。依据阴山岩画的内容,我们可以看到古代北方游牧民族经济、社会活动的基本情况。(1)古代北方游牧民族的生产力水平非常低下,狩猎和游牧是他们的主要活动,许多岩画都证明了这个特点。(2)有些岩画上出现了刀剑、弓箭等武器,甚至出现了交通工具,由于金属工具和运输工具的出现,生产力水平提高,北方游牧民族的生活有了改善,猎取的野兽已够食用,所以岩画上出现了驯养家畜的内容,再后来有了成群的牛羊图,这说明放牧已成为他们生活的一部分。(3)由于家畜的驯养成功,牧群的扩大,食物的剩余,再加上他们是群居生活,所以他们有了文化娱乐生活,岩画内容中便有了简单的舞蹈。(4)由于生产力水平的进一步提高,生活进一步改善,从岩画上可以看出他们开始定居,于是出现了社会分工,男子狩猎,女子采集野果和圈养牲畜。(5)由于定居为他们创造了种植的条件,所以岩画上出现了种植内容。(6)狩猎—游牧—种植,社会财富不断增加,于是出现了贫富分化的萌芽。

阴山岩画画面生动古朴,具有极高的艺术和美学价值,是研究人类学、社会学、原始宗教学等难得的珍贵材料,也是研究史前文明最宝贵的信使。从岩画内容可见,阴山岩画是古代北方民族的经济文化类型、生产方式、宗教信仰的集中反映,本身具有主题宏大、内容丰富和题材广泛的特点,反映了古代北方民族的社会生产方式及价值取向。

## 二、阴山岩画档案式保护

出版《阴山岩画》大型文献丛书,是在阴山岩画档案式保护与北方草原游牧文化研究等方面所作的一项重要工作。

巴彦淖尔拥有如此宝贵的岩画资源,市委市政府高度重视对阴山岩画的保护,先后采取了多项措施开展对阴山岩画的保护工作。2007 年,西北第二民族学院岩画项目组不失时机地提出了对"黄河流域岩画"进行全面研究整理的设想。作为下一个目标,就是阴山岩画的研究整理工作。与此同时,内蒙古河套人文学院也正积极启动阴山岩画项目,一则作为"河套文化研究"的核心内容之一,二则作为配合地区范围内开展文物普查的重点。两家所见略同,不谋而合,共同约请上海古籍出版社开展此项目,开启了校地合作的新局面。有学者指出,阴山岩画具有国内首屈一指的数量和影响,有了这个项目,就是牵住了岩画资源的龙头,由此创造出高校、政府、文管单位的新型有效的合作模式,开启了岩画资料收集和研究的最大项目,其示范作用和意义是无可估量的。

自 2007 年 10 月开始,西北第二民族学院、内蒙古河套人文学院和上海古籍出版社深入阴山腹地进行了艰苦的野外勘察测绘、拍摄、拓片临摹和文字描述工作。项目组经历了一个既充满艰辛又满含热切期待的复杂过程,其中不乏血汗代价。整理这一丰富的历史文化遗产,对项目组来说是一项全新的工作,在学习、摸索和不断总结中,似乎看到了那些激动人心的图幅展示出来的古人的生存状态,以及这些文化元素中表达出来的思想。这是全人类共有的文化和精神财富,是不可多得的宝贵的文化遗产。

阴山岩画是构成河套文化的主要内容和重要标志之一。2006 年阴山岩画被列入第六批全国重点文物保护单位,巴彦淖尔市委市政府在地方财力十分有限的情况下,对保护阴山岩画也做了大量的实际工作。在考察中,相关部门对岩画发现地进行了 GPS 定位,并绘制了岩画分布地图,对以后的岩画保护工作有很大的帮助。此外,市委宣传部还组织了保护阴山岩画万人签名活动,邀请专家为群众讲授岩画知识,普及岩画教育,提高了人们对岩画的重视程度。为了更好地保护岩画,市委市政府还花费了大量的人力物力,在磴口县格尔敖包沟设置了岩画视频监控系统,以现代化的高科技来保护岩画。

阴山岩画的考察与保护离不开科考人员的艰辛工作,他们不畏艰险,不怕困难,在广阔的阴山山脉中喝冷水、吃干粮、住帐篷,精心拍摄了一幅幅美轮美奂的岩画照片,制作了精美的岩画拓片和线描图,绘制了精确的岩画分布地图,其中的艰苦与困难是常人无法想象的。《阴山岩画》丛书的完成,是西北第二民族学院与内蒙古河套人文学院以及上海古籍出版社三方合作的产物,无疑将是承载中国和世界远古文明的最重要的视觉档案。《阴山岩画》共四册,包括彩照近2 000幅、线描图1 720幅、拓片近700幅,丛书采用大开本、精装精印,以彩色照片、拓片、线描图三位一体,全方位、多层次、多手段,以众多熟悉而又陌生的画面,向世人全面展示阴山岩画波澜壮阔的先民生活画卷,将为今人和后人留下丰富的文化财富。

大型文献丛书《阴山岩画》以独创的分析方法,妥善解决概念问题,试图在每一个具体的画面上体现意图及关注点,尽可能直指岩画学研究的路径,真实反映古代生活在这里的人所走过的心路历程,较为全面地为今天的研究者和探求者提供可信的珍贵资料,将在岩画文献与研究者之间架起一道完美的桥梁。该书选取的画面仅为阴山岩画数据库中的一部分,其出版是较大规模对阴山岩画宝库展示的首次尝试。

岩画文化遗产的档案式保护是一项利国利民的大事业,通过《大麦地岩画》《贺兰山岩画》《阴山岩画》系列丛书的出版,已经初步完成了岩画文化遗产档案式保护的主体内容,今后要通过这些岩画档案资源的存储和利用,构建起岩画文化遗产的档案保护安全体系。

# 第四节　岩画档案数据库建设

岩画作为原始艺术最重要的文化资源之一,其档案式保护是重要的课题。岩画的档案式保护不仅是建立岩画档案和数据库,这只是岩画档案式保护工作的一个方面,此外还涉及多个环节。具体而言,建立岩画的档案就是在全面、系统的岩画野外普查基础上,以文字表格记载、岩画分类图录、岩画照片、普查录像采集、岩画资料数字化等方式将岩画信息固化为档案形式,然后通过对岩画档案所蕴含信息资源进行发掘、研究和利用,让广大民众了解岩画知识,认识岩画价值,从而改善岩画保护环境,扩大岩画宣传,提高岩画文化生命力的一种保护模式。

## 一、岩画的普查

岩画普查是指在一个行政区划内,由当地岩画主管部门组织的,对本地岩画文化遗产进行的较为全面的调查工作,目的是调查已有岩画、发现未知岩画,复查已登记岩画的保护状况,为岩画的建档、保存和利用提供全面、系统的科学资料。目前,岩画文化遗产还处于一种多头管理的状态,造成了一定的资源浪费和投入不足。如各省的文保部门、岩画研究机构及高校科研机构等都做过一定范围内的岩画普查工作,但由于岩画分布广泛、密度较大、数量众多,还没有一所机构能够独立担负起本省岩画的全面性普查工作。为此,在进行岩画普查工作之前,必须构建起一个以岩画研究机构为主导,其他机构共同参与的普查工作联动机制,以保证岩画普查的全面性、系统性。在具体普查操作中,需要基本掌握和详细记录各地岩画的种类、数量、分布状况、保护现状以及存在问题,并以此制定岩画图像采集的依据。在选定需要采集图像的岩画后,采取文字记录、绘制图录(拓片、线描图)和图像录拍(录像、拍照)三种方式相结合的图像采集模式,其中岩画的记录内容主要包括编号、岩画分布、岩画类型、工艺特征、破坏程度等,以此作为拓片、线描图和数码图册分类、编目的依据。

## 二、岩画档案数据库的建立

岩画档案式保护的核心在于建立岩画档案和数据库,岩画档案的记录载体多,档案本身承载内容亦包罗万象。因此,优化数据库的结构设计,以便进行合理有效的管理。通过多种形式和内容的结合,能较好地实现内容丰富、形式多变的岩画文化遗产的记录。

### 1. 岩画非图像数据的描述

非图像数据包括有关岩画信息的文本和表格。在具体描述岩画图像时,需根据岩画内容和特征进行客观、详尽的描述。具体而言,要记载以下图像属性:

(1)制作技术:磨制、切割、敲击、直接敲凿、间接敲凿、钝石锤、尖石锤、刻画。

(2)可视情况:容易、困难、模糊。

(3)放置位置:明显、隐藏、结合、重复覆盖、突出。

(4)用途:氏族部落、生殖崇拜、狩猎、巫术、迁移、祭祀、战争等。

(5)尺寸大小。

（6）存在地点。

（7）图像类型：人物、动植物（虎、豹、狼、鹿、羊、牛、马、骆驼、谷穗等）、天体（日、月、星辰、云朵等）、符号。

a. 头部：分开、无头、尖头、轮廓、棍状物、凿点而成、大、小。

b. 面部特征：耳、眉目、眼、瞳孔、鼻、鼻孔、嘴、牙、纹面。

c. 颈部：无颈、短、长、拉长、薄、厚。

d. 手臂：肘部弯曲、自立、直线、向上、向下、向两边、手放臀部、手无指、五指、小于五指、大于五指、大手指。

e. 身体：全部身体、外轮廓、棍棒形、点状形、文身。

f. 形状：菱形、身拉长、外袍、沙漏、驼背、长方形、膨胀的上腹部、圆形、三角形、正方形、多边形、五边形、星形、杠铃形、其他。

g. 腿：膝部弯曲、臀部弯曲、直线、关节处弯曲、自立、直线、向上、向下、向两边、前肢向前、前肢向后、后肢向前、后肢向后、短、长、无脚趾、五脚趾、小于五脚趾、大于五脚趾、大脚趾。

h. 尾巴：垂直、直立跳跃、向上、向后、向下、覆盖后面、附属物、没有。

i. 尾巴长短：短、中等、长、巨长。

j. 面向：前、后、左、右、上、下、侧面向下。

k. 动态场面：出生、攀登、舞蹈、死亡、骑马、狩猎、放牧、躺倒、玩耍、游戏、奔跑、交媾、落下、其他。

l. 手持物品：篮子、碗、孩子、长笛、弓箭、矛、盾、手杖、其他。

m. 每组数量：一、二、三、四、五、六至十、多于十。

（8）元素详细报道：每岩组面、岩面朝向、岩面倾斜度、岩面宽度、岩面高度、元素数量、元素分类、元素宽度、元素高度、元素评论。

2. 岩画图像数据的编辑、储存和检索

在采集到需要的岩画图像后，最重要的工作是图像编辑，以满足图像存储要求。在图像编辑方面，adobe photoshop 软件可以利用图像调整和图层调整等功能处理以像素所构成的数字图像。"数字图像在最高分辨率扫描，我们可以使用其中 200 圆点每英寸，这个数字制作图像档案通常约 1/200 万像素的大小（约 600×1 000）"，每个图像文件大约有 1.5 M。岩画图像在数据库中不仅可以添加,还可以更新或删除。

档案是文本、表格、图像信息三位一体的集合,并将根据岩画图像文字记录及非图像数据记录(地点、日期、方位等)的内容分类,给每一个分类内容一个索引号码,且与记录内容有相应关系,索引不可重复且不可为空。通过对岩画图像进行系统的整理分类排列和编目,使之条理化,形成有序的体系,以便于查找和利用。岩画数据库是对岩画档案库的数字化转换,它不仅是岩画的数字化图像集,而且是该功能的完善。已有岩画数据库只具备岩画图像输入功能,而在图像检索、输出等方面则处于缺失状态。由于岩画图片等非结构化数据占了相当部分,所以基于文本的图像检索技术(简称 TBIR)更加适合岩画图像检索。在对岩画进行文本描述时,要注意有效结合图像要素、形状等岩画图像内容和尺寸、类型、名称等岩画图像外部特征。对岩画图像内容及特征的描述,需要准确、简洁,包括图像颜色、要素、形状等,而外部特征主要包括图像的名称、类型、尺寸、特征等。岩画图像的内容及特征以自然、确切的语言来描述,然后根据描述性的自由文本建立起索引,实现检索关键词与特征标识的匹配。具体而言,要通过建立岩画图像的索引数据库、形成索引图像数据库的提问以及输出满足相似度阈值的图像标引三个步骤,来实现岩画图像信息的快速检索和输出,检索过程的一般框架可以描述为查询、描述、匹配、提取、验证五个步骤。此外,鉴于岩画数据库建立者与使用者在描述性文本使用上的差异,一方面建立者要将所列描述性文本依照某种规律(如拼音首字母排序)汇编,方便使用者查询;另一方面,通过检索系统的反馈功能广泛收集使用者的文本使用习惯,将使用频率较高的关键词纳入描述性文本,提高岩画数据库的检索效率。

对岩画基本数据的保存,既有利于研究,也可以随时发现其变化情况。在今后若干年,都可以此为基础,为政府提供决策依据,提供比较接近原始状态的研究资料。

## 三、岩画档案数据的保存

岩画被誉为"文字之前的文字",是世界各地原始先人们用来保存、传承自己历史、神话和精神经历的普遍方式。岩画是原始艺术领域中数量最多、内容最丰富、最具有世界性的艺术门类。当前,文字、图片、录音、录像、数字化多媒体等是文化遗产保存的基本方式,通过多种方式的综合运用,保护对象的信息被真实、全面、系统地记录下来。对岩画文化遗产而言,其保存方式无外乎三种:记载文字、表格信息的文档,包含图片信息的拓片、线描图和数码照,以及岩画数据库。因保存载体的不同,文档、拓片和线描图、数码照,数据库三者的保存难度与保存效果大致成反比关系。最不易保存的是文档、拓片和线描图,它们的纸质载体对温度、湿度等环境条件要求较高,尤其是做拓片用的宣纸,极易受到虫害、湿气的损害。保存效果最好的是基于各种存储设备的岩画数据库。首先,现有存储设备体积较小,不占用空间;其次,数据库的可复制性,提高了岩画档案的安全性;再次,存储设备对环境条件的要求较低,一般情况下不需要特别保养。

　　总之,岩画数据库是目前最持久、最安全、最保真的保存方式。而且,基于网络空间的迅猛发展,还可以将岩画数据库与网络结合起来,形成岩画网络数据库。基于网络平台,岩画信息随时间从信源逐级逐层传播至信宿并被信宿接受和利用,使得信息的覆盖面由一点传播至整个网络空间。岩画档案最好的保存方式就是岩画信息的广泛传播和使用,而网络数据库的建设正好与这一点相契合。

　　另外,岩画实物也是岩画档案的重要组成部分。在岩画普查过程中,经常会发现一些剥落且较完整的岩画,这些宝贵的实物资料也必须得到妥善保存。这就需要建立专门的保存机构,或是利用博物馆、文化馆等进行妥善保管并合理利用。

# 第五节　岩画档案数字化保护实现路径

　　恶劣环境的侵蚀以及人为的破坏使岩画逐渐消亡。岩画档案数字化为岩画保护提供了一种有效的方法,但不可否认的是,岩画档案数字化保护模式的实现仍面临重重困难,必须从法规完善、资金支持、人才培养、社会参与等方面提出可行性措施,促进岩画档案数字化保护模式的顺利实现,保证岩画文化遗产的永续传承和发展。

## 一、制定岩画档案保护办法，依法保护岩画文化遗产

岩画档案数字化保护要做到有法可依，有法必行。第一，要全面深入开展关于岩画档案式保护工作调查研究，确立岩画文化遗产档案管理的指导思想、目标原则和具体任务，并根据调查情况制定、出台相关岩画文化遗产档案数字化保护办法，细化管理措施，明确各级、各部门在岩画保护工作方面的职责、表彰奖励、资金扶持等具体内容，为加强档案的保存、研究和开发利用奠定基础。第二，要全面推进文化体制改革，坚持岩画文化遗产的保护与现代企业机制相结合，进一步创新体制、创新机制、创新内容、创新形式，解决文化生产关系不适应文化生产力发展的问题，注重发挥市场在资源配置中的基础性作用，带动和促进岩画档案数字化保护工作。第三，出台关于岩画保护专家评审的文件，使岩画保护要求更加规范。岩画档案数字化保护专家组将协助相关文化部门收集、整理、审核岩画资料等，对相关岩画保护政策颁布提出意见和建议，对各省岩画文化遗产保护中长期目标制定、新型保护模式建立等提供建设性参考意见，承担重点岩画研究课题的选定、实施及相关研究成果资料编撰等工作。

## 二、加大财政投入力度，增加岩画数字化保护专项经费

岩画文化遗产丰富多彩，数量巨大，且多分布在高山密林中，对它们进行全面普查建档需要大量的经费投入。此外，岩画的保存、研究、利用等工作同样需要大量经费支持，这成为制约岩画档案数字化保护工作面临的一大问题。为保障充足的岩画数字化保护经费，有岩画的省、区应首先制定、出台《岩画保护专项资金管理暂行办法》，规定财政每年将安排专项资金，逐年按一定比例适度增加，用于岩画资源普查、资料征集、数字化档案建立等工作，确保岩画档案数字化保护工作经费落实到位。二是为支持岩画景区发展，减轻税收负担，财政机构要对岩画景区税收情况进行调查，听取岩画景区税收政策方面的诉求。针对反映的问题，提出制定岩画保护项目税收优惠政策建议。三是积极争取上级投入。要用足用活国家及相关部门有关建设文化事业的扶持政策，依托项目申报及富有特色的岩画成果展示，积极向上争取资

金补助。同时,积极抓好优质岩画保护项目的招商引资。

## 三、建立专业化队伍,提高岩画档案数字化保护水平

岩画档案数字化保护模式的中心环节就是岩画数字化档案的建立与保存,但综观政府部门、科研机构及高等院校的岩画研究人员,其中绝大多数毕业于历史类、中文类、艺术类、民族类等学科,档案管理与数据库建设方面的人才寥寥无几。为满足岩画档案数字化保护模式运行的需求,必须通过培养、引进人才等方式构建一支专业化的人才队伍。

首先,要进一步充实专业人员队伍。建立岩画档案数字化保护专业人才评审、引进机制,尽快引进相关专业紧缺人才,在职称、薪酬待遇等方面给予倾斜。其次,要重视对现有人员进行培训。岩画档案数字化保护培训应该理论与实践并重,要定期请一些在一线工作过的专家来上课,使培训工作常态化。培训方式要灵活多样,可以采取实地考察的办法,也可以与高校合作开展脱产培训,等等。第三,各省文化部门可以委托区内外高等院校设立岩画学专业,为地方定向培养一批岩画研究人才;也可以采取东西互助的办法,借助东部丰富的人才资源,培训西部各省的岩画研究与保护人员,这对尽快提高相关人员素质具有很好的推动作用。通过培训、培养与引进三结合的方式,尽快把岩画档案数字化保护的专业人才队伍建立起来。

## 四、构建全社会参与机制,实现岩画档案数字化保护多样性

岩画保护仅靠个别部门或机构的力量是远远不够的,档案数字化保护模式涉及多个环节,要想充分发挥该模式的作用,需要广大的社会主体参与进来,实现保护主体的多样性。第一,聘请一支顾问化高级专家团队,为岩画档案数字化保护指点迷津。岩画档案数字化保护工作专业性强,涉及众多专业,必须要有一个权威的专家团队提供专业理论作支撑,制定《各省、市岩画保护专家评审办法》,要求岩画保护专家库的成员不少于 10 人,专家库的成员从事相关专业工作不少于 5 年。同时,岩画保护各类别专业领域的专家不少于 2 人,专家聘期为 4 年,可连续聘任,进一步发挥学术界保护力量在岩画档案数字化保护体系中的作用。第二,招募一支义务化志愿者队伍,提高社会

参与保护程度。岩画保护不仅是政府部门的职责,也与普通民众息息相关。因此,普通民众也应以志愿者的身份广泛参与到岩画档案数字化保护工作中去。各省、区岩画保护部门应尽快招募一批保护志愿者,志愿者应具备高度的责任意识和一定的岩画知识,能够参加岩画档案式保护相关培训,引导他们强化志愿服务精神,牢固树立岩画保护的意识,掌握更加全面的岩画保护知识和技能。志愿者的主要任务一是要参与岩画档案保存和记录性保护的工作,二是帮助岩画保护做一些宣传工作,带动周边民众,唤起民众岩画保护意识。第三,要做一些抢救性工作。志愿者作为岩画档案数字化保护力量的一种有效补充,将极大增强保护工作力量。

　　对岩画文化遗产实行这样一种"再次物质外化"的档案数字化保护,兼具物质转化与精神传承,转化与创造并进,最终目的是要实现文化的记忆、传播和创造。岩画文化遗产的传承档案留住了历史文化的记忆,即使失去了岩画这一载体,人们依然能通过档案查询它们曾经灿烂过的足迹,甚至使其文化得到复活。

第五编

岩画文化遗产
数字人文研究专题

岩画与数字人文相结合,不仅是要解决岩画的著录、保护、传承等问题,更主要的是要将数字人文作为岩画研究的一个突破口,在以往岩画研究的基础上,充分利用数字人文技术、理念,开展对岩画的深入研究。大麦地符号岩画的发现、整理为数字人文技术在岩画学上的应用提供了一个全新的方向,利用模糊识别技术对大麦地岩画符号进行识别、分类与对比,探究岩画与中国汉文字起源发展的源流关系,从而初步论证岩画文字符号是汉文字发展最初阶段可能存在的形式之一。将黑龙江流域人面岩画这一史前艺术的主要类型进行系统梳理,并结合当地以及相邻的西辽河流域考古遗存,选取与整个环太平洋人面岩画能够相互对应的典型器物以及图形元素作为研究对象,运用考古学材料以及图像类型学综合比较法进行间接分类和断代研究,尝试为东北亚具有独特艺术风格的人面岩画建立一个区域性的年代学时空框架。数字技术、方法在岩画田野调查中的应用进行系统梳理,通过对比不同时期岩画田野调查所获取资料的差异、方法应用于岩画田野调查中存在的问题,并有针对性地提出相应的对策建议,以利于数字技术、方法更好地应用于岩画田野调查,从而为岩画数据信息库的建立奠定坚实的基础。

# 第十二章　岩画图形文字符号
## 数字模糊识别研究

　　21 世纪以来,随着计算信息技术的快速发展,它越来越多地被应用到人文社会科学领域,计算信息技术与人文社会科学的结合逐渐形成了一个新兴的交叉研究领域——数字人文。数字人文将研究对象界定为史前到当下的整个人类历史记录。这正是我们认为典籍研究、考古等领域在数字人文发展中的重要性不亚于媒介研究等学科的原因所在。[①] 在数字人文研究的影响下,人文社会科学领域传统的科研模式、研究方法和教学知识都产生了巨大的变革,极大地促进了我国人文学科研究范式的转型与发展。近年来,数字人文越来越受到国内学者的重视,该类研究主要集中在 GIS 与历史学交叉领域和古代文学研究领域,产出了丰富的研究成果,如复旦大学历史地理研究中心与国外研究机构合作构建的中国人口地理信息系统,北京大学中文系开发的全唐诗电子检索系统,以及中国国家数字图书馆工程。可以说,这些研究成果为我国数字人文学科的发展奠定了良好的基础。在岩画研究领域,数字人文的实践也早已开始,主要是建设包括岩画数码照片、线描图、拓片等相关资料的各类数据库。但多数学者对岩画数据库的应用程度不高,利用数据库资料开展的研究也缺乏意义重大的、可持续的发展方向。

　　甲骨文主要是指商代刻在龟甲、兽骨上的文字,是目前所发现的中国最古老并且相当成熟的文字。[②] 早期,河南安阳小屯村村民将刻有甲骨文的龟甲兽骨作为药材"龙骨"使用,直至 1899 年,晚清官员、金石学家王懿荣才将甲

---

　　① ［美］安妮·伯迪克等著,马林青等译:《数字人文:改变知识创新与分享的游戏规则》,中国人民大学出版社,2018 年,第 123 页。

　　② 江世龙:《甲骨文释读》,时代出版传媒股份有限公司黄山书社,2018 年,第 1 页。

骨文识别出来。至今,已发现近 5 000 个甲骨文单字,但可以释读的仅有 2 000 个左右。已发现的甲骨文最早可以追溯到约公元前 1300 年的商代晚期,但仍晚于苏美尼亚的楔形文字(前 3200 年)、埃及的象形文字(前 3050 年)以及印度的象形文字(前 2600 年)。甲骨文已具备中国书法中的用笔、结构、章法等前三要素,是一套成系统的文字,从中国文字发展过程看,它是在原始刻绘符号之后出现的,因此,我国学者一直试图从史前陶器等载体的刻绘符号中探索汉文字的起源。但限于屈指可数的研究资料,相关研究尚难以断定汉文字的起源。除史前陶器外,岩画中也存在大量的原始刻绘符号,尤其是宁夏大麦地岩画中出现的巨量抽象表意符号。在调查时发现,在同一岩石层面除了采集到大量的原生铁矿石块外,还在岩画点金水子台地上采集到有绳纹、划刻纹等红陶片和灰陶片,证明早在新石器时代,我们的先民已经在大麦地繁衍生息,岩画中保存的狩猎畜牧文化,其中相当一部分可作古老的文字符号。① 这些符号与汉文字一样都具有表意性质。除形声功能外,大麦地岩画中的刻绘符号还具备了象形、指事、会意等功能,而且这些刻绘符号形态比较稳定,被频繁地使用在一些固定的场合,表达了某些固定的含义。因此,这些岩画刻绘符号可以称之为岩画图形文字符号。

从文字发展的历史考察,应该有一种图画形态在甲骨文之前出现,大麦地岩画图形文字符号的时间特征、地理特征还有自身特征都比较符合早期文字样式的基本条件,那么,岩画图形文字符号则有可能是甲骨文出现之前的那个图画形态。假设大麦地岩画图形文字符号与甲骨文等古文字确实存在一定的传承演化关系,则利用古文字知识就可以解读岩画图形文字符号的表意功能,尤其是那些形态相似、频繁出现的刻绘符号。先通过归类等方法总结岩画图形文字符号的特征与规律,再从文字学角度出发,将岩画图形文字符号与古文字进行比对识别研究,从而探究岩画图形文字符号与古文字之间的关系,搜寻岩画图形文字符号是汉文字起源的图画阶段的直接证据。但是,这个研究课题无疑是非常庞大且费时费力的,只有借助数字人文的研究模式和技术方法才可能解决这一难题。

---

① 谢玉杰、李祥石、束锡红:《大麦地岩画》第三册,上海古籍出版社,2004 年,第 1 页。

# 第一节　岩画数字化研究述评

进入历史时期的人,在记录史前历史的时候,难道不是用历史时期的观念来诠释的吗? 在祖先遗留的资料都穷尽之后,在清代乾嘉学派和众多学子把可以利用的所有文字都淘洗筛选了之后,历史学家可能做的就是对传统文献的考证、解释,但没有新材料来举证了。此时,我们忽然拥有了许多远古到中古时代的绘画,这些绘画直接描摹了民间的生活,对于研究人类起源或者早期先民,具有多么重要的作用。我们的文字学家是最善于追溯的,从青铜器铭文到甲骨卜辞,“咬文嚼字”,一不小心就追溯到图形图画。然而,他们又常常只能以本时代的社会生活和观念来推断历史,而缺少文字初始时代的画面佐证。至于美术家,包括一部分书法、绘画专家,也必然要从中汲取营养。甲骨文、金文对于近代书画的影响是巨大的,这已经被人们所熟知,但是史前凿刻岩画的影响会怎么样? 那是无法估量的。社会学家可以看到狩猎组织;动物学家可以看到已经灭绝的老虎、大角鹿、盘羊等;文学家可以解释屈原的“天问”和古代宗教礼仪观念;能够远足的旅行者可以按图索骥直面感悟这些无限深奥的画面;无暇前往的人可以寻找和自己心迹相契的图腾符号,获得生命的启迪暗示。

岩画体现了人类抽象、综合和想象的才能,它描绘出人类经济和社会的活动,人类的观念、信仰和实践。岩画对深刻认识人类的精神生活和文化样式是其他任何东西不能代替的。早在文字发明之前,岩画是记录了人类想象和艺术创造的最早证据,组成人类遗产中最具有普遍意义的部分。[①] 随着岩画在全世界范围的广泛发现,鉴于文化旅游产业发展以及历史文化研究的需要,各国政府不断强化岩画文化遗产的保护力度。数字人文技术的发展为岩画传承与保护提供了一种崭新的途径,科技岩画学的研究方法也由单纯依靠物理、化学等传统方法拓展到数字人文技术保护方法。在国内,岩画文化遗产几乎遍布整个中国,大致可以划分为南北两个系统。北方岩画主要以内蒙

---

① ［意］伊曼纽尔·阿纳蒂著,陈兆复主编:《阿纳蒂论岩画》,文物出版社,2019年,第63页。

古阴山岩画和宁夏的贺兰山岩画、大麦地岩画等为代表,南方岩画则以广西花山岩画最为著名。虽然中国的岩画文化资源极为丰富,但数字识别研究和相关技术使用仍远不及国外学界。目前,国内尚没有一个权威机构可以整合全国的岩画文化资源,建立起一个覆盖各个岩画遗存点,集存储、宣传、教育、开发和利用功能为一体的岩画数字化集成体系。

围于科研资金投入不足、岩画数字化研究人员紧缺等因素的影响,仅有的为数不多的岩画数据往往被束之高阁,它们的作用仅限于岩画数据资料的储存。数字识别技术赋予了岩画研究更多的方向和可能性,其中一个研究方向就是岩画图像的数字化自动识别。瑞典学者是该领域的研究先驱,瑞典的很多岩画在不同时间或天气状况下会呈现出不同的场景,有时岩画图像若隐若现,某些岩画图像甚至是肉眼无法观察到的。对此,瑞典学者利用数字自动识别技术将这些岩画图像记录下来并加以识别,取得了一定的成效。在国内,许多岩画图像经历长久的风雨洗礼和烈日暴晒也变得难以辨识,如何准确识别岩画图像也成了学者们关注的重要议题。但限于岩画学专业的学者并不具备图像识别的技术能力,所以该研究始终无人涉及。直至 2016 年,模式识别与图像处理专业的学者提出基于双边滤波(Bilateral Filtering)的岩画彩色图像增强算法,才实现了岩画图像数字化识别的初步探索。在准确识别岩画图像的基础上,还可以进行更加深入的研究,即岩画图形文字符号与汉文字象形字的数字模糊识别研究。自从大量岩画图形文字符号被发现,关于岩画图形文字符号是否就是汉文字起源的图画阶段的争论就一直存在。受技术手段和人力财力的限制,该研究始终停留在岩画图形文字符号的个案分析层面,大规模全方位的系统研究尚未展开。如果通过数字识别研究能够找到岩画图形文字符号与汉文字传承关系的直接证据,那么将大大提前中国汉文字产生的时间,同时揭秘中国文字起源与演变的奥秘。

# 第二节　大麦地岩画图形文字符号及其特征

岩画是远古初民在深山的岩壁或洞穴中遗留下的一种图像文化。这种以石器在岩壁上镌刻，或用矿物粉拌血在洞穴描画出的图像，都是当时生命精神表现超越于生命物质的一种努力与尝试。岩画对于原始人类来说，是用来概括世界、体现宗教、观照生活和表达愿望的一种手段。[①] 在大麦地15平方公里的范围内，已有数以千计的岩画被发现，它们题材广泛，大小不一，反映了远古先民们的图腾崇拜，具有浓郁的草原风格。考古发现，早在旧石器晚期这里就是远古先民们北上的必经之地，又据文献记载，此地曾出现过荤粥、鬼方等氏族或部落，及至后来又先后成为东胡、匈奴、鲜卑、突厥、契丹、党项等民族的活动范围。大麦地是远古先民及各民族迁徙途中的一个重要驿站，他们在这里憩息休整、狩猎畜牧、繁衍生息，将生产生活的真实情景、美好愿望以及真挚情感用岩画这种形式镌刻在石壁上，记录并长久地保存下来。

## 一、时间特征

目前，在人们所熟知的大汶口、三星堆等文化遗迹中都发现了陶刻符号，部分学者考证认为陶刻符号是汉文字的起源。但已发现的陶刻符号数量十分有限，而且它与甲骨文的形态相去甚远，能够释读的则更少，因此肯定地说汉文字起源于陶刻符号还为时尚早。据国际上通用的丽石黄衣测年[②]［the Age Determination Using Xanthoria elegans(link) Th. Fr.］，早期的大麦地岩画距今约13 000年到10 000年，时间大致处于旧石器时代和新石器时代之间，这段时间正好处于甲骨文产生之前，弥补了甲骨文之前文字图画形态出现的空当。东汉许慎《说文解字·叙》：“古者庖牺氏之王天下也，仰则观象于天，俯则观法于地，视鸟兽之文与地之宜，近取诸身，远取诸物，于是始作《易》八卦，以垂宪象。及神农氏结绳为治，而统其事。庶业其繁，饰伪萌生，帝之史仓颉见鸟兽蹄迒之迹，知分理之可相别异也，初造书契。”[③]传说中的仓颉造字是以“羊马蹄印”为灵感，根据山川脉络的样子、鸟兽虫鱼的痕迹、草木器具的形状，描摹绘写出不同的符号，并为其定下意义，遂称之为“字”。大麦

---

① 宋耀良：《中国岩画考察》，上海人民出版社，2015年，第1页。
② 束锡红、李祥石：《岩画与游牧文化》，上海古籍出版社，2007年，第314页。
③ 许慎：《说文解字·叙》，中华书局，2013年，第19页。

地岩画图形文字符号的创造与仓颉造字有异曲同工之妙,远古先民们发现图画具有信息传播和记录表意的功能,经过较长历史时期的使用,岩画图形文字符号为远古先民们所共知共享共用,最终极有可能演变成某种象形文字。

## 二、地理特征

独特的地理环境造就了大麦地独特的文化。大麦地岩画位于宁夏卫宁北山与腾格里沙漠交界之地,人迹罕至,气候干燥,雨水较少,这里的地质与气候条件在近万年以来的较长历史时期内都没有发生过太大的变化,所以岩画得到了较好的保存,今人看到的岩画场景基本保持了岩画创作时的原生状态。大麦地是游牧文化和农耕文化的冲突地带,从地质条件看,这里的山体低矮、山坡和缓,岩面自然平整洁净,是岩画创作的天然画板,而且这里遍地是原生铁矿石,十分坚硬,只要稍加打磨就可以作为天然的、良好的画笔。大麦地处于农耕文化与游牧文化的交汇点,黄河在此处变更流向进入宁夏。在北上南下的迁徙过程中,远古先民及各民族在此休养生息、整装待发,他们用简易粗糙的工具凿刻描绘出他们真实的生产生活场景,通过岩画这种艺术形式将他们对当时世界的浅显认知尽可能地呈现出来,从而为今人留下了十分宝贵的科考素材。

## 三、构成特征

大麦地岩画中除了有具象写实的动物岩画、人物岩画、自然物岩画、器物岩画外,还有大量抽象的刻绘符号。据北方民族大学岩画研究中心专家粗略统计,大麦地岩画中的刻绘符号至少有 2 000 个。这些刻绘符号多由点和线构成,通过点线之间千变万化的组合构成了形态不一的符号图案。但不论大麦地岩画的形态如何变换,它们始终都遵循着"虚实、阴阳、雌雄"的基本构成原则。在这一原则的前提下,岩画图案逐渐由具象写实向抽象表意发展,抽象刻绘符号的形态最终固定下来,其表意功能也就愈发明显了。文字是记录语言的符号,具有约定俗成、流通、抽象的表意形态,大麦地岩画中的刻绘符号具备了这些特性,也就决定了它的文字功能。

　　基于上述分析,大麦地岩画中的文字符号极有可能与汉文字存在某种不为人知的联系。我们不能够明确地判定它就是汉文字的前身,但它有可能是甲骨文产生之前汉文字的图画形态,或者至少可以说它可以作为甲骨文产生之前的一种参考形态。当然,还有一种可能性,由于大麦地人迹罕至、道路闭塞等原因,大麦地岩画图形文字符号失去了发展的必要条件而停止了演化,就此湮没在卫宁北山的崇山峻岭和腾格里的茫茫沙漠之中。即便有一丝可能,我们也倾向于通过进一步的数字识别研究探寻大麦地岩画图形文字符号与汉文字起源的关系,寻找可能的连接点。汉文字是表意文字,甲骨文是现今所知最古老的象形文字。根据语言文字发展规律,最初一定有一个图画阶段,而地下发掘至今也没找到这一材料,即便是龙山文化、仰韶文化、大汶口文化等也未能解决这一问题。大麦地岩画在时间段上正好可以弥补这一空白,它最早可追溯到公元前一万年左右的新石器时代。

## 第三节　大麦地岩画图形文字符号模糊识别技术

　　在大麦地的数百个岩画符号中,发现了似文似图的文字雏形,并由单个符号或文字组成复合图像。这种具有文字性质的符号,具有象形、表意的功能,同时具有相对稳定性,与象形文字的形体非常接近。[①] 大麦地岩画图形文字符号的发现引起了岩画学、文字学、历史学等领域专家学者的极大关注。某些媒体和学者认为,大麦地岩画图形文字符号可能是“比甲骨文更为年代久远的原始文字”“中国最古老的图画文字”。他们基于大麦地岩画图形文字符号的个案研究做出了这一极富争论的判断。但从科学研究的角度出发,在没有进行大规模的系统考证之前,任何判断都是不准确且难以令人信服的,而数字人文技术的发展应用为突破个案研究以及人为主观判断的局限提供了一个良好的解决方案(表4)。

---

　　① 谢玉杰、李祥石、束锡红:《大麦地岩画》第一册,上海古籍出版社,2004年,第2页。

表4 岩画图形文字符号与甲骨文模糊识别技术线路图

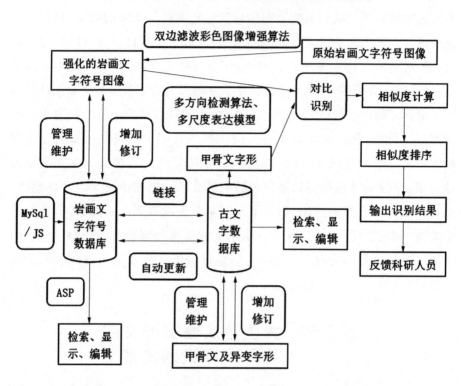

当前,基于数字模糊识别技术(Digital Fuzzy Recognition)的古今文字对比识别研究仍是一个新兴学科。模糊识别是基于模糊数学方法的一种模式识别,它可以对模糊图像进行更为有效的分类与识别,并大幅提高图像信息处理的能力。通过数字模糊识别技术,可以对大麦地岩画图形文字符号与古文字的特点以及模糊识别技术的每个环节进行研究、论证,为探索汉文字的起源与发展开辟一条崭新的道路,同时建立起岩画图形文字符号数据库,对于输入的岩画图形文字符号图像进行强化、分析、处理,比对古文字数据库中的字形,实现岩画图形文字符号的模糊识别,从而打通中国分布广泛的远古先民及各民族的岩画行为与文字表达间的研究道路,这不但为我国岩画、文字研究,也必将为世界岩画、文字的相关研究带来全新的气象。为了实现大麦地岩画图形文字符号与古文字模糊识别的目标,首先需要解决以下三个核心问题。

一、岩画图形文字符号图像边缘信息的提取。大麦地中的早期岩画距今至少有 13 000 年的历史,卫宁北山向阳坡面上的岩画图像经过长时间的日晒、风吹、雨淋,早已模糊不清,导致岩画图像的边缘信息很难提取。对此,可以借鉴已有研究成果,利用彩色图像增强算法,提升边缘岩画图像的模糊识别精度,凸显岩画图像边缘,再将岩画图像背景进行滤除,从而比较准确地提取岩画图像的轮廓,为岩画图形文字符号的模糊辨认与识别提供数字技术支持。

二、选取何种古文字与岩画图形文字符号进行对比识别。在中国,古文字特指秦以前流传下来的篆文体系的汉字,如甲骨文、金文、蝌蚪文。这些古文字中,甲骨文是迄今为止发现的最早而且较系统、成熟的文字,目前再也找不到其他早于甲骨文的象形文字与岩画图形文字符号进行比较。从产生时间上来看,早期的大麦地岩画可以追溯到约 13 000 年前,比甲骨文早了近万年。从地域上来看,大麦地处于游牧与农耕的交界点,不能排除大麦地曾经也是汉民族繁衍生息过的地方。再者,甲骨文是象形文字,其原始图画文字的痕迹比较明显,岩画图形也是一种文字符号,两者可以互为参照。那么,借用甲骨文识别释读大麦地岩画图形文字符号无疑是最理想的。大麦地岩画中"许多相对固定搭配的符号传达了某些可以诠释的固定意义。在甲骨文字以前的历史悄然无踪的时候,在少量彩陶符号难以认定含义的时候,岩画符号和甲骨文字的类比研究,具有非同凡响的意义"。[①]

三、自然场景中岩画图形文字符号识别。岩画图形文字符号图像与文档图像存在较大差别,岩画图形文字符号是自然场景中的图像,相对于文档图像,它本身比较模糊,相似的图像往往大小不一致、排列不整齐、方向也不统一。因此,传统的光学字符识别技术并不适用于岩画图形文字符号的识别。对此,可以利用多方向检测算法(Multi-direction Detection Algorithm)和多尺度表达模型(Multi-Scale Representation Model)来解决这一问题。多方向检测算法可以发现和定位排列方向不同的非水平的岩画图形文字符号;而多

---

① 张春雨:《西北第二民族学院岩画研究现状与展望》,《西北第二民族学院学报》2007 年第 11 期,第 6 页。

尺度表达模型允许直接从原始图像中估计岩画图形文字符号的位置与大小，同时提取岩画图形文字符号形状，通过以上两种方法，可以大幅提高岩画的图形文字符号的识别精度。

首先，建立甲骨文数据库。将目前已识别的甲骨文作为收录对象，包括每个甲骨文的所有异变字形，而且字形的收录要以原始拓片的形式录入，以防字形失真。按照"一字一码"的要求，一个甲骨文对应一个编码，其异变字形设立子字库，共享一个码位，方便在数据库中一次检索到该字及其所有异变字形。① 将已识别的约 2 000 个甲骨文及其异变字形进行数字化处理并存储在不同的字库中，使其具备录入、检索、显示、编辑等功能。

其次，建立岩画图形文字符号数据库。利用双边滤波的彩色图像增强算法对约 2 000 个大麦地岩画图形文字符号图像进行增强。之后，基于 MySQL 和 JS 等脚本语言编写岩画图形文字符号数据库，录入大麦地岩画图形文字符号边缘清晰的增强化图像，及其采集地点、分期、制作方法、采集人等相关数据资料，并依托 ASP 技术实现岩画图形文字符号载体的高效检索与编辑功能。同时，在数据库中注意比定、提炼岩画图形文字符号中的表意元素，分析其使用频率、使用环境、搭配关系等。

第三，岩画图形文字符号的数字模糊识别。基于多方向检测算法和多尺度表达模型，实现岩画图形文字符号与甲骨文字形的对比识别，通过相似度计算将对比识别结果按照相似度大小进行排序，输出对比识别结果并反馈给研究人员。

第四，岩画图形文字符号与甲骨文信息自动更新。对于已建立甲骨文数据库中的甲骨文和岩画数据库中的岩画图形文字符号，在后期增加、校订相关信息后，可以自动更新与其相关的岩画图形文字符号信息或甲骨文信息。

## 第四节　大麦地岩画图形文字符号<br>相似度比较及释义

为了更加清晰地展示岩画图形文字符号模糊识别，本文将通过一个实例

---

① 刘根辉、张晓霞：《古文字字形整理与通用古文字字库开发研究》，《古汉语研究》2016 年第 7 期，第 3 页。

加以说明。在大麦地"新井沟东头道梁"和大麦地"三道梁"发现了两幅颇为相似的岩画图像,在将其输入岩画图形文字符号数据库之前,利用双边滤波的彩色图像增强算法强化了岩画图像的边缘,文中以线描图的形式呈现其清晰的边缘轮廓(图189、图190)。

图 189　臣服①

图 190　射猎②

再将图189、图190进行分割,分割出岩画单体图像,图189分割成3个单体图像,图190分割成5个单体图像,全部输入岩画图形文字符号数据库。图189左上角的图像"θ"和图190右上角的图像"曲",似乎出自同一个人的手笔,别无二致。但实际上这两个单体岩画图像却是出自相距甚远的两个地方,我们找不到丝毫的证据可以证明它们是同一人或者同一时间所作。假设它们并非同时所作,而是存在一定的时间间隔,那么"这种图画形态就可能是作为一种符号在一段时间先后被使用着,且是固定了的,被远古先民所公认即约定俗成了的"。在大麦地岩画中,与"θ""曲"相类似的单体图像层出不穷。

首先将岩画图形符号"θ"与甲骨文字形"彡"进行对比识别,利用五种相似度计算算法进行计算,计算结果分别为 90.63％,92.19％,98.44％,71.00％,45.62％。③ 经过比较分析,我们认为选取均值哈希算法等五种算法的平均值为最优结果。根据以上计算过程,将"θ""曲"分别与甲骨文数据库中甲骨文字形进行对比识别,按照相似度从高到低的顺序进行排列,得出以下结果(仅选取相似度较高的前三个结果),如表5所示。

---

① 此图像发现于大麦地新井沟东头道梁,编号141组,画面宽13厘米,高15厘米,凿刻制作。
② 此图像发现于大麦地三道梁,编号113组,画面宽21厘米,高35厘米,凿刻制作。
③ 五种算法分别为均值哈希算法、差值哈希算法、感知哈希算法、三直方图算法和单通道直方图算法。程序编写与计算由西北大学科学史高等研究院硕士研究生冯艺飞、王阳完成。

#### 表 5　"𐤟""𐤠"与甲骨文字形相似度计算结果

| 岩画图形符号 | 甲骨文字形 | 相似度 | 岩画图形符号 | 甲骨文字形 | 相似度 |
|---|---|---|---|---|---|
|  |  | 79.6% |  |  | 77.4% |
| 𐤟 |  | 78.2% | 𐤠 |  | 70.2% |
|  |  | 77.1% |  |  | 69.4% |

由表 5 可见,图像"𐤟"与甲骨文"𐤡"相似度最高,图像"𐤠"与甲骨文"𐤢"相似度最高。图像"𐤟"和"𐤠"分别与现代汉字名词"弓"和动词"射"相对应。

在甲骨文数据库中,"弓"的甲骨文暂存有 8 种不同的字形,"射"的甲骨文暂存有 6 种不同的字形。经过对比,可以明显观察到"𐤟""𐤠"进行相似度计算后所得到的结果与甲骨文字库中的甲骨文字形具有对应关系,如表 6、表 7 所示。

#### 表 6　"弓"字在甲骨文字库中的八种不同字形[①]

| 甲骨文字形 | 字 形 编 号 | 甲骨文字形 | 字 形 编 号 |
|---|---|---|---|
|  | 合[1]151 正 |  | 合 20117 |
|  | 合 3369 |  | 合 4812 |
|  | 合 7932 |  | 花东[2]37 |
|  | 合 26907 正 |  | 花东 149 |

#### 表 7　"射"字在甲骨文字库中的六种不同字形

| 甲骨文字形 | 字 形 编 号 | 甲骨文字形 | 字 形 编 号 |
|---|---|---|---|
|  | 花东[2] |  | 合 32886 |
|  | 合 28305 |  | 合 19476 |
|  | 合 28308 |  | 合 10693 |

---

① "合",即郭沫若主编《甲骨文合集》,中华书局,1978—1983 年。"花东",即中国社会科学院考古研究所编《殷墟花园庄东地甲骨》,云南人民出版社,2003 年。字形编号中的数字标号出自刘钊、冯克坚主编《甲骨文常用字字典》,中华书局,2019 年。

图 189 左上角图像"θ"和图 190 右上角图像"ᗉ"的区别在于弓箭右侧是否有人，其含义是十分明显的，即一人引弓待发，而"θ"似乎是"ᗉ"的简化，或者说"θ"是早于"ᗉ"的形式，之后随着远古先民对自身认知的加深，他们逐渐意识到人对弓箭的能动作用以及不可或缺性。将甲骨文ᗝ拆解看，左似弓，右似手。其汉字"射"左为"身"、右为"寸"，甲骨文的"身"作ᗧ，指女子腹中怀有孩子。甲骨文的"弓"作ᗝ，与怀孕女子的身体形近，所以后来"弓"采用"身"会义。"射"字采用"寸"作右偏旁，"寸"表示行事法度，也表示人手。"左"和"右"的甲骨文作ᗜ、ᗝ，"左"字和"右"字在甲骨文中构形如左右手，持箭搭弓通常用右手，因此，甲骨文ᗝ的左边是弓箭，右边是手。"射"还有异体字作"躲"，像箭在弓弦上，与图 189 左上角图像"θ"含义相似。"身"中已包含弓和矢了，"身"右侧再加"矢"只是表意符号的重叠。"身"右侧加人手，则与图 190 右上角图形"ᗉ"的含义更为接近。因此甲骨文的字形与岩画图形符号均有指事会意的作用，对两者做相似度对比，具有科学性和可行性。

将图 189 右侧的图像"ᗓ"与甲骨文数据库中的甲骨文字形进行对比识别，通过相似度计算，按照相似度从高到低的顺序排列，得出以下结果（仅选取相似度较高的前六个结果），如表 8 所示。

**表 8　"ᗓ"与甲骨文字形相似度计算结果**

| 岩画图形 | 甲骨文字形 | 相似度 | 对应汉字 | 甲骨文字形 | 相似度 | 对应汉字 |
|---|---|---|---|---|---|---|
|  ᗓ | ᗦ | 77.6% | 母 | ᗨ | 76.8% | 女 |
| | ᗪ | 77.4% | 母 | ᗫ | 76.7% | 女 |
| | ᗬ | 77.2% | 女 | ᗭ | 73.8% | 母 |

经过相似度计算发现，图像"ᗓ"分别与甲骨文"ᗦ""ᗪ"相似度最高，对应现代汉字"母"，经过相似度计算是否能够肯定图像"ᗓ"对应现代汉字"母"的含义，还需要根据图 190 岩画图形文字符号组合的情况进行分析。

图像"ᗓ"表现出一个侧跪人的形象。"人"甲骨文作ᗧ，表示人垂手侧跪。此外，还有一些甲骨文也包含着人侧跪的形象，比如"光"，甲骨文作ᗮ，人侧身而跪，头顶灯座，给人照明。假设图像"ᗓ"中左侧突出的部分也是手臂，那么侧跪的同时与地平行伸直手臂是不合常理的。甲骨文 𗣤 是"女"字,"母"字是在 𗣤 基础上增加了两点,作 𗣤 ,是将女性的乳房抽象成两点,并从正面表现出来。那么,图像"𗢾"中左侧突出部分实际上也体现了女性的乳房特征。经过以上分析发现,图像"𗢾"应该对应现代汉字"母"的含义。在甲骨文数据库中,"女"的甲骨文暂存有七种不同的字形,"母"的甲骨文暂存有六种不同的字形。如表9、表10所示。

图 189 左下是一个人跽拜的形象,与甲骨文 𗢾 十分相似,𗢾 是甲骨文的"人"。图 189 左下和右侧两个图形组合形成一个场景,似是母系氏族社会中,一个跽拜的人向两膝着地、上身挺直的女性部落首领表示诚意的臣服,这种解释应是比较合理的。

**表 9 "女"字在甲骨文字库中的七种不同字形①**

| 甲骨文字形 | 字 形 编 号 | 甲骨文字形 | 字 形 编 号 |
|---|---|---|---|
| 𗢾 | 合 682 正 | 𗢾 | 合 19963 |
| 𗢾 | 合 13927 | 𗢾 | 屯² 2412 |
| 𗢾 | 怀¹ 1591 | 𗢾 | 西周³ H11：98 |
| 𗢾 | 合 21805 | | |

**表 10 "母"字在甲骨文字库中的六种不同字形②**

| 甲骨文字形 | 字 形 编 号 | 甲骨文字形 | 字 形 编 号 |
|---|---|---|---|
| 𗢾 | 合 942 正 | 𗢾 | 合 23430 |
| 𗢾 | 合 10565 | 𗢾 | 合 27599 |
| 𗢾 | 英① 719 | 𗢾 | 西周 H11：95 |

当然,在岩画图形文字符号与古文字模糊识别过程中仍需要注意两个问

① "怀",即许进雄著《怀特氏等收藏甲骨文集》,加拿大皇家安大略博物馆,1979 年。"屯",即中国社会科学院考古研究所编《小屯南地甲骨》,中华书局,1980—1983 年。"西周",即曹玮编著《周原甲骨文》,世界图书出版公司,2002 年。

② "英",即李学勤、齐文心、艾兰编著《英国所藏甲骨集》,中华书局,1985 年。

题。首先,模糊识别的结果不能直接作为某个岩画图形文字符号与现代汉字及其含义相对应的依据。图像"ʒ"通过相似度计算后与甲骨文"ʒ"最为匹配,但仅以此为依据就断定图像"ʒ"与现代汉字"女"的含义对应是十分武断的。利用岩画图形文字符号数字模糊识别技术的目的是大幅减少研究人员的工作量,为研究人员的判断提供更加科学的参考。其次,通过大量岩画图形文字符号释读的实例发现,一个频繁使用的约定俗成的岩画图形文字符号不一定对应的就是汉字中的某一个字,所以我们不能简单地用解读汉字的方式来释读某一个岩画图形文字符号。更有可能的是,某组岩画图形文字符号与某个汉字相对应,也可能它们对应的不是某个汉字,而是某个词、某句话、某个故事。但不论如何,远古先民及各民族用自己的聪明智慧和粗犷的制作手法将他们的生活用岩画图形文字符号记录了下来,这种意义才是我们需要发掘并深入研究的。

## 第五节　大麦地岩画中特殊符号<br>"丿"识别及释义

### 一、大麦地岩画中特殊符号"丿"来源

　　大麦地河谷区域的密闭小环境气候湿润,水草丰茂,既有利于狩猎者比较容易猎获动物,也有利于游牧者畜养牛羊犬马,在这里生活的原始部族和游牧民族以狩猎和畜牧为主(图191)。狩猎和畜牧当然都离不开动物,俗话说,民以食为天,古代人民对于动物有着特殊的情感,牛、羊、马、鹿等这些比较常见的动物就是游牧民族的主要食物来源。寻找食物的过程在远古先民的日常生活中占据着巨大篇幅,这也是为什么远古先民在大麦地岩画中大量刻画这些场景的原因。

　　大麦地岩画中有许多刻画远古先人生活场景的岩画,如狩猎图、放牧图等,

**图 191　狩猎图**

也存在许多动物图案和尚未解读的符号。"动物岩画的绘制年代一般比较久远,岩画的动物图式延续的时间也很长。只要人类狩猎和畜牧的生计模式存在,这种岩画主题就不断出现,时限从几万年到几千年不等"。大麦地岩画以野生动物和牧养牲畜居多,其中最多出现的动物是羊,羊是当时远古先民最常见的食物和祭祀用品,游牧民族以羊为主要的生产和生活资料,羊便成为当时游牧民族生活的中心。出于对羊的特殊情感以及需要对生产生活中最常出现的羊只的记录,羊便成为大麦地岩画中最常出现的图形(图 192)。

**图 192　羊岩画**

　　大麦地岩画反映了游牧人的思维方式和心理活动,游牧民族的放牧离不开羊群,同时在生活中也会对野生羊群进行狩猎,羊不仅是游牧民族食物的主要来源,同时也被用于祭祀等活动。羊的图案在大麦地岩画中大量出现,同时我们也发现其中一部分羊岩画中不单单只有羊的图案,在这些羊的图案周围经常会出现一些图形符号,有些图形符号已经被解读,还有一部分尚未被解读出释义。英国著名的图像学大师 E·H·贡布里希在《秩序感》一书中这样说过:"没有什么东西能比那些已被遗忘了意义的,神秘的象征符号具有更强烈的吸引力。有谁能说明在这些不可思议的形状和形式里包含了古人哪些方面的智慧?"①我们发现在一些羊图案周围都出现了同一个图形符号,这些图象形符号的出现难道是巧合吗? 答案当然是否定的。岩画是一种能够反映人类物质文明和精神文明的直观的图画艺术,远古先民用岩画来记录和表达当时的生活和情感,那么每个刻画的岩画图案都应具有相应的含义,或是现实存在的物,如水、木、山、羊等,或是记载发生的某些行动,如放牧、狩猎、祭祀等,或是崇拜的某些自然现象,如太阳、刮风、雨雪、雷电等。存在与

———————————

① E·H·贡布里希:《秩序感》,湖南科学技术出版社,1999 年。

羊形图案周围经常出现的竖钩状符号"∫"也应该具有其对应的事物。这个竖钩状的图形符号"∫"在大麦地不同地方的不同羊形图案周围多次出现,我们可以设想:"这种图画形态就可能是作为一种符号在一段时间先后被使用着,且是固定了的,被远古先民所公认即约定俗成了的。"①这个竖钩状的图形符号"∫"出现在羊形图案周围,如图 193,我们猜测这个符号与羊有着某种关联,或是对羊进行的某种动作,或是对羊表达的某种情感符号,或者是某种用具。那这"∫"符号具体代表什么,表达什么,只能通过我们在不同岩画中"∫"的分析来进一步确认。

图 193　"∫"及动物岩画

## 二、"∫"符号释义及解读

我将这个"∫"符号释作一种竖钩状工具,这个工具具有驱赶或是驯服动物的作用。我们不妨想象,在那遥远的上古时代,远古先人已经运用"∫"这个工具来进行放牧驱赶着羊群,这些羊有的用来祭祀,有的用来当作食物,并通过一凿一刻,将生活中不可缺少的羊和用到的驱赶羊的竖钩状工具"∫"记录和流传了下来。经过释义和解读,我们可以了解远古先民的真实生活。在经过释义后,我们将利用这一释义来对羊形图案周围多次出现的符号进行解读。

在一些图形构成简单的岩画中就出现了"∫"符号。如图 193 中前两幅羊岩画,非常相似,都有两只羊和一个竖钩状符号。我们可以想象这里所记载的场景是人同羊共有的某些行为,一只羊并不能很好地代表羊群,但太多的羊不好刻画,于是刻画出两只羊用来表示羊群,同时刻画出工具符号来表示

---

① 杨敏、刘景云、束锡红:《大麦地岩画与汉文字的关系》,《西北第二民族学院学报》2007 年第 9 期,第 5 页。

此时所进行的动作需要用到工具,而会利用工具来对羊群进行某种行动的当然只有远古先人,所以不难想象这两幅岩画所记载的场景便是人要驯服羊群或驱赶羊群进行放牧。图193的第三幅岩画位置构成略有不同,但岩画内容与前两幅相同,那么岩画所表达的场景应与前两幅类同。图193第四幅岩画中没有出现羊,而出现了另一种动物,我们现在并不清楚究竟是什么动物,但在未知动物的尾部也出现了竖钩状工具,虽然该竖钩状工具是"𠃊"字水平翻转后的,但依然可以看出这幅岩画所刻画的是驱赶或驯服该未知动物,在这里的解读中我们发现上文中对于"𠃊"的释义是合理的。

在一些人形图案中也同样有竖钩状岩画图形符号的出现。在图194左侧的岩画中,一人与倒竖钩图案出现在左侧,在人的面前有着两只羊图案,羊头正对人身,仿佛人要驯服羊群。在图194右侧的岩画中,左侧表示人,中间一竖钩状工具,右侧为羊图案,背对人身,似是人要驱赶羊群。这两幅岩画中出现了人,人对工具有能动作用,人是竖钩状工具的使用者,人在竖钩状工具旁的出现,使似"𠃊"字的岩画符号是一种工具的解释更加合理。

图194　"𠃊"岩画

在一些大型岩画中也同样出现了这个工具符号。如图195的岩画,这幅岩画叫作"游牧风情",描绘的是游牧民族独特的放牧景象,从中我们发现在岩画上半部分的人手中出现了这个竖钩状工具符号。在下半幅岩画中,描绘了四匹马和一只羊,两人骑在马背上,羊跟在四匹马的后方,似是人骑马带领着羊。在上半幅岩画中,一人手持竖钩状物品跟在羊群的后面,仿佛在驱赶羊群。将其合在一起分析,根据这幅岩画所描绘的场景便可以推断出,这里的竖钩状符号无疑是驯羊或赶羊工具,这与上文中我们对竖钩状图形符号的解释相互照应。这幅"游牧风情"构图紧凑、和谐,具有极高的艺术水准。岩画以质朴自然的面貌出现却毫无矫揉造作之态,在我们观察这幅岩画时,仿佛置身在千万年前的草原之上,自己就是这游牧民族中的一员,极具感染力和生命力。人骑在马背上带领头羊向前行进,在羊群后方则有人拿着工具驱赶着后方羊群跟上队伍。这与我们熟知的放牧景象别无二致。正是远古先人通过在岩石上的凿刻,才能使我们感受到远古先人那绚丽多彩的放牧生活和浓郁的游牧风情。

**图 195　"游牧风情"岩画与现代放牧场景**

除了上文展示出的几幅岩画外,大麦地岩画中依然有其他的"**J**"形符号,不再一一展示。在上文"**J**"在真实岩画示例中的具体分析中,"**J**"在所出现的场景中被解读为工具都是十分合适的,这也表明我们对于"**J**"是一种竖钩状的放牧工具的释义是十分合理的。

### 三、"**J**"符号与甲骨文的相似度对比

我们将竖钩状图形符号"**J**"与甲骨文数据库中的甲骨文进行对比识别,将对比过后的结果进行相似度计算,按照相似度从高到低的顺序进行排列,就有了如下结果(如表11)。

**表 11 "亅"字与甲骨文字形相似度计算结果**

| 岩画图形符号 | 甲骨文字形 | 字形出处 | 相似度排序 | 现代汉语对应号 |
|---|---|---|---|---|
| 亅 | 亅 | 合 9669 臼 | 1 | 亅 |
| | 亅 | 怀 1636 | 2 | 亅 |
| | 丿 | 合 17612 | 3 | 亅 |

经过对比,我们从中发现,具有最高相似度的是甲骨文"亅",其次是甲骨文"亅",随后是甲骨文"亅"。这三个甲骨文字形都对应同一个现代汉字"亅",在甲骨文数据库中,"亅"的甲骨文暂存有四种不同的字形,如表 12。这个工具符号与甲骨文中的"亅"字的三种不同字形都具有极高的相似度,那我们不难想象这个图形符号"亅"是否和"亅"字具有某种关联。经过查阅现代汉语词典,发现"亅"在现代汉语中读作 jué,"亅"字在现代汉语中有"钩子、竖钩"的意思,《说文解字》:"钩逆者谓之亅。象形。凡亅之属皆从亅。读若橜。衢月切。"①在现代我们说"亅"字就是一种钩子工具。那么在远古时代,似"亅"字的岩画符号,我们释作一种竖钩状的放牧工具则显得更加合理,这个工具可能用来驯养动物,也可能用于驱赶动物,具体是哪种用途,要根据岩画的实际内容构成来进行分析释义。

**表 12 "亅"字在甲骨文字库中的四种不同字形**

| 甲骨文字形 | 字 形 编 号 | 甲骨文字形 | 字 形 编 号 |
|---|---|---|---|
| 亅 | 合 9669 臼 | ( | 合 13443 臼 |
| 亅 | 合 17612 | 亅 | 怀 1636 |

我们将在大麦地岩画中出现的"亅"符号释作一种放牧工具。经过释义后,在具体岩画的解读中,"亅"作为放牧工具十分符合岩画的场景,那么也可

① 许慎:《说文解字·叙》,中华书局,2013 年。

以说明我们对于"丿"为一种放牧工具的释义十分合理。在我们对"丿"进行相似度对比后，发现"丿"与甲骨文"丿"和现代汉字"丿"可能存在着某种联系，具体存在哪种关系需要我们继续去发现。远古先民通过一凿一刻将他们火热的生活、炽烈的感情表现出来，通过对岩画的合理释义解读，让我们能够"跨越时空"去了解远古先民的精神生活和物质生活场景。并不是所有还未被解读的符号都能用这样的方法进行释义，我们对于"丿"形符号的解读也可能并不正确。"由于岩画的特殊形式及其与现代民众在时空上的遥远距离，岩画的创作意图、所承载的历史信息并不能完全为现代人所知晓"。① 但岩画是远古先人通过一凿一刻所留存下来的宝贵的文化遗产，岩画所记载和保存下来的远古先民的生活信息正是需要我们现代人类去探索和发现。

本章通过以上步骤对大麦地岩画图形文字符号进行大规模的全面系统分析，参照甲骨文象形字对大麦地岩画图形文字符号进行对比与数字模糊识别，考定岩画中用作交流的图画文字，探究岩画图形文字符号与中国汉文字起源发展的源流关系。同时，尝试突破岩画形象思维研究的局限，实现岩画图形文字符号数据库和古文字数据库的有效衔接，最终达成利用数据库对岩画图形文字符号与古文字进行自动识别、匹配的目的。通过数字识别技术的应用，对岩画图形文字符号与甲骨文文字相似度进行模糊识别与分析，发现两者之间存在一定的关联性。并且将岩画图形文字符号从元素上进行分类，找出早、中、晚各期的符号图像流通发展规律，使之与具有图画性质的甲骨文象形字进行对此研究，可以发现，岩画图形文字符号明显具有词汇或者早期图形文字的功能，因而大麦地岩画图形文字符号是汉文字发展最初阶段可能存在的形式之一。

人类有文字记载的历史远远还没有完全搞清楚，但是基本已有了解；而在文字以前的历史，距离我们更远，佐证资料更少，必然有人关心文字记载以前的历史。文字时代以前的图画时代，经历的是远古的缓慢发展过程，其图画表现的多重解释或者不确定性，使得留存下来的文化符号的解释更加困难迷茫，作为游牧民族早期创作的岩画图形文字符号，模糊识别研究重大意义

---

① 束锡红、李祥石：《岩画与游牧文化》，上海古籍出版社，2007年。

是不言而喻的,它为岩画图形文字符号与中国汉文字起源关系的探索提供了更多的可能性,如果这种可能性能够通过科学论证加以确认,那么该研究势必为中国乃至世界文明早期起源研究作出不可磨灭的贡献,将改写中国的文字史和中华民族的文明史,也势必为中华民族多元一体格局的形成提供重要佐证。目前该研究仍是一项探索性研究,还面临许多未知的困难和挑战,毕竟我们对岩画这样一个时代久远、变幻无穷、难以理解的符号系统还知之甚少,一旦破解岩画图形文字符号系统,对人类早期文明的认识价值将无法估量。

# 第十三章 黑龙江流域人面像岩画类型及数字化研究

人面岩画是世界岩画体系中一个独特的类型，专指没有身体，仅表现人或类人形面部特征的凿刻类岩画。与人物、动物、植物、符号、自然物以及人造物等岩画题材相比，人面岩画是一个具有独特表现形式的岩画系统，表现出明显的差异性。

本章所述的"人面岩画"是一个比较含糊的称谓，中国和外国的概念认知因语言的差异有所不同。因为以面部特征为主要表现内容的岩画，除了拟人化的形象之外，还包括类似兽面和鸟面以及一些符号类抽象图形，甚至有些人面和兽面、鸟面很难进行明确的区分，汉字中的"人面"二字，在字面意思上并不能代表全部类型；英文则可以用 Faces（脸）或 Masks（面具）一以概之，而中文至今尚未找到一个最合适的概念来涵盖这个类别的岩画。目前学者们都是约定俗成地称之为"人面岩画"或"（类）人面像岩画"。

与其他题材遍布世界不同，人面岩画主要在亚洲、美洲和大洋洲及其附属岛屿上发现，呈现出"环太平洋"分布的趋势，尤以亚洲和北美洲的环北太平洋区域发现地点和数量最多。人面岩画的这种环太平洋现象，显示出这一岩画类型在人类原始艺术及世界总体文化发展中的特殊性，吸引了很多学者的注意。对于民族迁徙、文化传播和传承创新等方面的研究都具有现实意义。

中国是目前全世界人面岩画发现数量最多、分布最为密集的国家，主要集中于宁夏贺兰山、内蒙古西辽河以及阴山—桌子山一带、江苏连云港将军崖等地，并零星分布于甘肃、青海、福建、广东、香港、台湾等省份。而整个环太平洋地区的分布则涉及亚洲的俄罗斯、蒙古国、朝鲜半岛，美洲的加拿大、美国、中美洲、西印度群岛，以及南美洲的数个国家，大洋洲的澳大利亚等。

其中俄罗斯远东的黑龙江—乌苏里江流域、西伯利亚腹地的叶尼塞河流域、安加拉河流域都是人面岩画相对密集的地区。远离太平洋的英国和加拿大魁北克等地近年来也有所发现，但为数较少。

国际国内对这一类型岩画的关注和研究已经走过了几百年的历程，国际上的主流研究内容和前沿方法涉及人面岩画的命名、发现、文化解释、考古测年、保护与开发等方面。目前，岩画的断代仍然是世界性难题，常见的断代方法有直接和间接两种。由于人面岩画主要刻绘于露天岩面之上，缺少有机物的遗存，考古学断代常用的碳十四测年方法难以发挥作用；出土岩画更是凤毛麟角，地层学更少有用武之地；更因缺少足够的文字记载，岩画无法以编年史进行佐证。因此，以自然科学为基础的直接断代法操作难度极大。而人文学科的学者普遍倾向于使用间接的岩画断代方法。即通过研究文献记载，观察岩画保存状况和风化程度、刻痕颜色变化，分析制作技法、绘画风格、题材内容、画面题字，判断叠压关系，比对相对可信的考古学材料，鉴定动物种属等方式，对岩画的年代大致分期作出间接判断。这种利用资料的间接断代法被认为行之有效，是目前岩画学者解决绝大部分岩画年代问题并颇有中国特色的岩画断代法。[1]

当下，越来越丰富的考古发现和民族学、民俗学研究成果，以及越来越先进的数字化成像技术，为岩画的研究提供了良好的基础条件。21世纪以来，许多青年岩画学者的兴趣点都不约而同地聚焦于人面岩画，俨然成为岩画这一学术领域的研究热点。而黑龙江流域位于中国北方岩画系统与北美洲西北海岸岩画系统之间，其人面岩画的结构类型和表现特征，与中国北方和北美洲的一些人面岩画多有相似之处。作为距离白令海峡以及阿留申群岛这两个亚洲和北美洲人类迁徙大通道如此靠近的岩画密集区，黑龙江流域到底是人面岩画的过渡区，还是较早产生的地区，目前尚缺少科学的论证。

哈巴罗夫斯克边疆区范围内自古以来生活着八个民族：赫哲人（Nanais）、涅吉达尔人（Negidals）、尼夫赫人（Nivkhs）、奥罗奇人（Oroches）、乌德盖人（Udeghes）、乌尔奇人（Ulchas）、鄂温克人（Evenks）、埃文人

---

① 张文华：《中国岩画研究理论和方法论刍议》，《美术》1993年第4期，第60页。

(Evens)。这些民族生活在气候相对寒冷的针叶林地带,长期以渔猎、狩猎和采集经济为生。每年一些大型的海洋鱼类在产卵的季节都从海口逆江河而上,为这里的居民提供了丰富的食物来源。赫哲人很早就学会了储存鱼类的方法,过上了定居生活。中国境内的新开流文化就是这种渔猎文化的典型代表。[①] 独特的自然环境和生计方式孕育了他们特有的观念和信仰,并在不同的载体和手工艺品上展示了他们富有创造性的艺术天分,通过陶制品、骨制品、石雕、鱼皮衣、纺织品等多种民间艺术形式一直传承下来,到现在,我们还能够在当地少数民族的民间艺术中看到这些古老艺术的痕迹。[②]

由此可知,黑龙江流域史前人类的生计方式主要包括渔猎采集和狩猎,他们的宗教思想和萨满巫术的观念也较为成熟。石锄、石斧等出土的考古资料显示,岩画周边的原始农业是在距今四千年左右开始产生的,距今三千年左右发展出较发达的农业生产技术和家畜饲养业。渔猎经济在农业和畜牧业发展的同时还占有相当大的比重,采集依然是作为生活来源的重要辅助手段在持续进行。[③]

## 第一节　黑龙江流域人面像岩画概况

我国的黑龙江在俄罗斯被称为"阿穆尔河(Amur River)",乌苏里江(Ussuri River)是其支流,这两条江构成中国与俄罗斯在东北亚的分界线。就在流域沿岸的原始林区中,靠近乌苏里江附近以及黑龙江下游的几处遗址有一些特色鲜明的人面岩画,这些人面岩画数量多,分布集中,在整个环太平洋岩画体系中占有重要地位。2003 年,该岩画景观被列入联合国教科文组织的《世界文化遗产名录》。对周边区域的考古学研究,前苏联和中国的诸多学者已经取得丰硕的成果。从地缘关系上来看,同属东北亚的黑龙江流域和西辽河流域自古以来就

① 吕光天、古清尧:《贝加尔湖地区和黑龙江流域各族与中原的关系史》,黑龙江教育出版社,1991 年。

② Non-Profit, "Amur Region Historical Heritage Fund", http://petroglify.ru/sycachi-alyan-petroglyphs.html,2012－02－16/2014－03－28.

③ 李延铁、于志耿、孙秀仁:《黑龙江古代农业文化概论》,《学习与探索》1981 年第 5 期,第 139 页。

有民族和文化上的交流与融合,新石器时代、青铜时代直至历史时期的文化发展脉络也都有比较密切的关系。考古学材料的丰富基础和比较清晰的年代序列,能够提供比较多的论证材料来支撑人面岩画进行专题研究。

黑龙江流域的人面岩画集中分布在三个地点,都位于俄罗斯哈巴罗夫斯克边疆区(Khabarovsk Krai),数量最多的是黑龙江下游的萨卡奇-阿连(Sycachi-Alyan),其次是乌苏里江流域的谢列梅杰沃(Sheremetyevo),在考特普利斯(Chortorplios)也有少量发现。这几处的地理坐标大致在东经135°39′、北纬48°45′范围。

1897年,美国学者伯索尔德·劳弗尔(Berthold Laufer)首先发现萨卡奇-阿连的人面岩画,在他的论文中记述了村边一处堤坝上,发现在一些玄武岩巨石上面刻有奇怪的图形,有人面和动物,还有一些刻在附近陡峭的悬崖上,人面像和鹿岩画上的"涡旋线风格(Vortex Style)"独具特色。①

最早对黑龙江—乌苏里江流域人面岩画进行系统和科学研究的,是前苏联著名考古学家奥克拉德尼科夫(A. P. Okladnikov)。1969年,奥克拉德尼科夫在"西伯利亚岩画"一文中提到这些岩画点。他将人面像与当地的考古发掘资料进行比较研究后认为,人面岩画与这里新石器时代的陶器、泥塑有着相同的艺术造型特征,蕴含着相同的思想观念;他确信是从事狩猎和渔猎的民族创造了这些岩画,这些岩画中"面具(Masks)"的普遍存在与北美洲西北海岸的人面岩画关系密切。俄罗斯考古学家史姆金(D. B. Shimkin)认为,乌苏里江流域的人面像岩画在时代上要早于黑龙江。②

黑龙江流域人面岩画的轮廓样式变化较多,有椭圆形、卵形、心形、上圆下方形和骷髅形等,带有芒线结构的占有很大比重,还有些无轮廓的同心圆或三点式圆穴组合等,涡旋纹风格的纹面岩画是最显著的特色。奥克拉德尼科夫经过粗略统计,认为包括人面像和动物在内有300个左右的图像,但是后来再次调查时,仅剩160个。

---

①　Berthold Laufer, "Petroglyphs on the Amoor", *American Anthropologist*, New Series, Vol. 1, No. 4,1899, pp.746 - 750.

②　汤惠生:《凹穴岩画的分期与断代——中国史前艺术研究之一》,《考古与文物》2004年第6期,第31页。

# 第二节 黑龙江流域人面像岩画的主要类型

以往人们对人面岩画的研究,较多关注轮廓的有无,强调眼睛作为心灵窗口以及沟通神灵的作用。然而,仅仅关注眼睛无法解决岩画年代的问题,因为对同心圆、重环、凹穴等岩画中常规眼睛类型的描绘在人面岩画发展的每一个阶段都大致相同,没有产生明显的变化。但是当我们将观察的角度放在面部器官的构成方式上之后,就会有不同的发现,这种观察角度不能只关注眼睛而忽略其他面部器官,眼眉(眉弓)、鼻子、嘴的形态和组合构成都非常重要,眼睛虽然是一个主要器官,但并不总是处于支配地位。通过综合比较,人面岩画在面部核心结构的组合构成方式上远比我们想象的要丰富。

黑龙江流域的人面岩画从制作方法和蚀化痕迹等方面综合比较,在东北亚乃至整个环北太平洋地区都是比较古老的。出现在这里的人面岩画类型,大体上可以根据面部的突出结构或风格特征,划分成"同心圆双目＋连弧眉结构""骷髅形""涡旋风格""有芒结构""心形结构""连眉纵鼻＋双目结构"。

## 一、同心圆双目＋连弧眉结构

黑龙江流域有部分以表现同心圆双目为主的人面岩画,在有轮廓和无轮廓的人面像中都曾出现(图196a—d),有轮廓的通常带有连弧眉的表现。这些岩画的凿磨痕迹都很古老,沟槽断面为U形,与中国西辽河、阴山等地的早期岩画手法一致。自从人面岩画发现以来,前苏联学者就试图努力探索这些岩画的制作年代。1972年,以奥克拉德尼科夫为首的考察队在黑龙江岸边发掘出大量的新石器时代陶器,[①]其中有一块在康当村(Kondon)发现的一个陶杯边缘的人面形浮雕(图196e),圆睁的双眼、圆点状的鼻孔、张开的嘴巴以及

① 〔苏〕阿・奥克拉德尼科夫,音戈译:《黑龙江沿岸的古代艺术》,《吉林艺术学院学报》1985年第2期,第99页。

骷髅状的轮廓,与人面岩画中的形态几乎完全一样。人面岩画眼睛中的瞳孔都被强调出来,双眼之上有连弧眉的表现。而陶杯外侧的"之"字纹装饰,与西辽河流域兴隆洼-赵宝沟文化时期的陶器风格大体一致。附近的尤科斯基还发现一个浅褐色玄武岩的雕刻头像(图 196f),也以相同的形态呈现。奥克拉德尼科夫确定这些雕刻至少是 6 000 年前的作品。

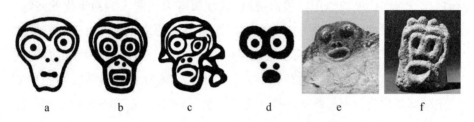

**图 196　黑龙江流域的人面岩画与考古遗存**

这些岩画形象中对骷髅形的模仿很有代表性,可见在黑龙江流域最早的造型艺术中,除了对同心圆的突出表现,骷髅形也是一个重要的主题。

## 二、骷髅形

骷髅形的人面岩画在黑龙江—乌苏里江流域的三个主要岩画点均有发现,在中国的阴山、桌子山和阿拉善岩画中也都有分布,是一个范围较广的类型。只是这些岩画在具体的表现形式上存在一些区别。黑龙江流域的骷髅形只是轮廓上的相似,因大多具备瞳孔,带有生命力的表现;而阴山等中国北方骷髅形岩画的眼窝里面则很少见到瞳孔,更像是一具真正的骷髅(图 197)。

a. 黑龙江　　b. 阴山　　c. 桌子山　　d. 阿拉善　　e. 骷髅模型

**图 197　各地骷髅形人面岩画**

一些民族学资料显示,从远古时期到现代的一些原始部落,人们都相信骷髅是死者灵魂的居所,因此以骷髅头骨象征人的灵性并赋予其超自然的力量,活人在遇到困难需要帮助的时候,可以向死者的头骨祈祷寻求支持,从而产生了头骨信仰的观念。德国学者利普斯(J. E. Lipps)在论述灵魂观念时认为:"死者灵魂的主要座位时常是在头部,头部获得重要的意义,成为巫术力量的中心,头骨是专心致志崇拜的对象,特别是在农业文化的最早时期。"①人们相信头骨是神秘力量的宝座,因此被作为宗教上敬畏的对象。黑龙江流域流行骷髅形人面的原因,似与这种广泛流行的原始信仰观念有关。

### 三、涡旋风格

黑龙江流域的人面岩画中,带有涡旋风格的岩画占有很大比重,尤其在萨卡奇-阿连比较普遍,主要以纹面的形式出现。纹面岩画的样式或繁或简,最常见的是在脸颊、额头等处描画曲线、大折线皱纹、圆点、小涡旋纹等装饰,涡旋风格显著(图 198)。

a.萨卡奇-阿连　　b.萨卡奇-阿连　　c.萨卡奇-阿连　　d.考特普利斯　　e.谢列梅杰沃

**图 198　黑龙江流域涡旋风格纹面岩画**

在距今 6 000—5 000 年的黑龙江流域新石器文化地层中,许多陶器和黏土器物上都将涡旋纹作为主体纹样进行刻画(图 199),是一种标志性的风格。② 中国西辽河流域也有涡旋纹风格的人面岩画,但仅影响到对双眼的描绘;而黑龙江流域在岩画中的影响见于鹿和人面像的整体表现,极其精美。

① [德]利普斯著,汪宁生译:《事物的起源》,四川民族出版社,1982 年,第 391 页。
② [苏]阿·奥克拉德尼科夫,音戈译:《黑龙江沿岸的古代艺术》,《吉林艺术学院学报》1985 年第 2 期,第 109 页。

a.陶器残片　　　b.陶器残片　　　c.陶器残片　　　　　d.黏土圆球

**图 199　黑龙江流域涡旋风格器物(引自: Non-Profit
"*Amur Region Historical Heritage Fund*")**

　　20 世纪 70 年代以来,在中国红山文化的几个考古遗存之中出土有一种
勾云形玉器,①其中有几款纹饰造型独特,以两个对称外旋的涡旋纹表示眼
睛,这种造型方法在更早的兴隆洼和赵宝沟文化时期尚未出现。在牛河梁红
山文化遗址中出土的陶器上,也出现了这种涡旋纹饰的风格。在东北方的黑
龙江流域,同时期流行这种涡旋纹风格并在岩画和其他考古遗存中大量出
现,其流行程度远超西辽河流域,因此,可能存在东北亚涡旋风格与西辽河红
山文化交互影响的可能。总之,多种载体之上出现的涡旋风格在距今
6 500—6 000 年左右成为东北亚装饰艺术的典型风格之一。

　　在内蒙古阴河流域,有两幅与勾云形玉器的眼睛表现风格相似的人面岩
画,出土于夏家店下层文化的三座店石城遗址中。据内蒙古文物考古研究所报
道,其中一个"局部压在夏家店下层文化建筑的石墙之下";另一幅"双漩涡纹和
折线条组成的颜面纹(图 200a),刻在通道中央的一块基岩上"。这两幅岩画系
发掘出土,依据它们在遗址中的埋藏层位,可以确认这些岩画的作画时间至少
应与夏家店下层文化同时或更早。② 这种岩画与考古文化比较明确的地层对
应关系,对判定岩画的年代提供了可供参考的科学依据。这种涡旋纹和折线
纹组合的人面结构,在赤峰市的红山文化遗址一处崖壁上也发现了一个
(图 200b),两者的形态特征几乎完全一致,应为同一阶段的作品。在宁夏贺
兰山插旗口发现一幅有轮廓的人面岩画,其面部结构与这两个涡旋纹双目加

---

① 刘国祥:《红山文化勾云形玉器研究》,《考古》1998 年第 5 期,第 65 页。
② 郭治中、胡春柏:《赤峰三座店夏家店下层文化石城址发掘全面结束》,《中国文物报》2006
年 12 月 13 日。

折线纹的表现手法基本一致,只是折线的数量更多,更富于装饰性(图 200c)。

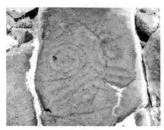

a. 三座店岩画　　　　　　b. 红山岩画　　　　　　c. 插旗口岩画

**图 200　阴河-英金河流域以及贺兰山的涡旋眼人面岩画**

(a,b 为作者拍摄;c 引自乔华《贺兰山岩画》)

这种涡旋装饰风格在东北亚的延续时间很长,近现代赫哲族进行服饰设计和家居用品制作时,工匠们仍将这种风格作为主要的表现形式。

黑龙江流域的涡旋纹风格岩画与西辽河流域玉器、陶器以及岩画中的涡旋纹风格处在同一时期,造型艺术的高度相似性、生计方式的趋同性以及空间距离的接近表明两种文化之间可能产生过比较深入的交流。

## 四、有芒结构

在东北亚的黑龙江流域、韩国、西辽河流域、桌子山、阴山、将军崖,北美洲西北海岸、西南地区乃至环太平洋的广大范围内,都分布着有芒结构人面岩画(Head with Rays)。这些密布在轮廓之外的芒线也称为射线,它们多数都附着于圆形轮廓的人面像外侧,与世界各地表现太阳神的形态一致。不论从形式感上还是名称上来看,这类人面岩画都能够让人感受到与光芒或太阳的关联,是原始宗教中将太阳神力人格化的一种常见表现形式,因此人们普遍称之为"太阳神"岩画(图 201)。

太阳崇拜曾经是一个世界性的文化现象,旧石器时代不多见,但是新石器时代以来,在非洲、欧亚大陆、美洲等人类活动区域都普遍、长期地存在着。[1] 在岩画这种视觉艺术形式中,尤以亚洲的中亚、东亚地区和美洲的加利

---

[1]　高福进:《太阳崇拜与太阳神话》,《云南社会科学》1993 年第 4 期,第 43 页。

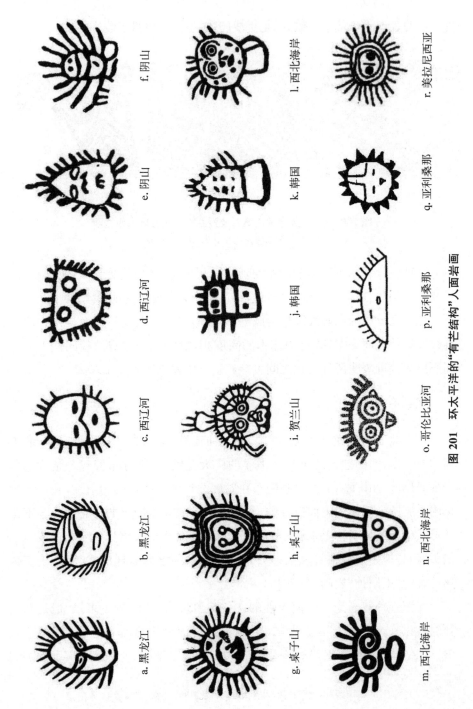

图 201 环太平洋的"有芒结构"人面岩画

福尼亚、西南地区以及大洋洲的美拉尼西亚表现得最为直接和形象。

　　大多学者认为，头形轮廓外布满类似太阳光芒的射线，这种岩画与萨满教中的天神或太阳神有着密切的关系。[①] 太阳照耀着大地的每一个角落，支配着原始人类的全部生活，对光芒的描画显然是对太阳神的崇拜。[②] 在原始宗教意识的支配下，将太阳的光芒与人的面部形象相结合，就出现了太阳神人面像，黑龙江、桌子山岩画中大部分人面岩画都是神人同形的形象。中亚的研究者将太阳的形象与祖先、造物主联系在一起，也认为岩画中的射线就是太阳神（Solar Deities）的象征，是萨满文化的重要标志。[③] 从中外学者对芒（射）线这一母题的共识来看，人面岩画中的这种"芒（射）线"题材，表现的无疑是太阳射线，因此可以确定此类岩画为"太阳神"人面岩画。这些岩画不论面部的轮廓、器官的形态表现有多大的差异，但是都以芒（射）线作为基本要素。从芒线的装饰位置看，有的布满轮廓四周，表征太阳的意味明显；有的在头顶像头发一样根根竖起。

　　中国内蒙古的桌子山素以"太阳神"人面像岩画而闻名，在桌子山所有沟口的人面岩画之中，轮廓外布满放射状芒线、光芒四射的"太阳神"是绝对的主角。不论轮廓的变化多么丰富，面部的五官刻画写实还是抽象，加上芒线之后的人面像都充满了张力，无形中给人以精神的力量。

　　亚洲北方对于太阳的崇拜由来已久。郭沫若考证殷墟卜辞的材料，证明殷商时代人们已经有拜日的习俗："殷人于日之出入均有祭，……盖朝夕礼拜之。"[④]《史记·匈奴列传》记载："单于朝出营，拜日之始生，夕拜月。"契丹人最重要的信仰就是拜日，《新五代史》卷七十二《四夷附录》载"契丹好鬼而贵日，每月朔旦，东向而拜日"，因此在五代末年被称为"太阳契丹"。[⑤] 而阴山新石器时代的岩画中，跪在地上向着太阳双手合十祈祷礼拜的岩画，表明在北方游牧民族中这种拜日习俗可能更为久远。

---

①　盖山林、盖志浩：《丝绸之路岩画研究》，新疆人民出版社，2010年，第54页。
②　陈兆复：《中国的人面像岩画》，《寻根》1994年第2期，第27页。
③　Andrzej Rozwadowski, *Symbols through Time: Interpreting the Rock Art of Central Asia*, Poznan：Institute of Eastern Studies Adam Mickiewicz University, 2004.
④　郭沫若：《殷契粹编》，科学出版社，1965年，第355页。
⑤　宋德金、史金波：《中国风俗通史（辽金西夏卷）》，上海文艺出版社，2001年，第166页。

在世界范围内,有芒结构的人面岩画主要分布在亚洲和北美洲。亚洲的黑龙江流域、西辽河流域、阴山、桌子山、贺兰山以及韩国南部沿海等地区痕迹都非常古老,均为较深的 U 型沟槽,属于新石器时代晚期的作品;在北美洲同时期岩画只集中在西北海岸的哥伦比亚河流域。与其他岩画题材比较而言,黑龙江流域、内蒙古的桌子山和韩国南部沿海的"太阳神"人面岩画尤为集中,占比最高。这几个地点的集中现象,表明了生活在这里的史前民族将太阳作为自己的首要崇拜物,是对自然神灵崇拜的一种特殊选择。这种"太阳神"岩画在新石器时代晚期大量集中出现,除了明显具有太阳崇拜的意味,似乎还与人们开始进入农业社会的生产、生活结构变化有关。农业的发展,原来采取狩猎采集经济的族群社会生活方式发生转变,随着农业比重的增加,他们的原始宗教信仰就由动物逐渐转向太阳和植物等自然物。

## 五、心形结构

在黑龙江流域、西伯利亚、将军崖、西辽河流域、阴山、桌子山等地还分布有一些"心形"人面像(图 202)。这些造型在每一个地方的出现都看似非常偶然,也难以判断制作的年代。但是在黑龙江流域的考古发现中却找到了曾经流行一时的心形装饰风格。在沃兹涅先斯克村附近(Voznesenskoye)出土的一些公元前 3000 年左右的陶器上,绘有色彩鲜艳的各式心形人面像(图 203),至少能够证明 5 000 年前这种风格的造型已经在黑龙江地区开始出现。

这种所谓的"心形",是对"♡"这一常见形状约定俗成的称呼。然而实际上它与人和动物的心脏都没有任何直接的关联,应是造型艺术领域中比较典型的一种象征性图案。"心形"的名称被称为 Heart Shape,大约开始于中世纪末期的 13 世纪,15 世纪开始在欧洲得以发展并用来代表"爱",16 世纪成为流行纹样。从图像形式演变的角度分析,心形图案在黑龙江流域的大量出现可能与涡旋纹的对称变化有关。还有学者认为把心形反过来看,是对美丽的女性臀部的程式化概括。美国弗吉尼亚州罗亚诺克学院的心理学教授加尔迪诺·普兰扎罗恩(Dr. Galdino F. Pranzarone)指出,典型的"心形"符号两个

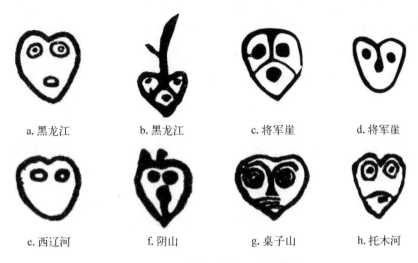

| a.黑龙江 | b.黑龙江 | c.将军崖 | d.将军崖 |

| e.西辽河 | f.阴山 | g.桌子山 | h.托木河 |

图 202 各地出现的心形人面岩画

a b

图 203 黑龙江流域出土陶器残片（引自：Fitzhugh, William W. and Crowell, Aron. Crossroads of continents: cultures of Siberia and Alaska）

圆形突出，与女性臀部从后面看时的形状非常相似。他认为希腊神话中的爱与美之女神阿佛洛狄忒（Aphrodite，即维纳斯 Venus）全身都很美，但她的臀部格外美丽。她的两个半圆形臀部的曲线是如此完美，以至于希腊人特地为此修建了一座神庙 Aphrodite Kallipygos（从构词法上可以直译为"爱神美臀"),这可能是世界上唯一因崇拜臀部而建立的宗教性建筑。① 而匈牙利学者米哈伊·霍帕尔(Mihaly Hoppal)在解构民间艺术中的性符号时也注意到"心形——郁金香"的固定组合,其中郁金香象征女性,而心形则象征男性;在为夭折婴儿竖立的墓碑上还常出现"郁金香——花——树"的符号范式,这种范式的郁金香花苞多呈心形。在这里,该符号组合的象征意义更多地表达为"生命之树"。②

无论如何,心形代表爱心的观念绝不是数千年前人面岩画所要表达的真正意图,根据上述分析,对生殖崇拜以及生命之树的观念进行概念式表达的解释似乎更具合理性。

## 六、连眉纵鼻+双目结构

1965 年,奥克拉德尼科夫在黑龙江流域的一个聚落遗址发掘出一件陶制的女神胸像和几个陶塑人面像,断代为公元前 4000—前 3000 年之间。尼夫赫人、赫哲人和乌尔奇人将这种无臂的女神称为"赛旺(Sevons)",是一种禳灾祛病的幽灵,在神秘的宗教仪式中充当萨满的助手。③ 这种无臂的"赛旺",在现代赫哲人的木雕形象中很常见。至今仍然流传于鄂伦春、赫哲等民族中的萨满教,还多以女性为萨满。④

这里需要特别注意的是,"赛旺"的面部核心结构表现为略夸张的连弧形眉弓与纵向鼻梁一体化的结构特征,眼睛的外眼角呈向上斜挑的形态。这显然是对居住在东北亚的蒙古利亚人种的写实性刻画。奥克拉德尼科夫描述,他 1972 年在黑龙江流域再次进行调查的时候,当地赫哲族女孩的面容特征与这些距今 6 000—5 000 年的雕像完全一样。⑤

---

① G. F. Pranzarone, "Female Bum Behind Valentine Symbol?" By Jennifer Viegas, Discovery News, Wednesday, 15 February 2006.

② [匈]米哈伊·霍帕尔著,彭佳、贾欣译:《民族符号学》,社会科学文献出版社,2020 年,第 75 页。

③ William W. Fitzhugh and Aron Crowell, *Crossroads of Continents: Cultures of Siberia and Alaska*, United States: Smithsonian Institution Press, 1988, p.120.

④ 王宏刚:《萨满初论》,《长春师院学报》1993 年第 1 期,第 66 页。

⑤ [苏]阿·奥克拉德尼科夫,音戈译:《黑龙江沿岸的古代艺术》,《吉林艺术学院学报》1985 年第 2 期,第 109 页。

　　这种结构形式,在萨卡奇-阿连、西辽河以及将军崖的人面岩画上都得以体现,美国阿拉斯加州科迪亚克岛上也集中出现,特点是"连眉纵鼻一体化"的核心结构再加上凹穴、圆环、同心圆等各式各样的眼睛(图204a—d)。西辽河流域的连眉纵鼻结构比较自由随意,尚未形成特别固定的风格;而将军崖的这一结构类型已经完全程式化,并发展出自己独特的"田字形"鼻头风格(图204f)。显然,西辽河在这种结构类型的形成过程中,尚处于一个过渡的阶段。

a. 黑龙江　　　　b. 黑龙江　　　　c. 西辽河

d. 将军崖　　　　e. 将军崖　　　　f. 将军崖

**图204　亚洲"连眉纵鼻＋双目"结构人面岩画**

# 第三节　人面像岩画数字人文新释

　　关于人面岩画的文化解释,许多人都有各自的观点,主要有"传播论""面具说""生殖崇拜论""萨满巫术论"和"二元论"。其中"传播论"和"面具说"占主导。岩画学者李洪甫、宋耀良和李祥石持"传播论"观点。宋耀良根据自己田野调查和潜心研究的成果,指出中国人面岩画系一种同源文化所致,以北、东、中三条线状分布在华北和华东沿海区域。[①] 他认为,人面岩画镌刻在固定的石头之上而不能随人迁徙,因此不是游牧民族所为,作者应该是过着定居

―――――――――

① 宋耀良:《中国史前神格人面岩画》,三联书店,1992年,第43页。

生活的民族;再从分布范围和制作规模之大的角度,认为不可能是一个弱小封闭的民族所为,而是由强大、统一、数千年保持着文化延续性的"华夏族"所创造;①他又从新石器时期人面形器物的出土地点与人面岩画分布地点的重叠情况,推断人面岩画是农业文化的产物。② 20 世纪 90 年代,在北美洲经过数年的调查和研究之后,宋耀良于 1998 年又提出美洲、俄罗斯人面岩画与中国的人面岩画的相似表现形式是一种同源文化跨洲际传播的结果。③ 李洪甫指出各国主要岩画点之间具有亲缘关系,并认为将军崖岩画的凿刻者是东夷首领少昊氏族的成员,东夷少昊文化是这个文化圈的中枢,以东夷文化为中心向南北方向的延伸和传布,导致了东方文化带的形成。④ 李祥石认为人面岩画的作者是具有多元信仰的"华族",人面岩画中各种各样的图腾崇拜正是多元文化的产物,环太平洋地区的人面像岩画"具有同族同源同文化属性的特征"。⑤

李福顺、盖山林和陈兆复支持"面具说"。1991 年,李福顺教授提出"面具说",认为其中一部分人面像是当时人们跳神时戴在头上的面具。⑥ 盖山林先生早期认为:"类人(兽)面纹样,乃是远古人类意识形态的综合体现,画家注入到里面的思想涉及原始思维的许多领域,它绝不只限于某一种信仰,从它的意义来说,绝不是一种含义,其中至少有面具、天神、祖先神、头盖骨等多种文化含义。"⑦陈兆复教授也认为:"绝大多数(人面岩画)并非描绘真实的人面,倒像是某种特定的面具。"⑧他还指出:"人面像岩画与祭祀有关,与宗教信仰有关,史前人类的宗教信仰,是由于人类对于生存的渴望,产生了对神的观念,……最初出现的是动物神,后来逐渐演化成各种不同的神灵。"⑨

---

① 宋耀良:《中国史前神格人面岩画》,三联书店,1992 年,第 185 页。
② 同上书,第 205 页。
③ Yaoliang Song, "Prehistoric human-face petroglyphs of the North Pacific region", *Arctic Studies Center (Supplement)*, Washington, D.C.: National Museum of Natural History, Smithsonian Instiution, July 1998, Number 1, pp.1-4.
④ 李洪甫:《太平洋岩画:人类最古老的民俗文化遗迹》,上海文化出版社,1997 年,第 9 页。
⑤ 李祥石:《人面像岩画探究》,《文化学刊》2011 年第 5 期,第 92 页。
⑥ 李福顺:《贺兰山岩画中的面具神形象》,《化石》1991 年第 4 期,第 19—21 页。
⑦ 盖山林:《阴山岩画》,内蒙古人民出版社,1985 年,第 129 页。
⑧ 陈兆复:《中国的人面像岩画》,《寻根》1994 年第 2 期,第 25 页。
⑨ 陈兆复:《中国岩画发现史》,上海人民出版社,2008 年,第 218 页。

此外,有部分学者根据中国新石器至青铜时期其他艺术形式中的类似图形与人面岩画相比照,认为有些所谓的人面像实际上应该是"鸟面"或"鸮面"。[①] 西辽河流域的鸮形人面像是先商图腾,与先商民族的迁徙有关。[②] 2001 年汤惠生教授运用萨满教理论及跨文化阐释的方法,引用大量考古学材料,论证了中国人面岩画是二元对立思维及其观念的体现,是原始宗教文化中诸多"肯定因素"的象征物。他还指出,人的头部就意味着"天""上""高"等,与天帝(天神)的身份相匹配;人面像的头部呈圆形,是因为与太阳相似。[③] 龚田夫先生支持人面岩画的"东夷起源说",认为人面岩画主要表现为女性和男性的生殖崇拜,还有一些属泛神灵崇拜。[④] 各种文化解释,不论是"传播论""面具说""生殖崇拜论"还是"二元论",大多学者都认为人面岩画的产生和发展与萨满教的传播有关。

人面像岩画是人类多元文化的产物,不容否认,环太平洋区域的人面岩画确实或多或少地表现出超自然的属性和原始宗教意味。可以肯定的一点是,在原始社会的历史长河中,不论是在亚洲腹地的牧场,还是在北美洲的太平洋西北海岸,抑或是南太平洋的海岛之上,人面岩画类型被创造者赋予了特殊意义和精神内涵。通过仔细观察那些在裸露岩面上被反复磨刻的人面图形,不难判断,在人类早期的泛神论原始宗教体系下,人面岩画的产生确似与萨满信仰及交感巫术有关,是巫师为了完成"通天地、近鬼神"而进行的祭祀程序。[⑤]

总体来看,黑龙江流域所发现的人面岩画诸类型,由当地原始渔猎采集民族在新时期时代的多重原始信仰支配下制作而成。对于部分学者所认为的人面岩画产生是农业文化发展之结果,本书持不同意见。从中国西辽河流域新石器时代的社会产业结构来看,经历了由渔猎为主向农耕为主的长期转变过程,直到红山文化前期仍是渔猎为主;红山文化晚期至小河沿文化期间

---

① 吴甲才:《红山岩画》,内蒙古文化出版社,2008 年,第 16 页。
② 苏胜:《赤峰岩画初探》,《昭乌达蒙族师专学报》1998 年第 3 期,第 75 页。
③ 汤惠生、张文华:《青海岩画:史前艺术中二元对立思维及其观念的研究》,科学出版社,2001 年,第 239 页。
④ 龚田夫、张亚莎:《中国人面像岩画文化浅谈》,《中央民族大学学报》2006 年第 3 期,第 67 页。
⑤ 贺吉德:《人面像岩画探析》,《三峡论坛》2013 年第 3 期,第 77 页。

的铜石并用时代,是渔猎与农业并重阶段;夏家店下层文化的早期青铜时代才开始发展到以农业为主的阶段。① 再将眼光放到东北亚人面岩画比较密集的黑龙江流域以及北美洲的西北海岸地区,在相当于中国的新石器时代直到青铜时代之间,这里都始终以渔猎、狩猎、采集经济为主,几乎没有发展出原始农业,北美洲西南地区直到公元前 300 年左右才开始进入早期农业阶段,可见农耕经济并不是人面岩画形成的唯一决定性因素。而这些区域的人面岩画出现显然早于农耕文明。可以断定,将多种风格人面形象凿刻在固定岩石上的人面岩画的产生,与新石器时代早期或中期通过陶塑、小型石雕、骨雕等方式形成的人面信仰得到共同的发展。农耕文化的演进可能是部分定居族群制作人面岩画的基础,但不是全部。

黑龙江流域的人面岩画,与亚洲的中国西辽河流域、阴山、桌子山、贺兰山,北美洲的西北海岸等地的人面岩画在类型上具有很多共性因素,也表现出一些独有的特点。同心圆双目和骷髅形岩画的年代最早,数量较少,表现内容比较简单、客观。涡旋风格、有芒结构、心形和连眉纵鼻结构的人面岩画已经具有明显的程式化特征,象征性的符号也开始出现,构成方式趋于多样化。其中一些亚洲类型在北美洲西北海岸地区的重现,昭示着两大洲文化的交流与传播曾经影响到岩画的创作。而人面岩画的创作,见证了东北亚与北美洲等环太平洋诸文化之间的交流互动。②

通过上述的综合比较、分析,很明显,东北亚的黑龙江、西辽河流域很可能是人面岩画最早产生的地区,也是重要的转折点或交汇之处。

人面岩画广泛分布于世界各地,人面岩画数量巨大,蕴含的人类文化信息丰富。如前所述,一代又一代岩画人为解读人面岩画信息不懈努力。人面岩画理论蕴含着一定的自然和社会事实,当然也少不了理论家主观地进行理论假设、文化链接和逻辑推理。无论"生殖崇拜论""萨满巫术论"和"二元论",还是占学术主流的"传播论""面具说",或来自学者的对古人性文化推测,或来自对文化传播考量、或来自对古代宗教仪式的猜想,学者的理性思维

---

① 田广林:《中国北方西辽河地区的文明起源》,东北师范大学 2003 年博士学位论文,第 211 页。

② 肖波:《俄罗斯叶尼塞河流域人面像岩画研究》,文物出版社,2020 年,第 355 页。

与经验判断共同推动人面岩画信息释义工作。当一种学术理论推向社会之时，赞同与批评之声往往共存。

数字人文技术的出现，为人面岩画信息解读提供了新的研究路径和阐释工具。大数据高速发展背景下，数字人文研究应以更加积极的姿态进行人面岩画文化信息探索和解读，提供人文与数字互动融合提供试验场和方向标，拓宽了人面岩画信息释读新路径。在近几十年来，数字化人脸特征点检测得到了广泛的研究，取得了大量的成果，并在受控条件下取得了较高的检测率及定位精度。数字图像识别是利用计算机模仿人的识别能力，根据模式的特性，将其判定为某一模式类技术。利用人脸识别检测，能在图像或视频中鉴别人脸是否存在，若存在，确定人脸的位置及大小。将数字图像模式识别技术应用到人面岩画的自动检测中，检测岩画人面的相似度和差异性，提高人面岩画识别效率。

脸检测是实时人脸识别和表情识别的基础，将脸检测技术用于人面岩画信息挖掘，可以发挥数字技术信息对比、筛选、提取优势，避免研究者个体视觉误差和判断的主观性。只有人面岩画表情准确检测，岩画头像的表情和人脸识别才能精确实现。首先，利用电子设备拍摄人面岩画的图像，对人脸检测定位，形成人面岩画数据库。其次，采用混合的数字图像识别方法将提取人面岩画的面部特征，形成一套关于人面岩画数字化文化阐释的类型标准和表情释义数据库。最后，采用人脸特征点检测。通过定位人脸图像上一系列事先定义的点，对人脸图像进行性别识别、年龄识别、人脸识别、表情识别，进行人脸动画、视频压缩等方面分析和文化解读。研究者再结合数字人面岩画释读信息进行综合性文化阐释。目前，人面岩画数字化分析技术尚处于理论建构与实践的初级阶段，拥有广阔的应用前景。未来，将混合数字图像识别方法应用于岩画人脸识别研究领域，是人面岩画信息解读的重要课题。

# 第十四章　中国岩画断代现状及
发展趋势

　　关于岩画年代和断代问题的研究,直接影响到与岩画有关的其他学术问题的深入开展,也是研究岩画题材内容、艺术风格,以及制作岩画的族属及其社会功用等问题的基础,是岩画研究中最基本、最重要的问题之一。因此,国内外学者都在积极探索、寻求一种断定岩画年代的最佳途径。本章在前文论述世界岩画、中国岩画、中国北方岩画,以及内蒙古、宁夏岩画的基础上,对我国岩画断代方法的现状及发展历程进行梳理,以期在科学研究方法下判断相对准确的岩画年代,为岩画与数字人文的结合奠定坚实的基础。

　　我国岩画的调查和研究,始于 1915 年黄仲琴先生对福建华安仙字潭岩画的调查与其发表的"汰溪古文",建国之后,我国岩画被大量发现和研究。进入 20 世纪 80 年代后,在我国学术界出现了岩画普查、研究的热潮,不同学科的研究者从不同角度对岩画进行了普查、分析和研究,主要有文物考古、民族史、美术史等方面的工作者,出版和发表了一批有关岩画研究的专著和学术论文。关于我国岩画的研究,学者们主要围绕岩画的艺术风格、制作方法、年代分期、题材内容、文化内涵等问题进行了广泛探讨,其中题材内容、年代断定和文化内涵是最吸引人的课题。对于岩画年代的研究可以帮助我们确定某种特定文化样式,揭示出史前人类生活的方方面面,对研究人类史前文明具有重要作用。

　　岩画的断代一直以来都是个难题,一般沿用考古学中的对比方法,有从岩画中寻找已经灭绝的动物形象来判断相对年代的;还有通过岩漆的变化、岩画的风格、岩画的叠压关系等多种途径相结合来进行断代的。丽石黄衣测年方法,于 20 世纪 50 年代由奥地利学者率先用于冰川沉积物测年,后来运用到地震、地质、气候、考古、岩画等专业研究领域。这些年来,国内外专家先后运用分析岩画载体物质结构、判断岩石颜色、岩石外部环境变化以及周边出土文物等十多种方法为贺兰山岩画断代，学术界普遍认为，贺兰山岩画产生于距今 10 000 年到 3 000 年之间，但得出的结论差异很大，断代结果最大相差 7 000 年。用丽石黄衣测得贺兰山与北山岩画早期为距今 13 000—10 000 年，中期为距今 10 000—4 000 年，晚期为距今 4 000—1 000 年，最早的岩画在旧石器时代到新石器时代。①

岩画的内容和风格也是断代的重要依据。国际岩画学界根据人类社会发展的历史以及人类认识世界的一般进程，把岩画大致划分为以下类别和相应的时期：

古代狩猎期：不使用弓箭的狩猎人艺术，约公元前 10000—前 6000 年。

进化狩猎期：使用弓箭的狩猎人艺术，有描述性的场面，约公元前 8000—前 4000 年。

混合经济期：具有多种经济包括农耕活动，其代表是神话场面和图解的符号群，约公元前 6000 年。

人面像，约公元前 5500—前 3500 年，个别时期可能更晚。

畜牧养殖期：创作者的主要目标集中在家养动物上，约公元前 3500—前 2000 年。②

我国岩画自发现之日起，学术界对岩画研究中的断代问题不断探索，由于岩画作为地上的文化遗存，缺乏地层学资料和其他参照系数，中国的岩画学者们主要综合运用间接断代方法，对具体的岩画点进行年代分析和研究，即运用考古学、民族学、宗教学和文献学等资料对岩画进行断代。如 20 世纪 90 年代，许成、卫忠利用考古综合比较的方法对贺兰山岩画的断代问题进行研究，③将贺兰山岩画大致分为三期：春秋战国以前、秦汉至南北朝、隋唐至西夏三期。1996 年，汤惠生、高志伟运用综合比较分析断代的方法对青藏高原岩画的年代进行了分析研究，认为青藏高原岩画时代的上限也应在公元

---

①　李祥石、朱存世：《贺兰山与北山岩画》，宁夏人民出版社，1993 年，第 324 页。

②　束锡红、郑彦卿、吴琼：《贺兰山岩画与世界遗产》，宁夏人民出版社，2003 年。

③　许成、卫忠：《贺兰山岩画断代研究》，《文物》1993 年第 9 期，第 51 页。

前1000年左右,并根据制作技术、风格、内容题材将青藏高原岩画分为四期。①"直接断代法"的概念自20世纪80年代初提出后,更多的学者利用科技手段对不同地区的岩画进行断代,学者们都在积极探索、寻求一种年代断定的最佳途径。北京大学考古系碳十四实验室对左江花山崖壁画进行测定,得出岩画的年代应在距今4 200—1 680年这段时间内。20世纪90年代以来,汤惠生教授第一次将微腐蚀断代法应用于中国青海岩画断代,之后在宁夏、河南、连云港以及仙居岩画中的成功运用,取得了一定的学术价值,并产生了积极影响,并建立了中国岩刻的微腐蚀分析体系。②

目前,我国对于岩画年代的判断有间接断代法、直接断代法两种。下面分别对这两种方法进行详细梳理。

# 第一节　间接断代法

岩画的间接断代法多利用岩画的题材内容、叠压关系、民族考古学资料、图像风格等,运用历史学、考古学、动植物学等学科的研究方法与研究成果来推断岩画的制作年代。

目前,我国学术界涉及各地岩画的断代仍依据传统的断代方法来进行断代,主要有以下几种:

## 一、制法断代

不同年代的作品,往往制作的方法是不一样的。一般来说,磨刻岩画的时代是最早的,制作较粗糙;晚期磨刻法多与敲凿法配合使用,这部分岩画制作精细,线条流畅。划刻法则是使用较坚硬的工具以后才有的,数量较少,有时看似晚期仿刻作品。而敲凿法是岩画的主要制作方法,在早晚岩画中通用。在岩绘岩画中,最早的岩画作品使用各色(主要是赭红色)颜料矿石研磨

---

① 汤惠生、高志伟:《青藏高原岩画年代分析》,《青海社会科学》1996年第1期,第81页。
② 汤惠生、高志伟:《岩画的断代技术与手段》,《南京师范大学学报》2002年第6期,第166页;汤惠生、梅亚文:《将军崖史前岩画遗址的断代及相关问题的讨论》,《东南文化》2008年第2期,第14页。

成粉末,用口吹喷而成,随后用手指或笔在石壁上绘画。

四川大学历史文化学院李永宪教授在其著作《西藏原始艺术》中指出:"在西藏岩画的制法手段中,敲凿法是最早使用的一种作画方式,颜料涂绘是最晚的方法。这种作画方式上的相对早晚关系与我国的其他地区岩画制作方法的时代特征是基本一致的。"①西藏岩画中的敲凿法根据敲凿痕迹的判断,应主要使用金属工具,再结合敲凿法岩画的内容中猎人所配刀、剑、弩等武器均为金属武器,"据此可以认为西藏岩画中的运用,应是在金属器出现之后。考古发现表明,西藏高原最迟在距今三千年左右就已有比较成熟的青铜器,由此我们可以做这种推测:最早的敲凿法岩画应大致出现于距今三千至两千年之间,不会早于西藏金属器的出现"。②李永宪教授根据制作方法与制作工作的关系,将岩画内容与相关历史信息以及周边地区岩画年代与风格关系进行比较研究,对西藏岩画进行断代,所得结果是令人信服的。

## 二、风格断代

岩画艺术是作画者所处时代的社会生活的聚光点,具有强烈的时代特征。岩画图像中,有再现性和抽象性两种,其中前者在岩画艺术中占有很大的比例,后者被称为抽象记号和几何图形。总体上来讲,早期岩画画面的形象具象性强,往后逐渐向程式化、模式化、抽象化、符号化演变,但发展到一定程度之后,又返回到具象性强的老路上来,这种变化是由复杂的因素造成的,还有待深入研究。但有一点是可以肯定的,即不同地域、不同时代的岩画在风格上是不同的。

中央民族大学张亚莎教授在其《西藏的岩画》一书中,将岩画本体的图像风格与艺术风格学结合,通过对藏北高原古代文化遗迹与岩画关系的分析和岩画本体图像风格比较,将青藏高原岩画分为四种类型,再结合青藏高原的牦牛图像、鹿图像、抽象符号,根据造型、风格、线条等,阐述了西藏岩画的时

---

① 李永宪:《西藏原始艺术》,河北教育出版社,2001年。
② 同上。

代、内涵等。

## 三、图像断代

不同时代的岩画,往往有着不同的题材内容,这种差异便成为断代的依据。一般来说,早期岩画中动物岩画占有绝对优势。无论是单个的,还是三五成群的,甚至由数十个动物组成的大型动物群,作画动因大约均出自动物崇拜。画中的动物形象,都是猎牧人赖以生存的动物,正因为在生活上依赖才去崇拜它。[①]

岩画的题材与时代的变迁,与自然地理条件以及人们社会生活的变化密切相关,这在岩画的内容中表现得十分突出。早期岩画以大量的野生动物为主,以及为数不少的狩猎场面,表现出人们的生产活动以狩猎为主。其后,随着社会生产力的发展和进步,人们的思想和原始信仰也发生了改变。所有这一切反应在岩画艺术上,使岩画内容题材有了变化。如青铜时代进入畜牧时代,岩画内容以野生变为家畜为主,以狩猎为主变为以放牧场面为主,有很多坐骑备有马鞍,也有拴有缰绳的奔马图像。在科技方面,表现在岩画上出现了车辆、车辐。在原始宗教信仰方面,以表现手印转变成以表现形形色色的面具为主。与之相适应的大批宗教图像也可以反映出时代的早晚。早期岩画有进行巫术活动的场面,还有各种神灵崇拜的图像;晚期出现了具有佛教意义的图像。

总之,岩画在内容题材上刻有时代的"烙印",通过分析这些"烙印",可断定岩画的相对年代。

## 四、叠压断代

众所周知,同一块岩石上的岩画并不一定是同一时代的岩画作品,因为同一块岩石上的岩画可能存在叠压和打破关系;另外不同岩石上同一类型的岩画同样也会存在叠压和打破关系。叠压现象在岩刻和岩绘上表现略有不同,岩刻中主要体现在雕刻的技术手法、图形的不同,而岩绘作品则是通过颜

---

① 　盖山林:《中国岩画学》,书目文献出版社,1993 年。

色的差异来表现。[①] 这种方法主要是考古学者运用得比较多,与考古地层间的打破关系类似,一个岩画个体覆盖在其他岩画之上,并对被覆盖者的完整性造成破坏,打破者的年代应晚于被打破者。运用此方法判断出岩画个体间的早晚关系后,再结合岩画内容、风格等其他已知年代因素分析具体年代,这方面的研究性文章有王建新的《穷科克岩画的分类与分期研究》、潘晓的《八墙子岩画的分类与分期研究》等。

以上四种方法,在实际运用中并非单独使用,只能作为判断年代早晚关系的相对标准,在以往的研究中,学者们普遍将几种方法综合起来运用,以期分析和研究岩画的相对年代。

## 五、综合比较(考古近似断代)

综合比较研究对判定岩画年代也有重要意义,将岩画与周边地区以及邻近他国所发现的岩画、考古发现的遗迹和出土文物以及文献记载中的相关内容联系起来进行比较,又是寻求岩画年代的一条有效途径。如内蒙古克什克腾旗哥佬营子岩画,岩画前砌有石台,可能是当时祭祀岩画的场所,这个场所的年代有助于岩画年代的断定。前苏联学者采用这一方法对黑龙江左岸纽克扎岩画进行断代,认为该岩画遗存距今不少于一万年,这是以岩画所在地的祭地年代断定岩画年代的一个典型例子。[②]

我国学者将内蒙古、宁夏、新疆岩画中的"鹿石风格鹿"、虎、鸟等,与蒙古鹿石上的图案、鄂尔多斯青铜器上的纹饰进行比较研究,将其相对年代断定为商周至春秋时期。[③] 学者将内蒙古英金河及其支流阴河流域岩画中的人面岩画图像与邻近的兴隆洼文化中人面塑像进行比较研究,指出两者有很多相似之处,从而推测阴河流域有一部分岩画其年代上限可达新石器时代。[④] 据

---

①　杨超:《岩画的叠压断代法——以意大利梵尔卡莫尼卡为例》,《西夏研究》2010 年第 3 期,第 90 页。

②　盖山林、盖志浩:《丝绸之路岩画研究》,新疆人民出版社,2009 年。

③　孙斯琴格日乐:《中国北方草原地带鹿图案岩画比较研究》,内蒙古师范大学硕士学位论文(指导教师:陈永志),2011 年,第 40 页;朱存世、李芳:《试析青铜时代贺兰山、北山岩画与欧亚草原丝绸之路的关系》,《宁夏社会科学》2001 年第 6 期,第 103 页。

④　田广林:《内蒙古赤峰市阴河中下游古代岩画的调查》,《考古》2004 年第 12 期,第 13 页。

悉,有两块"云水纹人面像"岩画石发现于夏家店下层古城发掘遗址的房基处,经微腐蚀断代检测后,其年代大致为距今 5 000 年,属新石器时代红山文化晚期,[①]也可以作为此观点的佐证。

邱钟仑先生将云南沧源岩画图像与战国至西汉时期墓出土的云南青铜器和早期铜鼓图像进行比较,岩画长剑图像与战国至东汉时期墓出土长剑进行比较,岩画干栏式房屋图像与战国至东汉时期墓出土房屋模型进行比较,以及岩画杂技图像与《后汉书》等文献关于掸国进献"幻人"的记载相印证,最后得出结论,认为沧源岩画的制作年代与左江岩画相当,应为战国至东汉时期(公元前 475—公元 220 年)即距今 2 425—1 730 年。[②]

该方法是目前学术界普遍采用的一种,当然比较研究不是简单对比岩画与其他器物、图像的相似性,还要求比较参照的对象数量具有普遍性,并且与岩画紧密相连。

## 六、地质学技术断代

我国地质学家唐伟忠先生,从地质学角度对内蒙古乌海市桌子山岩画的年代做过有益的探索。据唐先生介绍,分布于桌子山西麓的召烧沟、摩尔沟、苦菜沟等地的岩画,均创作在距今 4.7 亿年的坚硬的石灰岩上,其普氏硬度达 8 度,岩画所处石灰岩之下,有一层特坚硬的普氏硬度 16—20 度的石英砂岩,为制作岩画提供了天然的石料。从地貌和第四纪地质学分析,距地表 13.2 米的高处岩画,大约相当于第四纪晚期更新世和中全新世之间,为距今 1.1 万年的中石器时代。距地表 6.6 米的低处岩画,相当于第四纪中全新世和晚全新世的皋兰期,为距今 8 000 年以上至 3 000 年的新石器时代、青铜时代和铁器时代。[③]

我国岩画专家盖山林先生在总结前人断代经验的基础上,结合自己对岩画断代的实际体会,提出了岩画断代方法十条原则去揭示岩画断代之谜:

---

① 吴甲才、赵虹雪、刘斌:《内蒙古老哈河上游云水纹人面像岩画的断代研究》,《内蒙古艺术学院学报》2018 年第 2 期,第 128 页。

② 邱钟仑:《也谈沧源岩画的年代和族属》,《云南民族学院学报》(哲学社会科学版)1995 年第 3 期,第 26 页。

③ 盖山林、盖志浩:《丝绸之路岩画研究》,新疆人民出版社,2009 年。

1. 根据文献记载；2. 观察岩画的保存状况、风化程度；3. 制作方法；4. 岩画的绘画风格；5. 岩画题材内容；6. 岩画的叠压打破关系；7. 比较研究；8. 岩画画面题字；9. 对岩画中动物种属的鉴定；10. 采用地质学手段。[①]

　　盖山林先生运用其总结的十条原则，对我国岩画的年代进行分析推断，基本上解决了中国岩画的相对年代，对我国岩画年代的断定做出了重大贡献。如其运用总结的十条原则，将阴山岩画分为三大阶段：新石器时代、青铜时代至早期铁器时代，以及历史时期。他对甘肃部分岩画的年代也进行过分析，通过分析靖远县吴家川岩画的内容、制作手法以及艺术风格等内容，认为应该是早期铁器时代的作品，大致在战国至汉代时期。同时他还指出祁连山一带的岩画（以大黑沟、野羊沟为代表）年代与黑山岩画比较相近，可能有个别年代略晚（灰湾子和七头驴等）。黑山岩画中有大量狩猎、大型舞蹈场面及丰富的动物岩画，根据其内容题材、制作方法以及艺术风格等方面，再参考当地考古学文化以及历史文献记载的古代民族活动情况，认为其年代应该为青铜时代早中期。[②]

　　上述间接断代方法中，我国学者更普遍的是运用综合比较法来进行岩画断代，即使是制法断代、风格断代、叠压断代法也不是单独使用，也要结合岩画本身所具有的其他已知年代因素来分析具体年代，这已成为中国岩画断代的一种特色及趋势。在一定程度上解决了岩画年代的相对性，但同时也具有一定的局限性。由于研究者受个人专业知识和水平的限制，即使是同一岩画点，不同研究者运用同一断代方法所产生的结果也不一样。因为岩画的制作和保存过程是相对复杂的，任何通过简单比对、间接关联断代等方法都不能准确判断岩画制作的真实年代，这就需要考虑运用科学技术手段去探考岩画年代的准确性。

## 第二节　直接断代法

　　"利用最可靠的科技手段对岩画的年代进行直接测定，同时包括与岩画

---

① 盖山林、盖志浩：《丝绸之路岩画研究》，新疆人民出版社，2009 年。
② 同上。

相关的岩面刻痕、裂隙、颜料以及沉积物等时代测定",[①]自 20 世纪下半叶开始,我国岩画专家利用现代科技手段努力解决岩画的年代问题,如阳离子比率断代法(CR)、草酸盐断代法、碳十四断代法、地衣测年法、热释光断代法、铀系断代法、微腐蚀断代法等判定岩画年代的方法,不断从尝试走向实践。目前,我国的岩画点中,除花山岩画做过碳十四测定、[②]铀系断定,云南沧源岩画、新疆阿勒泰岩画做过铀系断定外,用得较为普遍的方法是微腐蚀断代法。

## 一、微腐蚀断代法

微腐蚀断代法,是通过对各种岩石上制作痕迹风蚀程度的测定和分析来确定岩刻画的制作年代。主要原理是根据已知年代的岩画的微蚀亏测定结果做出标准曲线图,以此为依据与未知年代的微蚀亏进行比较,然后计算出年代。自 20 世纪 90 年代初贝氏提出微腐蚀断代法之后,先后在西伯利亚的奥内戈湖地区和瑞典等地区的岩刻画点进行过实验,取得初步成功。在 1995 至 1997 年,罗伯特等专家就用此方法对澳大利亚、印度和中国的岩画分别进行过为期三年的断代研究,取得了非常不错的成果。

在我国,汤惠生教授第一次将直接断代的方法应用于中国,并建立了中国岩刻的微腐蚀分析体系。[③]数年来,汤惠生教授运用微腐蚀断代法,已对青海岩画、江苏连云港将军崖岩画、河南方城、新郑具茨山、浙江仙居、宁夏贺兰山等地进行了断代研究,为岩画断代工作打下了坚实基础。

1997 年、1998 年,汤惠生教授将微腐蚀的基础方法应用于已知年代的石狮和题记作为参考数值,[④]对青海地区的卢山岩画、鲁芒沟岩画、野牛沟岩画

① 汤惠生、张文华:《青海岩画:史前艺术中二元对立思维及其观念的研究》,科学出版社,2001 年。

② 覃圣敏、覃彩銮、卢敏飞、喻如玉:《广西左江流域崖壁画考察与研究》,广西民族出版社,1987 年。

③ 汤惠生、高志伟:《岩画断代技术、方法及其应用——兼论青海岩画的微腐蚀断代》,《南京师范大学学报》2002 年第 6 期,第 166 页;汤惠生、梅亚文:《将军崖史前岩画遗址的断代及相关问题的讨论》,《东南文化》2008 年第 2 期,第 13 页。

④ Tang Huisheng, Gao Zhiwei,"Dating analysis of rock art in the Qinghai-Tibetan Plateau",*Rock Art Research*,2004;2(21)2;161 - 172.

进行测定，并提出相应的绝对年代。卢山岩画距今约 2 000 年，鲁芒沟岩画距今 2 300 年，野牛沟岩画距今 3 200 年。[①] 2015 年，他又运用此方法对中原地区岩画进行断代，其成果与以前运用其他方法获得的断代结果基本上吻合，致使该断代理论方法的可行性得到了验证。

2014 年 6 月至 7 月间，罗伯特·G·贝德纳里克先生、汤惠生教授、库玛尔教授等人先后在宁夏贺兰口、石嘴山等地区运用该方法对岩刻画进行断代。对石嘴山的黑石峁、双疙瘩、大水沟、归德沟等岩画点以及干沟的题刻进行了细致观察和认真分析。通过对各种岩石上制作痕迹风蚀程度的测定和分析来确定岩刻画的制作年代，以此尝试对岩画做断代研究。在宁夏考察了数个岩画点，但只有贺兰口岩画点获得了年代，且仅仅针对几个岩画图案。然而，研究团队从四个岩画图案中获取了五个断代数据，这四个岩画图案的制作年代非常接近，从距今 2 400 年到 2 000 年，这为间接断代中对贺兰山岩画年代的判定提供了有力的证据。[②] 这是宁夏在断代方法领域探索中的又一里程碑。

2014 年，由南京师范大学文博系、中央民族大学中国岩画研究中心，以及河北师范大学中国岩画断代中心组成的岩画断代考察组对浙江仙居岩画进行了考察，利用吴芾"赐谥敕牒"碑提供的校正数据，对仙居送龙山和小方岩的部分岩画进行了微腐蚀断代，获得了一系列可信的年代数据。结果得出小方岩岩画点的微腐蚀年代在距今 1 740—1 360 年前，而送龙山岩画点的微腐蚀年代在距今 1 400—1 200 年前。[③]

微腐蚀断代在青海、宁夏、河南、连云港以及仙居岩画中的成功运用，取得了一定的学术价值并产生了积极影响，说明这一方法或许是直接断代中最强有力的方法。然而，这一方法对于岩画的样品以及环境条件要求非常高，以致许多岩画点，特别是旧石器时代的露天岩画点，很难符合微腐蚀年代分

① 汤惠生、高志伟、卜玉凤：《岩画的断代——兼论青海岩画的微腐蚀断代》，《远望集》，陕西人民美术出版社，1998 年。

② 汤惠生、Robert G. Bednarik、Giriraj Kumar、杨惠玲等：《2014 年中国岩画微腐蚀测年报告》，2014 年。

③ 金安妮：《岩画的微腐蚀断代——以仙居岩画为例》，《南京师范大学学报》2016 年第 3 期，第 47 页。

析测定的要求。① 因此,使用范围较小,希望学界共同努力克服困难继续推广这一断代方法。

## 二、碳十四测年法

又称"碳十四年代测定法"或"放射性碳定年法",是根据碳十四的衰变程度来计算出样品大概年代的一种测量方法,这一原理通常用来测定古生物化石的年代。由于放射性碳分析的误差较大,一般需用其他测年法进行校正。

碳十四测年在我国的应用主要在宁明花山崖壁画,20 世纪 80 年代,北京大学考古系碳十四实验室对岩画下面的钟乳石以及在岩画上面的钟乳石分别进行取样分析,压在岩画下面的钟乳石外层样品年代为距今 4 200 年;在岩画上面的钟乳石内层样品年代为距今 1 680 年。这两个测试结果表明岩画的年代应在距今 4 200—1 680 年这段时间内,即公元前 420—前 165 年左右,似可认为崖壁画成画于战国至西汉。②

## 三、铀系测年法

也称"铀系不平衡测年法",最初用于确定山洞中石钟乳和石笋等岩层的年代,岩画测年中目前主要用于岩绘画的测年。通过对铀和绘画作品最上面薄薄一层的钍的比率进行比较,可以计算出岩绘画的年代。

这一方法在我国广西花山、云南沧源岩画、新疆阿勒泰岩画中有过应用。2013 年,西澳大学和卧龙岗大学的学者在花山岩画采集了 12 块与岩画直接相连的碳酸钙样本,并把这些样本切割成 24 份子样本(有的覆盖在岩画表面,有的被岩画所叠压),进行铀系年代进行年代测定,据分析,花山岩画可能绘制于距今 1 920 年至 940 年(约公元 95—1075 年)。③

南宁师范大学地理科学学院通过铀系测年法,对云南沧源岩画七个地点

① 汤惠生、张文华:《青海岩画:史前艺术中二元对立思维及其观念的研究》,科学出版社,2001 年。
② 原思训、陈铁梅、胡艳秋:《广西宁明花山崖壁画的¹⁴C 年代研究》,《广西民族研究》1986 年第 4 期,第 51 页。
③ 黄雯兰:《从左江花山岩画谈岩画断代方法的综合应用》,《中国文物科学研究》2015 年第 4 期,第 48 页。

进行了详细的断代。最终测年结果为：沧源岩画 2 号地点年代界限为 3 715±7 yrBP—3 848±9 yrBP，对应夏商时期。由于岩画的创作时间存在延续性，沧源岩画 2 号地点的创作时间可能持续到 2 567±7 yrBP，即对应周朝，其岩画的创作延续时间持续千年之久。沧源岩画 4 号地点的年代异常年轻，沧源岩画 7 号地点，年代界限为 2 871±18 yrBP—2 975±32 yrBP 之间，但是不排除其年代为 3 550±79 yrBP—3 673±52 yrBP 和 2 号地点为同一时间创作的可能。沧源岩画 11 号地点与 14 号地点的样品均沉积于岩画之上，指示着最小年代，11 号地点的年代均为一千年左右，14 号地点的红色双手下摆的人物指示最小年代是 2 692±10 yrBP。[①]

## 四、地衣测年法

地衣测年法，是利用岩画表面地衣的菌体尺寸及其他反应地衣生长速率的测量值来测定岩画年代下限的方法。这一方法最早由雷诺（Renaud）在 1939 年提出，20 世纪 50 年代奥地利学者罗兰·毕思齐首次运用于欧洲的阿尔卑斯山脉。[②] 地衣呈鳞壳状，表面呈黄色或锈红色，对环境适应性强，广泛分布于我国北方地区。这种地衣附着在岩石上，靠空中落下的尘埃提供营养，所以不会严重腐蚀岩石表面。它的面积形状规则，一般为椭圆或圆形，长短轴或直径的增长与时间成正比关系，因此只要测量地衣附着面积的长轴、短轴或直径，代入公式，就可算出地衣的年龄。经过人们的筛选，通常用于测年的地衣有近 40 种，我国学者一般用丽石黄衣。如果岩画上附着有这种地衣，那么这幅岩画的年龄至少和地衣等同。

我国最先利用地衣进行岩画断代的是王维斌先生，他在 1985 年 6 月完成的论文《新疆可可托海—二台断裂强震复发周期研究》中用丽石黄衣对岩画进行了断代研究。1987 年国家地震局地壳应力研究所谢新生、萧震敏先后测定了新疆阿尔泰岩画山岩画和宁夏贺兰山红果子沟岩画，1990 年开始宁夏回族自治区文物管理委员会对大麦地四组岩画进行丽石黄衣测定，得出年代早

① 朱倩：《云南沧源岩画铀系年代研究》，南京师范大学硕士学位论文，2020 年。
② 金安妮：《岩画的微腐蚀断代——以仙居岩画为例》，《南京师范大学学报》2016 年第 3 期，第 46 页。

期在距今 7 953—7 148 年,中期在距今 5 760—5 706 年;1993 年,利用地衣测年,认为宁夏贺兰口岩画年代上限距今约 5 000 年,中期岩画距今约 3 000—2 000 年,下限距今约 1 000 年;2003 年,西北第二民族学院收集到大麦地丽石黄衣六组,得出早期在距今 13 241—10 865 年间,中期在 6 253—5 947 年,中晚期在距今 5 422—2 771 年,晚期由于已出现西夏文字,距今 1 000 年左右。①

地衣测年法在岩画中的应用,在理想条件下,测年结果与岩画非常接近,但是也有一定的局限性,由于丽石黄衣的寿命有限,是否可以活到上万年?因此,断代结果还有待用其他方法综合考证。

## 第三节 岩画断代数字化发展趋势

### 一、存在的瓶颈

我国岩画断代工作经过多年的探索和研究,取得了一定成果的同时,也存在许多问题。目前,由于学术界尚未找到一种简单易行、结果有效、适用于所有岩画(尤其是岩刻画)的方法,以致关于岩画年代的分析和研究,成为困扰岩画研究的瓶颈。出现这一瓶颈的原因很多,其中有一点,岩画不像考古出土的文物、墓葬那样有明确的地层关系、纪年作为断代的依据,也不像动物化石那样可以对比材料,以此来确定岩画的年代。

距今为止,我国发现的岩画数量众多、内容丰富,岩画的艺术成就已为国际岩画界所承认,有关岩画研究的文章和著作层出不穷,但是关于岩画年代的分析和研究比较滞后,大部分岩画点的年代众说纷纭,至今尚未形成统一的相对年代框架。岩画年代的断定是岩画研究的基础,长期以来,我国各地岩画的年代得不到准确判断,排不出岩画的相对年代框架,直接影响到对于岩画的其他学术问题的研究,如岩画的族属、文化传统、社会功用、意涵象征、生活习俗等一系列问题的深入探讨,更重要的是会影响到这些问题研究的科

---

① 束锡红、李祥石:《岩画与游牧文化》,上海古籍出版社,2007 年。

学性。

## 二、数字化断代应用

我国岩画自发现以来便得到了学术界的关注,早期关于岩画的研究更多的是从图像内容、艺术风格等角度进行分析和研究,也有少数考古工作者运用考古学方法对岩画进行调查和研究,但是深入的研究比较少。进入 21 世纪以来,越来越多的考古学者加入岩画研究中来,他们以田野考察为依托,运用考古学的理论和方法,总结出了考察和研究岩画的新方法、新理论。

1. 岩画、居址、墓葬"三位一体"的研究方法

居住遗址、墓葬和岩画,是古代游牧文化遗留下来的主要遗迹形态,有学者将它们视为"古代游牧文化遗存三位一体的基本要素",[①]并以此作为发现和研究古代游牧民族整体文化现象的方法。

西北大学王建新教授提出的岩画、居址、墓葬"三位一体"的研究方法,其主要内容是"不同表现形式的岩画应与不同时代、不同民族的文化相关,同样,不同形式的居址特别是墓葬,也应与不同时代、不同民族的文化相关。既然岩画与居址、墓葬在同一遗址中存在,那么其中必然有某种形式的岩画与某一类居址和墓葬具有时间上的共存关系"。[②] 通过岩画本身的叠压关系和形式的演变,首先确立岩画的相对性。因为同一块石头上的岩画有时候是一个时期的,很多时候是多个时期的。这些不同时期的岩画制作技术、制作工具以及艺术表现的思想、内容、形式都会有差距。因此,应该先正确地分幅,再根据岩画中的突出性因素,与其他民族学、考古学材料进行综合研究,确定岩画的相对年代。

而我们通过居址、岩画、墓葬"三位一体"的研究方法,首先可以摸清岩画相对的年代差距。有一个很简单的道理,岩画是人刻的,在大多数的情况下,人都会在居住环境的附近刻画,有的时候会在埋葬的场所附近,这些岩画都

---

① 王建新:《中国北方草原地区古代游牧文化考古研究中若干问题的探讨》,《西部考古》(第一辑),三秦出版社,2006 年,第 237 页。

② 王建新:《浅谈欧亚大陆北方草原古代岩画调查、记录与研究的方法》,2009 年第二届中国·银川国际岩画学术研讨会论文,2010 年,第 98 页。

是跟人生活有关的部分。只有个别情况会在无人居住地,像山顶上的岩画也会有,但是这种情况并不多见,大多数情况下都是在居住环境周边。一个地方适合人居住,因为人对选择居住的认识往往是相同的,这是很简单的道理。所以同一个地方往往会有多个时期文化的叠加。我们就是要通过这种形式的研究,确认同一地点岩画、居址、墓葬之间的相互关系,只要确认了岩画、居址、墓葬的共同的关系,岩画本身的年代确认就比较容易了。

运用这一方法对岩画进行研究,在新疆的尼勒克穷科克岩画点、甘肃马鬃山岩画点、阿尔泰山和天山等地区岩画中得到验证。穷科克岩画点附近的穷科克遗址已经发掘,已发现安德罗诺沃文化的居址和以石堆墓和石圈墓为代表的二期主要的考古学文化遗存,与此相对应的,学者们运用"三位一体"的研究方法,将穷科克岩画也分为早晚两期,可大致判断出早期岩画年代可能在公元前 800 年至公元前后,晚期岩画则处于两汉相交之际,下限最晚可至魏晋时期。①

席琳运用考古类型学和地层学的方法对甘肃马鬃山区岩画进行分期,再用"三位一体"的综合性比较,对甘肃马鬃山区岩画年代进行探讨。她首先将岩画分为三期,再将每一期岩画中具有断代参考价值的岩画图像内容与其他地区岩画及考古学遗存、遗物进行比较,其中马鬃山区一期岩画与东部天山的岳公台——西黑沟岩画的表现形式和造型风格相近,再结合尖帽人像、牦牛图案等具有断代意义的文化因素,可大致判断该期岩画在春秋战国之际;二期岩画则与东黑沟岩画风格接近,同时包含有鹿石风格岩画、车辆岩画等内容,综合比较分析后可推断这一期岩画的年代可能在公元前 3 世纪至公元前后;三期岩画中包含有很多藏文符号以及与佛教相关的图像,年代可能略晚。②

2. 大框架小区域的断代研究

中国人民大学的魏坚教授提出在类型学的大框架下可以先做小区域的断代研究,充分利用已有的考古学文化类型研究的成果及其年代标尺,对不

①　新疆文物考古研究所:《尼勒克县穷科克一号墓地考古发掘报告》,《新疆文物》2002 年第 3、4 期,第 42、56 页。

②　席琳:《试论甘肃马鬃山区岩画的文化因素》,《考古与文物》2009 年第 4 期,第 96 页。

同区域内的岩画,就其内容和形象运用考古类型学的手段进行模拟分析,初步建立起各岩画区域的相对年代学框架,并将阴山的狩猎动物岩画置于北方草原"鄂尔多斯式"青铜器以及出土动物骨骼等考古资料的文化背景之中,利用已有的考古学文化类型①的研究成果及其年代学标尺,对北方猎牧民族岩画的内容和形象进行类型分析,可以初步建立起青铜时代各岩画区域的相对年代学框架。再利用历史文献学、民族学和美术史学的研究成果,充分借鉴其他学科的研究成果,再逐步建立史前和青铜时代之后各阶段岩画的年代学框架。这一研究方法对于考古遗存丰富的岩画区域具有很强的实用性,对人面岩画的小范围区域性研究也有指导意义。② 中国人民大学博士后张文静便运用此种方法对阴山地区的岩画进行类型划分研究,总结出这一岩画分布特点和主要岩画类型分布变化规律,为这一地区岩画的深入研究奠定了基础。

综上所述,我国岩画年代的分析和断定,从最初解读岩画图案、对比历史文献记载的古代民族习俗、民族志材料等方法进行年代推测,学者们逐渐开始关注岩画与考古学遗存(遗址、墓葬)之间的关系,通过分析三者的共存关系,尝试推测其年代与族属;到 20 世纪 80 年代,直接断代法提出后,学者们利用最可靠的科技手段对岩画的年代进行直接测定,对我国岩画的断代作了一些有益的探索,其中不乏成功经验。如微腐蚀断代法,岩画、居址、墓葬"三位一体"研究方法,以及魏坚老师提出的"类型学大框架小区域"法,建立起了局部岩画年代框架,为今后岩画研究奠定了基础。但这些方法并不是"放之四海而皆准"的,我国不仅是世界上岩画发现最早的国家,也是岩画最丰富的国家之一,对于岩画的科学研究需要建立在准确的年代基础上,因此,在有些岩画点缺乏直接断代数据的情况下,我们对于岩画年代的断定和分期研究,可以采用其他断代方法来进行。因此,希望在今后的实际研究工作中,我们应当结合具体情况,综合考察和运用比较成功的断代方法,相互联系、相互补充,以期获取更加准确的结论。

---

① 魏坚:《青铜时代阴山岩画年代刍议》,中国河套文化研讨会论文,2008 年,第 116 页。
② 朱利峰:《环太平洋"人面岩画"研究述略》,《三峡论坛》2015 年第 6 期,第 51 页。

### 3. 岩画断代数字化应用

早期岩画学者采用间接断代法对岩画年代进行推断,如制法断代、风格断代、图像断代、叠压断代和综合比较,将地质学、美学、工艺学等方面知识应用于岩画断代,为岩画断代打下了早期理论基础。随着岩画断代技术的发展,早期带有一定主观性的岩画断代方法带来的精准性不断受到质疑,学者开始聚集于技术领域,利用最可靠的科技手段对岩画的年代进行直接测定。比如运用微腐蚀断代法、碳十四测年法、铀系测年法、地衣测年法对岩画相关的岩面刻痕、裂隙、颜料以及沉积物等进行时代测定。由于不同断代方法之间对话空间有限,关于岩画点断代依然众说纷纭,至今尚未形成统一的相对年代框架。岩画年代的断定是岩画研究的基础,排不出岩画的相对年代框架,直接影响岩画的其他学术问题的研究,如岩画的族属、文化传统、社会功用、意涵象征、生活习俗等一系列问题的深入探讨,更重要的是会影响到这些问题研究的科学性。

随着计算机网络信息技术快速发展,数字人文技术逐渐应用于人文社会学科研究。从研究成果来看,基本实现人文学科的解读与数字技术量化分析的有效对接。未来将数字人文技术运用于岩画断代研究,对岩画断代信息进行可度量的数字替代,形成共享数字形态,然后进行数字分类、编码形成信息代码,建设岩画断代信息数据库,为岩画断代信息提取、保存、研究提供坚实的数字平台。比如,根据大麦地岩画制作方法建立起大麦地制法数据库。大麦地岩画主要采用凿刻法,用一道道凿刻痕迹组成精美的岩画图案。大麦地岩画凿痕数据库建设,可以用高清显微数码设备将大麦地岩画敲凿痕迹拍摄下来,运用电子扫描等技术描绘凿痕的基本形状、探测凿痕深度,然后对不同凿痕信息进行数字编码,形成凿痕数据库,通过光速传输和高速分析,实现云端共享。各地岩画研究者可以根据研究需要提取相应的数据信息,分析造型客体的形状、硬度、凿刻数量、磨损速度以及研磨后再次凿刻等相关信息,据此判断所使用的凿刻工具的形状、大小、合金成分等信息,建构数字模型,并结合考古学等相关资料综合判断岩画的制作年代,以提高大麦地岩画的断代精度。

总而言之,建构数字模型进行计算,为研究岩画断代提供资料信息和科技服务。岩画断代文化的数字化是依据岩画的保护、研究需要,融合数字技术,将岩画断代文化转化为可以储存管理和共享的数字形态,数字技术在岩画断代将发挥重要作用。通过数字技术对岩画进行三维数据和纹理采集,通过信息采集以及后期技术合成,尽可能还原岩画文物最初的形态和颜色,进一步实现岩画断代信息的数字展示,形成岩画断代研究的数字手段。

# 第十五章 数字方法在岩画
## 田野调查的应用

近年来,"数字人文"作为一门新兴学科对我国人文社科领域产生了深远影响,扩展了人文社科研究的深度与广度,为相关研究的创新、发展提供了良好的契机,同样为我国岩画学的发展带来了新的机遇与挑战。田野调查是进行岩画研究的基础性工作之一,系统、全面、翔实的田野调查工作是岩画研究与保护的重要基础。要实现"数字人文"与岩画学的结合,除在岩画研究、保护方面要深入探索如何使用数字化设备和技术外,在前期的田野调查中也要充分运用数字方法,将先进的数字化设备和技术运用到田野调查实际工作之中,从而为岩画学的跨越式发展奠定坚实的基础。

## 第一节 数字方法在岩画田野
### 调查中的早期应用

自岩画发现伊始,田野调查就成为岩画研究、保护、传承的基础性工作之一。我国早期岩画田野调查工作因人力、物力、财力的不足以及在调查方法、理念、技术乃至设备方面的缺憾,导致绝大部分的田野调查工作以临摹、描绘岩画为主。临摹、描绘的岩画线描图容易受人为主观因素及客观环境因素的影响,其准确性与客观性难以保证,使用胶片相机拍摄的岩画照片清晰度不够、数量不多。李祥石、朱存世所著《贺兰山与北山岩画》一书中收录了1979—1992 年间普查所获取的贺兰山与北山岩画资料,书中仅有岩画彩照 12幅,拓片照片 83 幅,其余均为线描图。通过对比发现,书中部分岩画线描图与岩画本体有显著差异。如书中第 67 页所列三组白虎沟岩画线描图,两组线描图中的人体面部有五官,但现实中的岩画是没有五官的,且三组岩画共处于同一石壁之上，其内容较书中所绘线描图更为丰富。又书中第66页所列小西峰沟二区四组岩画线描图，该岩画画面较大，内容丰富，由多个动物、人体组成，是贺兰山岩画中较为少见的大型岩画，但书中的线描图略显简单，部分内容没有得到展示。

　　同时，早期岩画田野调查所获取的岩画照片、拓片、线描图等资料通常以实体的形式存在，仅有部分岩画资料得以出版、发表，绝大部分未形成电子档案，其保存与后期查阅较为困难，一旦遗失、损坏就难以补救。对于岩画的尺寸、个体数量、详细的经纬度坐标、海拔、岩画、岩石的颜色、完残程度等缺乏详细的数据信息，对岩画的描述也较为简单，最终形成的调查报告、出版的著作、发表的论文在岩画的数据信息方面较为粗略，更没有建立相应的岩画数据信息库。以许成、卫忠所著《贺兰山岩画》为例，因未使用GPS定位设备，书中在描述贺兰山岩画的地理位置时较为简略。如书中对大西峰沟岩画地理位置的描述"……大西峰沟位于平罗县和贺兰县交界处，距平罗县城30余公里……"；对岩画具体位置的描述同样简略，如书中对大西峰沟第一地点的岩画描述如下："第一组，位于沟口外侧东坡的一块石壁上，下距沟底10米，面东，面积高0.75、宽0.88米。……""第二组，位于沟底，第一组西侧4.7米处，面南，面积高0.14、宽0.36米。"①在对岩画的题材、内容进行描述时，也会出现不同。以上文所述贺兰山小西峰沟的大型岩画为例，在《贺兰山与北山岩画》一书中，该岩画被命名为"游牧风情图"，尺寸210×110厘米；而在《贺兰山岩画》一书中，该岩画被命名为"狩猎图"，尺寸2.07×1.24米，且两书中所列的线描图也存在一定差别。可见，即便是同一幅岩画，不同的人在进行田野调查时，所获取的信息也各有不同，甚至对岩画的题材、内容会做出截然不同的判断。

　　通过以上对比可以发现，早期岩画田野调查中临摹、描绘的岩画线描图与岩画本身有很大误差，但我们不能因为这种误差而抹杀前人的功绩，正是这种早期的探索与实践为以后的岩画田野调查奠定了坚实的基础。而且我们也应该看到，这种误差主要是因当时的技术、设备和调查方法等因素导致

---

① 许成、卫忠：《贺兰山岩画》，文物出版社，1993年，第53页。

的,是受当时的客观条件限制的,所以早期出版的岩画类著作几乎都存在相同的问题。

进入21世纪之前所进行的早期岩画田野调查中,不仅数字化设备、技术尚未得到广泛应用,而且没有形成全面、统一的工作流程、标准,虽进行多次岩画田野调查工作,初步掌握了岩画的分布区域及大概数量,但获取的岩画信息资料存在一定不足,在岩画题材、内容的判断上甚至出现相互矛盾的情况,如何进行科学、客观、标准的岩画田野调查工作仍在不断探索之中。

得益于数字时代的发展,岩画田野调查在进入21世纪后更加注重数字化设备、技术在实际工作中的应用,即便当时学界还没有明确的"数字方法"概念。以数码相机拍照、GPS定位、填写信息表、建立岩画信息档案等程序为主的田野调查工作流程日益系统、全面、翔实,所调查的内容也越来越丰富,为岩画保护与研究提供了大量的图片与数据资料。如2003年、2005年,西北第二民族学院与上海古籍出版社合作进行的大麦地岩画、贺兰山岩画田野调查项目,就已经将数码相机应用到田野调查工作中,并对岩画的题材、内容、个体岩画数量、尺寸、制作方法、完残程度等数据信息进行了详细的记录,同时对田野调查所制作的岩画线描图、拓片进行数字化处理,形成电子档案资料。岩画数据信息在最终出版的大型图册《大麦地岩画》《贺兰山岩画》中以叙录的形式出现,与岩画照片、拓片、线描图相结合,使广大读者能够在书中对大麦地岩画、贺兰山岩画有一个全面、系统的认识,这可以视为数字方法在岩画田野调查工作中较早的应用之一。但两部著作所选用的岩画均制作精美、题材多样、内容丰富,个别制作简单、内容单一的岩画并未收录其中,且所获取的岩画照片、拓片、线描图及相关数据信息资料,并未形成相应的岩画数据信息资料库,查阅相关岩画信息只能翻阅已出版的两部著作。至2007年,西北第二民族学院与内蒙古巴彦淖尔市政府合作进行的阴山岩画项目,更多的数字信息设备、技术应用到阴山岩画的田野调查之中,如高清数码摄像、摄影设备、高精度GPS定位系统、笔记本电脑等,同时调整了岩画田野调查的工作流程,设计了条目更为详细、全面的岩画信息登记表并采用现场描述、现场记录的方法填写,从而最大限度地保证了岩画信息的准确性与客观性,为《阴山岩画》一书的出版及相关研究的深入奠定了扎实的资料基础,但仍未建立相应的岩画数据信息资料库。2012 年,银川市贺兰山岩画管理处开始全面、系统地对银川市境内贺兰山岩画进行田野调查工作,此次调查在以往的基础上再次进行了一定的创新。首先,摒弃了以往使用透明塑料描绘岩画线描图、后期再誊描到宣纸上的做法,开始全面使用 Photoshop 技术,从而最大限度保证了岩画线描图的真实与准确,避免人为主观因素与客观环境因素的影响;其次,在岩画的定位方面引入 GIS 地理数据信息系统,获得了包括岩画经纬度、海拔等信息在内的诸多数据,并且这些数据可以直观地反映在系统自带的地图和谷歌卫星地图中,从而进一步丰富了岩画数据信息档案的内容;第三,所有在田野调查中获取的岩画资料,如岩画照片、拓片、线描图、岩画信息登记表等均在保留纸质版本的同时形成电子信息档案,初步建立了不对外公开的贺兰山岩画数据信息资料库;第四,与银川市科技局合作进行了《3D 技术在贺兰口岩画保护研究中的利用》项目,首次将 3D 技术应用到贺兰山岩画的田野调查及研究保护之中,开创了贺兰山岩画保护研究的新思路。

此外,国内其他岩画研究保护机构、高校、科研院所等也在岩画的田野调查工作中或多或少地运用了一些数字设备、技术,数字化的理念在实际工作中逐渐得到认可,为下一步数字人文理念在岩画田野调查中深入奠定了坚实的基础。

## 第二节　数字方法在岩画田野
## 调查中的发展

在数字化浪潮的推动下,数字化设备、技术在岩画田野调查工作中的应用已经成为共识。在此背景下,国内部分岩画学者开始从岩画田野调查流程、岩画著录标准、岩画数据库建设等方面思考如何在岩画田野调查、研究及保护方面进一步实现数字化。如乔华、巩利斌等在《诠释岩画档案建设体系——最有效的保护手段之一》中提出一整套田野调查的流程和数据采集、建档著录的方法,明确了岩画档案建立的主要依据、岩画资料档案信息采集的归类、分类、编号的主要依据,对采集各岩画点资料的主要组成部分、资料著录组成部分的细则要求进行了系统的划分,构建了完整的岩画资料档案体系,包括主卷类、副卷类、备考卷类、后记卷类、综合卷类、补充卷类等六大卷,其中,主卷分为综合资料和详细资料记录,副卷分为调查工作照片、自然环境照片、遗址照片,备考卷分为拓片登记信息、GPS 登记信息、标本登记信息、照片登记信息、影像资料信息。这是国内首次就岩画田野调查、建档著录提出的标准。① 巩利斌在《浅议 GPS 在岩画调查中的应用》中分析了 GPS 定位系统的特点和功能,从准确测量并计算出调查行程和时间、精确定位岩画的地理位置、较为准确地计算出岩画点每幅岩画之间的距离和分布面积等三方面论述了 GPS 在岩画田野工作中的应用,最终认为 GPS 数据是建立岩画"身份档案"的主要资料之一。② 翟彦君、夏亮亮在《岩画野外普查方法略论》一文中对岩画田野调查的流程、步骤进行了详细的阐述,该文是在多年岩画田野调查的基础上对具体调查工作的总结,有一定的实践意义,同时对 GIS 地理数据信息采集系统、3D 技术在岩画田野调查中的应用等内容进行了重点论述,虽未明确提出数字化,但已在岩画田野调查中进一步开展了数字化实践。③ 杨惠玲在《岩画田野调查资料著录标准研究》一文中,从国内外岩画资料著录标准化的发展、岩画田野调查资料著录标准的构建等方面进行了详细的探讨,分别就引言、名词、术语、类目设置、著录项目以及地理环境数据资料、测量数据资料、摄影(像)数据资料、静画资料、相关数据资料、著录类型、来源以及其他著录依据等方面进行了系统的论述。④ 从以上所述文章中可以看到,构建统一的岩画田野调查标准,增加数字化设备、技术在岩画田野调查、岩画信息资料档案建设中所占比重已逐渐成为一种发展趋势。

2013 年,中国岩画学会成立,其官方网站《岩画网》是国内第一个综合性岩画网站,涉及遗产展示、岩画文化传播、岩画保护、岩画与人物、学术交流与论坛举办、学会理事会工作等内容,网站架构较为全面、系统,但内容上还有很多空白,在岩画的数字化展示方面还有一定不足,特别是在《遗产展示》这

---

① 乔华、巩利斌等:《诠释岩画档案建设体系——最有效的保护手段之一》,《岩画研究 2007—2011》,宁夏人民出版社,2011 年,第 29 页。
② 巩利斌:《浅议 GPS 在岩画调查中的应用》,《岩画研究 2007—2011》,宁夏人民出版社,2011 年,第 176 页。
③ 翟彦君、夏亮亮:《岩画野外普查方法略论》,《三峡论坛》2013 年年第 3 期,第 87 页。
④ 杨惠玲:《岩画田野调查资料著录标准研究》,《信息管理与信息学》2016 年第 3 期,第 51 页。

一条目下,缺少多个省份的岩画数据,需进一步增添岩画资料信息。2015年前后,宁夏图书馆建立了宁夏岩画多媒体资源库,该资源库收藏岩画图片23 727张,数据26 416条,视频354分钟,涉及世界岩画、中国岩画、岩画断代、岩画的分布、岩画题材与价值,以及岩画的保护利用等等。这是宁夏第一个综合性的多媒体资源库,虽在内容上还有待进一步充实,但已经在岩画数据库的建设上迈出了坚实的一步,而该资源库的建设,为前期的田野调查提出了更高的标准,更多数字化设备、技术的介入已经成为必然。

朱利峰在《岩画遗产档案的数据库体系构建》中对国内外的岩画遗产档案研究与数字化发展现状、岩画遗产档案数字化保护的紧迫性与必要性、岩画遗产档案数据库的角色与功能、岩画遗产档案数据库的准备条件与实施路径、岩画遗产档案数据库的结构设计、开发岩画知识分享新时代等方面的内容进行了论述,虽然此文未涉及岩画田野调查相关内容,但是在岩画的数据库构建方面所提出的对策建议,对岩画的田野调查具有重要的参考意义。①

2018年,原北方民族大学束锡红教授主持的国家社科基金重大项目"中国北方岩画文化遗产资料集成及数据库建设"获批立项,这是国内第一个以岩画为研究内容的国家社科基金重大项目。以该项目的立项为契机,项目组广泛吸收了中央民族大学、北方民族大学、西安美术学院、海南热带海洋学院、中华女子学院、宁夏岩画研究中心、银川市贺兰山岩画管理处等单位人员参加,该项目在岩画田野调查、数据库建设及相关研究方面已取得一定成果。

张超在《数字化技术在岩画保护中的应用——以中宁石马湾岩画数字化保护项目为例》一文中详细介绍了宁夏中宁石马湾岩画数字化保护项目,对该项目的工作流程、主要使用设备及实施要求、步骤、目标进行了全面、系统的阐述,并公布了一部分取得的成果,同时总结了数字方法在岩画研究保护中的应用及意义。此文虽从保护岩画的角度论述了数字化技术的应用,但其

---

① 朱利峰:《岩画遗产档案的数据库体系构建》,《图书馆理论与实践》2019年第9期,第101页。

所进行的流程、步骤完全可以嵌入到岩画的田野调查中去,成为田野调查工作的一个重要组成部分。①

此外,还有众多岩画专家学者就数字化理念、技术在岩画研究、保护中的应用提出了相应的对策建议,使数字化理念、技术在岩画田野调查中得以进一步发展。

## 第三节　数字方法岩画田野
## 调查中存在的问题

虽然数字方法在岩画田野调查中逐步得到实践并取得了一定的成效,但是从岩画田野调查的实际发展来看,数字方法尚未全面贯彻到田野调查的实际工作之中,还存在一定的不足。

### 一、尚未构建统一的岩画田野调查标准与流程

岩画田野调查过程漫长,步骤复杂,从目前国内岩画田野调查的现状来看,不同的省、区、市,不同的岩画管理、研究、保护机构的田野调查在调查流程、著录标准、描述方法乃至岩画信息登记表的设计方面各有不同。虽然《诠释岩画档案建设体系——最有效的保护手段之一》一文提出一整套岩画田野调查的流程和数据采集、建档著录的方法,但从实际应用中看,完全采用该方法的机构较少,其推广普及还面临较大困难。岩画田野调查的每一步流程、每一个具体步骤都需要构建统一的标准,但目前国内尚未出现一个被岩画界普遍认可并执行的关于岩画田野调查的标准,而标准的缺失会造成田野调查所获取的岩画资料信息出现一定的差异,进而会严重影响岩画数据信息库的建设以及进一步的深入研究。如前文所述,《贺兰山与北山岩画》《贺兰山岩画》两部著作中对贺兰山小西峰沟大型岩画在题材的认定、尺寸的测量方面出现差别,其原因除受当时客观条件影响外,最主要的原因是缺乏统一的田

---

① 张超:《数字化技术在岩画保护中的应用——以中宁石马湾岩画数字化保护项目为例》,《文物鉴定与鉴赏》2020 年第 3 期,第 74 页。

野调查标准。

## 二、缺少数字化相关专业人员、设备、技术

从事岩画田野调查的人员大都是人文社科专业出身,缺少自然科学专业人员,与数字化专业相关的人员就更少。这导致在实际进行岩画田野调查工作时,绝大部分先进的数字化设备都由非专业的人员操作、使用,不仅要在工作前对这些人员进行全面、系统的培训,而且在实际使用中难以保证数字化的设备发挥出应有的效果,突破传统田野调查方法的局限较为困难。同时,数字化的设备、技术在岩画田野调查中较为缺乏,虽然近年来数码相机、GPS、笔记本电脑等设备在田野调查中已经逐渐普及,但无人机、3D扫描设备、卫星遥感设备使用较少,大数据、人工智能、数字识别、红外摄影、全景扫描、三维建模、虚拟成像等技术也较少进入田野调查工作之中。数字化专业人员、设备、技术的缺乏使得岩画田野调查工作与前些年相比无实质变化,传统的调查方法、设备仍占很大比重。

## 三、国内外岩画学界交流不足

数字化技术紧跟当今科学技术发展潮流,迭代更新较快,国外岩画学界在岩画的数字化保护、利用方面已走在前列,取得了显著的成果,在这方面,国内岩画学界与国外同行间的交流、学习明显不够。岩画学作为一门新兴学科,理应与国外岩画学界有更多交往。然而从国内外岩画学界的交流来看,仅有少部分国外学者如美国、意大利、印度、澳大利亚、俄罗斯等国的知名岩画学者应邀来中国参加岩画学术会议或进行岩画调查,国内岩画学者到国外进行岩画学术交流则更少,交流的方式、内容也较为单一,而且几乎没有就岩画的数字化保护、利用进行过专门的交流探讨。国内外岩画界交流的缺失使得国内岩画学者对国外岩画学的研究理念、研究方向、所采用的技术以及取得的研究成果了解较少,如瑞典所采用的对岩画进行数字识别的技术在国内罕有相关介绍。不仅与国外岩画学界的交流较少,国内岩画学界之间的交流也不多,以往银川市贺兰山岩画管理处举办的贺兰山岩画研讨会还可以为国内外岩画学界之间的交流搭建一个平台,但该研讨会已有三年多未举办。目

前中国岩画学会已担负起国内外岩画学界交流的职责，但仍需进一步发挥好平台作用，增进国内外岩画学界的交流。

### 四、数字方法尚未在岩画田野调查中有效应用

实现岩画田野调查的数字化、岩画信息资料的数据化，需要将数字方法贯彻到田野调查工作的具体流程、步骤之中。从目前国内大部分文博机构、岩画研究、保护机构所进行的岩画田野调查工作来看，虽然数码相机、GPS、笔记本电脑、三维扫描等数字化的设备、技术已经较为普遍地使用，但数字方法并未随着数字化设备与技术的广泛使用而深入到岩画田野调查之中，数字化只是获取岩画信息资料的一种方式，如何使岩画田野调查工作在数字方法指导下实现新的突破，为岩画数据信息资料库的建设奠定坚实的资料基础，还需进一步的探索。

# 第四节　数字方法在岩画田野调查中的实践路径

### 一、构建并推广统一的岩画田野调查标准与流程

以《中华人民共和国文物保护法》《中华人民共和国档案法》《中华人民共和国文物保护法实施条例》《中华人民共和国档案法实施办法》《全国重点文物保护单位记录档案工作规范》《文物保护单位记录档案档号编制规则》等为依据，广泛参照各地岩画田野调查的流程，征求国内考古学、历史学、岩画学专家的意见，构建一个科学、合理的岩画田野调查标准与流程并进行推广。该标准与流程须对拍照、制作线描图和拓片、填写岩画信息登记表等流程以及岩画点的分区、岩画的辨认、命名、编号、尺寸测量、GPS 定位、是否可移动、确定个体数量、辨别制作方法、辨别岩石颜色、岩画刻痕颜色以及描述岩画等步骤制定明确、具体且可操作的规范。同时，还应选择某一岩画分布区对新构建的岩画田野调查标准与流程进行试点，进一步完善与补充后在国内进行推广，力求此标准与流程能够在国内岩画田野调查中得到普遍的使用。只有

这样我们才能在统一的标准与流程下获取全面、完善的岩画信息资料,从而为下一步构建中国岩画数据信息资料库打下坚实的基础。

## 二、加强数字化相关专业技术力量

数字化相关专业人才是将数字人文理念贯彻到岩画田野调查工作的重要保证。一个完整的岩画田野调查队伍,不仅需要与岩画相关的人文社科专业的人才,还需要与数字化相关的自然学科的人才,二者结合才能更深层次地将数字方法贯彻到岩画田野调查及后期数据库建设之中。进行田野调查的人员是后期进行资料整理、档案建设的具体操作者,需要数字化相关专业人员对田野调查所获取的照片、线描图、拓片及相应的数据信息等进行数字化处理,形成电子档案。同时,应紧跟数字化发展潮流,进一步增加数字化设备的使用,引入先进的数字化技术,将人员、设备、技术合理有效地结合起来,以保证岩画田野调查工作的有序进行。

## 三、增进国内、国外岩画学界的交流

国外岩画学界经过多年的发展,在岩画田野调查、数字化建设等方面取得了非常显著的成果,特别是在岩画数据库、岩画网站的建设方面具有较高的专业性,值得国内岩画界进行广泛和深入的学习。在这方面亟须进一步加大国内外岩画学界之间的交流合作,可以充分利用中国岩画学会、中央民族大学中国岩画研究中心等平台,针对岩画保护、研究、数字化等不定期举办线上线下交流、探讨活动,并以此为基础加强合作,互通有无,增进了解。同时,还应在适当时机要求国外岩画学界专家来中国进行交流和演讲,如 2015 年宁夏岩画研究中心邀请澳大利亚、印度岩画专家来宁夏进行岩画讲座与培训,取得了显著的效果。

## 四、加强岩画田野调查人员的培训

在岩画田野调查中运用数字方法,其目的是在最终获取的岩画田野调查资料的基础上形成标准、统一、全面的岩画数据信息档案,进而为岩画数据信息资料库的建设奠定基础。因此,必须进一步加强岩画田野调查人员的培训,在保护、研究岩画的初始阶段——岩画田野普查工作中运用数字方法,严格按照岩画田野调查工作的流程、标准进行相应的田野调查培训工作,包括如何拍摄岩画照片(是否拍摄周边环境、是否拍摄岩画局部照片)、如何制作岩画线描图、是否制作岩画拓片、如何测量岩画尺寸、是否使用比例尺、GPS的使用、岩画制作方法的判断、岩画的完残程度、岩画信息登记表的设计等等,这些流程均须按照统一的标准对从事岩画田野调查的人员进行严格的培训,这样才能保证岩画田野调查工作所获取的数据信息的一致性。

数字人文理念的兴起为我国岩画学的发展创造了新的机遇、提出了新的挑战,如何抓住数字人文时代发展的契机、以数字人文的理念推动我国岩画事业的创新发展就成为我国岩画学界必须面对并需解决的问题。岩画田野调查作为岩画保护研究的基础性工作,贯彻数字人文理念,运用数字方法,综合利用数字化设备,是实现岩画田野调查科学化的重要基础。而数字方法与岩画学相结合的一个重要目标就是要建立全面、系统、完整的岩画信息资料数据库,并以此为基础进一步加强岩画的研究与保护工作。本章在总结以往国内岩画数字化应用的基础上,结合岩画田野调查的经验,较为粗浅地探讨了数字方法在岩画田野调查工作中存在的问题,并提出了相应的对策建议,以期为今后我国岩画学的发展提供一定的借鉴与参考。

# 第十六章　岩画文化遗产数据库
## 　　建设与开发利用

随着数字化新时代的来临，岩画文化遗产数字化保护与发展成为一个世界性的课题。目前，欧、非、澳、美等地的岩画数字化保护走在世界前列，对国民经济均产生了积极影响，并为世界原始艺术与文化研究搭建了信息平台，促进了文化传播和学术交流。我国拥有丰富的岩画资源，但数字化保护尚未真正起步，发展程度远低于国际水平。本章通过梳理国际岩画数字化保护体系研究成果，提出在数字文明新时代背景下，构建中国岩画文化遗产数据库的基本框架，探索具有可持续发展潜力的中国岩画国民教育和附加值产业开发方向；从数据库的建设到数字博物馆再到产业开发，形成完整的文化艺术传播链和可持续的社会经济发展链，以科学、便捷的记录和传播措施，让价值珍贵的岩画遗产在数字化的保护下得以永久传承。

## 第一节　岩画文化遗产数字化应用评述

我国境内的岩画遗迹，记录了远古族群狩猎、祭祀、征战等方面的生产、生活场景，在世界岩画体系中占有极其重要的位置，拥有惊人的数量，储藏着巨大的文化信息，是研究中国文化史和民族史的宝库。截至目前，我国已经在 29 个省市自治区范围内的 200 余个县境发现了超过 5 000 个岩画遗址。[1]

---

① 　Zhu Lifeng、Xiang Jiangtao，"21st Century Discoveriesand Research of Chinese Rock Art"，IFRAO 2013，Proceedings，American Indian Rock Art. AZ，UnitedStates：American Rock Art Research Association，2013：1343 - 1352.

这些遍布民族地区的文化遗产,对于中华民族多元一体格局的形成具有珍贵的研究价值,是中华民族文化历史长河中的重要篇章。由于岩画的分布区域大、刻绘地点偏、保护起来难度就比较大、投入产出比不高,导致近年来随着宣传力度的扩大反而损毁更加严重。随着现代社会的加速建设和生态环境的自然侵蚀,岩画的保存状况已经危机重重,岩画资源正遭受前所未有的损失。特别是在边远的少数民族地区,迫于发展和人口压力,道路和水电建设、城市扩张、矿产开采、农业生产和森林采伐成为威胁岩画安全的主要因素。此外,酸雨、雷击、风蚀以及动植物的繁衍活动等,也都或多或少地导致岩画腐蚀和数量减少。因此,有必要重新审视当下我国岩画研究困难、难以保护的现状。对于岩画这种不可再生的艺术珍宝而言,在当前还没有获得突破性的研究成果之前,保护和记录显得尤为重要。

新世纪以来,随着世界各国学者对文化遗产的深入研究,中国学术界对岩画的关注已不仅停留在审美、考古或民族学等单纯的研究领域,更以知识分享、文化探索、文化旅游甚至文化创意产业开发等特点成为地方文化产业的重要资源。鉴于此,对中国岩画遗产数据库全面而系统地记录、整理、保存,便成为一项迫在眉睫的艰巨工程。

作为一种世界上普遍存在的文化遗产,岩画是祖先留给我们的宝贵财富。21世纪以来,各国政府强调加强文化产业开发,岩画遗产作为一种独特的历史文化资源逐渐得到重视。联合国教科文组织把文化遗产保护中的一些信息化手段如采用光学 Pioooo Motion Capture Systm(PIMC)进行 3D 动作数据捕捉的技术,列为继图、文、音、像之后文化遗产记录与保护的第五种方式,并大力倡导作为"非遗保护"的关键手段之一。

国际社会早在第二次世界大战之后就开始陆续成立了许多岩画研究与保护机构。联合国教科文组织下设有专门负责世界范围内岩画事业的"国际岩画委员会"(International Committee of Rock Art,CAR),而总部位于墨尔本的"国际岩画组织联合会"(International Federation of Rock Art Organizations,IFRAO)历经 20 多年的发展壮大,目前已经拥有遍布全球各大洲的五个国际成员组织以及 8 500 多名学者,每年召开国际岩画大会,成为当今最具国际影响力的岩画组织之一。此外,非洲、欧洲、澳洲、中亚以及美洲均拥有为数可观的岩画研究与保护机构,对当地的岩画研究、文化产业开发与遗产保护均产生了巨大的推动作用。当前,世界岩画界的学术发展呈现出三大趋势。"理论岩画学",这是岩画研究的传统方向,主要侧重岩画的断代、释义和族属研究;其研究重镇位于欧洲,但世界其他大洲的相关研究也正以迅猛发展之势悄然崛起,其中尤以亚洲和拉丁美洲备受关注。"应用岩画学",这是新兴的研究方向,非洲和北美洲的相关机构和学者在这方面贡献突出,他们共同关注岩画作为一种文化资源如何在当代社会发挥更为现实的经济、文化和社会效益。如 1999 年,时任南非总统的塔博·姆贝基(Thabo Mbeki)在参观南非世界文化遗产之一的德拉肯斯堡山公园的岩画时,对南非这份宝贵资源未能充分为南非人民服务而深感震惊,并敦促有关部门开展调研、采取相应措施改善未能充分开发南非岩画资源的窘境。姆贝基总统于 2000 年 4 月公布新的南非国徽,其中位于国徽中央的一对人物图像正是源自南非桑岩画。同时,他责成南非环境事务和旅游部负责开发岩画旅游资源,并拨款建立了南非第一座岩画博物馆——"起源中心"(The Origins Centre),于 2006 年 3 月正式对公众开放。[1] 目前,南非环境事务和旅游部正在着手进行"如何利用岩画资源改善南非偏远地区民生"的专项研究课题。"科技岩画学"虽然是传统的研究课题,但随着现代科学技术的日新月异,岩画遗产的科学技术应用也表现出与时俱进的特质。科技岩画学主要涉及岩画科学技术保护(主要运用物理和化学方法)以及岩画资源的数字化,澳洲、非洲和斯堪的纳维亚半岛在这方面成绩显著。

　　我国自 20 世纪 60 年代以来发现了大量岩画遗存,遍布 29 个省市自治区。考古部门的主要工作是对新发现岩画点的调查、记录和资料的整理,以及采取一般性的保护措施;广西花山岩画于 2016 年成功进入《世界文化遗产名录》,宁夏贺兰山岩画、内蒙古阴山岩画也都在积极申报进入该名录,若申报成功,对中国少数民族地区的文化事业将是极大地促进。

---

[1]　The African Rock Art Digital Archive, http://www.sarada.co.za/, 2018 - 06 - 15.

步入 21 世纪,随着科学技术的发展,数字化技术愈加成熟,应用愈加广泛。2001 年,财政部和国家文物局联合启动了"调查项目"。该项目采用数字化手段,通过档案清查、数据采集、网络搭建、人才培养等措施,对全国文物系统馆藏珍贵文物进行文物基础资源清查、数字化存储和管理系统建设。① 目前文化遗产的数字化保护、保存整理研究已经成为国际通行的新思路和重要方法。在国内,数字化技术也得到国家的大力鼓励如"非遗传承数据库系统"(PICHD)作为数据库核心平台,已于 2008 年 11 月被中国非物质文化遗产保护中心作为国家标准向全国推广。数字化手段在岩画研究、保护中的应用,近几年我国的一些机构也在岩画数字化方面进行了积极探索和实践,比如花山岩画、大兴安岭地区岩画的数字化实践等,这也为我国岩画的研究、保护及岩画资源的开发利用开辟了一条新路。②

# 第二节　岩画文化遗产数据库建设和管理

岩画数据库是目前保存效果最好、效率最高的一种储存方式。该数据库对文字、图片、视频、录音等资源进行收集、处理、分门别类,并具备查询、检索、匹配、输出等多种功能,是一个整合式的数据系统。

## 一、岩画数据库结构与功能设计

我国考古界和学术界早在 20 世纪 50 年代开始就积极整理岩画发现与研究的成果,努力推动岩画遗产的调查、记录与保护工作。自 21 世纪初开始,各界研究机构与社会团体配合文化产业战略的数字化趋势,积极推进数字化先导工作,通过科学、严谨的考察、测量、记录、描绘等手段,为岩画遗产的数字化做出了积极的准备。

（一）岩画数据库的结构设计

数据库采用 Client/Server 模式的资源发布平台和用户通用界面,有效

---

① http://news.hexun.com/2011-03-21/128080907.html.
② 邓启耀:《中国岩画的多媒体时空呈现与数字化解析》,《民族艺术》2015 年第 6 期,第 37—42、101—104 页。

地将岩画图像资源以数字方式与网络衔接,集资源采集与发布于一身。使用 VB 和 JS 等脚本语言进行编写,既能有效操作数据库,又可实现与 Web 页面的结合。依托 ASP 技术的检索优势,[①]引入岩画分类、分期、社会功能、制作方法等多项检索途径,实现岩画题材内容、尺寸、经纬度、颜色、特征以及岩画山体所处场景、高清影像等资料数据信息的安全管理和高效检索。

（二）数据库的功能设计

网络时代,图像数字化的趋势日益兴起,构建以数字化网络为主体的岩画档案数据库,能够在网络空间中搭建起一个岩画知识典藏的展示空间,其功能还可以涵盖研究、教育甚至是文化创意产业,是文化遗产数字化的直接需求。

岩画遗产档案数据库以"数字化档案典藏、网络虚拟博物馆、数字化远程学习及附加值应用"为岩画数字化发展主轴(表 13),将先进的网络科技与古老精美的岩画紧密结合,能够借助岩画档案数据库的整合与同步推动,为散布在全国的线下实体岩画遗产提供数字化典藏、展览、教育、研究等功能。

**表 13　岩画档案数据库与线下实体博物馆功能比较**

| 数字化档案典藏 | ⟺ | 实体典藏 |
| 网络虚拟博物馆 | ⟺ | 实体展览陈列 |
| 数字化远程学习及附加值应用 | ⟺ | 现场教育推广 |
| 岩画档案数据库 | | 线下实体博物馆 |

（三）岩画数据库的实施路径

综合考量岩画遗产数据库的定位,以下三个方面的建设推广是必不可少的:① 中国岩画遗产档案的数字典藏系统的研发;② 岩画遗产档案网络

---

① 李宇新:《利用 ASP 技术开发图书馆信息咨询系统》,《黑龙江科学》2014 年第 4 期,第 277—277 页。

检索、学习、研究、展示、互动系统的研发;③ 岩画数字化虚拟博物馆建设与附加值应用推广。岩画是一种图像化的岩石艺术,图形语言是它的基本形式。在数字化典藏系统的研发过程中,首要任务是建立高品质的岩画影像资料库,包括数码照片、影像,摹绘资料的数字化等,类似于哈佛燕京图书馆的中文善本特藏库以及国际敦煌项目的专属数据库。[①] 同时,每一处岩画点要建立岩画遗产基本资料(包括岩画点的影像资料等数据)及说明,相当于为每一幅岩画颁发一个身份证。还必须注意利用数字化浮水印技术保护资料收集拥有者的知识产权。为了传播尽可能真实的信息,需要建立先进的影像校色标准程序与技术,并开发公共资讯系统提供检索查询服务,还可以通过 3D 数字图书馆·技术平台技术提供虚拟空间的漫游体验。此外,还可为社会广泛提供岩画素材以促进其附加值的应用与文化创意产业的开发。

岩画遗产档案数据库的基本框架概括起来包括:① 多种国际语言版全球岩画资讯;② 各类主题的岩画数字化虚拟展厅;③ 各类型多媒体展示及体验系统;④ 岩画附加值创意产品或商品;⑤ 高品质多媒体视听系统;⑥ 降低数字化落差学习研讨会;⑦ 国际论坛及文化推广暨国际交流。在此框架下,能够利用数字化资源建设一个全面的岩画遗产数字化学习网络以及示范中心,开拓调查、记录、研究、保护、开发等岩画遗产学习课程,使岩画遗产的网络学习成为可能。岩画遗产档案数据库不仅通过各种电子媒体提供民众文化资讯服务所必需的基础建设,其特殊的现实意义还在于:利用最新的网络科技,将不可再生的岩画资源通过数字影像方式呈现,并利用文字资料加以描述,整合建构成为图文数据库,方便公众查询利用,并配合多元化的文化价值应用。

## 二、岩画资源平台建设

设计整合式的岩画数据库系统,包括四个层次的平台:资源建设平台、资

---

① 王洁:《大数据思维与数字人文的加值应用——传统文化数据库发展的新趋势》,《图书馆理论与实践》2018 年第 5 期,第 104—108 页。

源管理平台、资源开放平台、资源应用平台；并将先进的数字技术与资讯系统整合于每个层次之内（表14）。

表 14

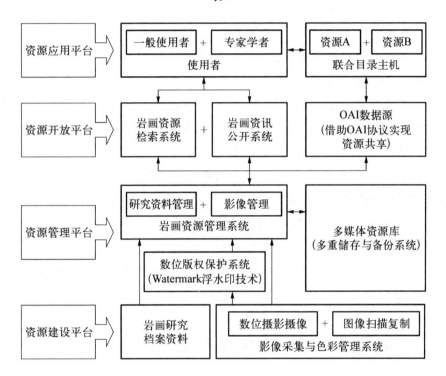

（一）资源建设平台。依据岩画的重要等级、研究、出版或展示等需求，进行资料筛选，筛选完成后即开始着手整理资料，建置岩画后台档案资料、说明文著录与高品质数码影像档。此资源建设平台需要满足岩画资源数字化的未来发展目标，应逐步完成我国境内已调查岩画的数字化建设，并积极尝试岩画3D影像和虚拟现实等新技术的应用。

（二）资源管理平台。数字档案基础内容建置完成后，将统一送至资讯中心进行后期处理，并汇集于资源管理系统中。后期处理的主要内容为数字版权保护系统，包括加置浮水印（Watermark）和备份储存。依据不同的授权对象，设计多种浮水印图案，分别用于研究者借阅与未来商业授权识别。管理平台的功能主要包括影像管理及上传、后台资料管理、资料存入与存出、请求回应位置转换、资料统计、储存与备份等。

（三）资源开放平台。数字化成果经过岩画数据库公开资讯系统、虚拟展厅及图书典藏等系统，可为一般使用者及专家学者提供不同等级的查询服务与学习研究资源。此外，通过 OAI 机制实现与其他博物馆资源共享的目标。① 岩画资源检索系统为专家学者提供专业的岩画知识与影像资源；岩画资讯公开系统为一般大众提供一个整合式、轻松浏览与查询岩画数字化成果（包括岩画简要背景资料、说明文字与 jpg 影像）的界面。开放平台的功能主要包括支持实际存放目录及逻辑虚拟主题目录的对应、支持多种查询功能（图像检索、全文检索、栏位检索等）、会员登入及影像存取权限管控、网页版型更换。

（四）资源应用平台。为满足用户对岩画资源的需求，需要适合于当代文化需求的数字化技术与应用平台。岩画资源的数字化应用没有空间限制，用户可以在图书馆、家中使用有线网络访问，也可在户外通过各种移动终端设备访问。

四个平台的建设使岩画的资源得到了永久性的保存，得到了系统性的管理，并且通过多平台分享与应用，最终实现岩画资源的共建共享。

# 第三节　岩画文化遗产数据库资源共享

由于岩画遗址地点分散，画作多刻绘于巨石、山崖之上或洞壁之内，材质脆弱易损，搬运和储藏极为不便；加之传统实体博物馆展览场地空间有限、开放时间有限、岩画档案检索不易、附加值应用不便等原因，岩画传统式保护方面的功能与角色受到相当多的局限。21 世纪以来，数字媒介和网络技术为基础的新媒体，通过与传统媒介不同的媒介工具和传播方式，以及其信息传播的高速度、高质量，能够帮助岩画遗产进行有效的数字化保护与文化创意产业开发。② 在这样的背景之下，数字化技术为岩画遗产保护提供了一个完善

---

① 　常春：《数字图书馆元数据获取协议 OAI》，《现代情报》2007 年第 4 期，第 108—110 页。
② 　邓启耀：《"新媒体"与媒介人类学的当代论域》，《媒体世界与媒介人类学》，中山大学出版社，2015 年。

的解决方案。

## 一、岩画数字博物馆

建立数字博物馆分享岩画资源是政府与文化界的愿望。结合岩画研究人员、资讯及多媒体技术人员三者的专业知识与创意，将岩画通过数字化方式予以诠释，建构主题式的数字化虚拟博物馆，从而使岩画艺术的风貌完整呈现，供人们研究、教学或浏览欣赏，还可以使全球各地爱好文化艺术的人们欣赏我国数字图书馆·技术平台岩画之美。在虚拟展厅的设计上，应兼顾网页美观、知识内涵丰富及互动性强三个方面。将展厅依功能大致分为主题导览、展品赏析、虚拟实境、查询检索、游戏天地等部分，以图文并茂的方式搭配多媒体动画加强效果，营造生动活泼的导览气氛。主题导览可选定某一岩画主题，通过深入浅出的方式，系统地介绍岩画典故，并配合图像说明，使大众对岩画有更深入的了解和认识；展品赏析可详细介绍每幅岩画的背景资料与相关图片，在图片的展示上采用多元形式的技巧呈现，如多角度、360度立体环绕以展示更多细节；虚拟实境是运用虚拟现实技术，使浏览者借助新媒体设备神游于岩画的空间立体场景之中，充分调动参观者的感官体验；查询检索服务提供栏目查询、全文检索及跨语言检索功能；游戏天地可设计具有亲和力的互动式游戏，让浏览者从中了解岩画的相关知识，达到寓教于乐的目的。①

## 二、岩画资源网站

资源网站的建设是对已有的岩画数据库，利用人工智能、专家系统等技术和工具进行信息处理与加工，构建相应的知识库，实现岩画知识表示与获取、发现与研究、创新与服务等功能。岩画资源网站的建设有利于岩画信息的共享、检索；有利于营造多元的数字化学习氛围。

## 三、线下文化活动

数据库具有丰富的岩画资源。为了更好地科普岩画知识，以及更深入地

① 王愉等：《论网络博物馆的策划与建设》，《北京印刷学院学报》2008年第1期，第83—86页。

交流互动,可以整合特色的岩画题材及有代表性的岩画类型,开展有益的线下文化活动。在博物馆或学校等地举办专题展览会及文化论坛,结合数据库平台资源,以数据库资讯为依托,邀请专家学者对岩画研究的相关问题进行深入探讨。为参与者提供一个积极的学习互动环境,让参观者享受独特的视觉盛宴,直观地感受到岩画的魅力,从而提升参观者对岩画的整体认识。

### 四、虚拟现实技术(VR)

虚拟现实(VR)技术能模拟虚拟的环境,给人以沉浸式的体验,使人仿佛置身于真实情境中。由于岩画独特的地理位置,难以实现多人到实地参观。因此,可以通过整合数据库资源,利用虚拟技术,模拟虚拟的岩画及周边场景,从而摆脱地域的局限性,将岩画更生动、逼真地展示出来,人们可以在任意的时间和空间近距离"接触"岩画,可以更加真实生动地了解岩画文化遗产,实现岩画遗产以数字化的手段得到保护和传承。

## 第四节　岩画文化遗产数字化
## 开发与利用路径

岩画文化遗产的开发和利用是岩画保护和传承的重要手段。通过开发岩画文化遗产的文化创新产业与附加值应用,将岩画以文化创意的各种形式走进人们的现实生活中。此外,通过培养相关专业人员,在数字媒介多个平台进行宣传,网络覆盖式普及岩画知识,从而提高岩画数字化保护和传播水平。还可利用数据库资源,结合多媒体设备以 PPT、图文解说、视频、音频等形式开展学校和社区主题教育,最终达到科普岩画知识,弘扬传统文化的目的。

### 一、岩画附加值应用

进一步运用岩画数据库的附加价值,先选择文化及商业价值突出的岩画题材和作品,结合各地独具特色的产业,研发出各类文创产品和旅游纪念品,如开发线上游戏、影像授权、复制拓片、研发文创衍生品等,并搭建岩画网络商城将附加值商品推广于海内外,促进文化产业发展。如此,不仅增加地方文化产业收入,而且能带动文化创意产业的经济发展。

（一）岩画主题线上游戏。敦煌研究院曾与腾讯集团旗下的王者荣耀游戏展开三次合作,借助敦煌飞天形象与九色鹿的典故,设计出敦煌主题皮肤:杨玉环·遇见飞天、瑶·遇见神鹿,在游戏中广受好评。在游戏中,腾讯集团与敦煌研究院还发起"王者荣耀数字供养人计划",吸引玩家关注、走近敦煌并了解传统文化。鉴于此,岩画也可以借助主题游戏进行推广,岩画有着丰富的图案和元素,可以通过生动的故事及游戏场景的设计情节铺陈,展示岩画的相关知识和岩画元素,使更多的人能够了解并认识我国精美的岩画文化遗产。

（二）岩画影像版权。将档案数据库积累的岩画影像、说明文字及背景资料等内容提供于影像授权市场,方便文化创意产业、数字内容产业、教育及研究单位等进行各种附加值应用产品或教材研发,从而创造更高的效益及价值。规划线上影像授权机制,为使用者提供图文并茂及亲和的浏览界面,并结合数字化版权保护机制,加速线上影像授权流程,将岩画影像附加值应用推广至其他领域。

（三）岩画复制品。为满足岩画爱好者收藏的需求,可由权威机构负责品质管控把关,进行岩画实体复制品和拓片的制作,并提供定制的明信片、纪念品等服务,借助数字化输出技术的协助,使原作的精神与视觉效果得以完全重现。

（四）生活用品与装饰品。结合岩画题材开发生活艺术品,如文具、茶具、名片夹、装饰品、领带、丝巾等,将艺术生活化;与网络商业门户合作运营"岩画网络商城",将岩画附加值商品及其衍生商品加以推广。

## 二、数字媒介传播岩画知识

岩画数字化保护不仅对岩画的本体进行科学的保护,还对岩画文献、资料、图片、视频、录音等都进行永久性的保存。在对岩画保护和传承的过程中,需要进行广泛的宣传科普,培养专业团队,可以提高数字化传播水平,数字媒介以短视频、推文的形式快速传播岩画科普知识。此外,有针对性地开设岩画主题教育,有利于提升人们的整体认识,提高人们的岩画保护意识。

（一）培养数字化专业团队

数字化媒体可以将信息以最快最便捷的方式传播,覆盖大量的网络人群。将岩画资源进行筛选、处理和制作,以科普知识、图片释义、故事揭秘等形式,最终形成短视频、推文等方式在各网络平台发送,这一系列工作需要专业的数字技术人才和数字传播团队,生动形象地展示岩画的独特魅力,激发广大网友的好奇心,从而提升岩画影响力。

1. 数字技术专业人才。岩画文化遗产的数字化保护和传承是一项重大工程,需要使用专业的仪器对数量庞大的岩画进行数据信息采集,对采集的数据进行处理,再建设岩画资料数据库,然后对后期的数据库以及各个平台进行管理。这项大工程需要大批专业人才并投入大量时间,由此,需要培养一批专业的数字技术人才,才能更好地开展岩画数字化保护工作,提高数字化保护水准。

2. 数字化传播专业团队。岩画文化遗产是全人类共同的精神财富。岩画的保护和传承工作不仅关系学术界,还需要每个人的关注与努力。一种顺应时代潮流的传播方式,能促进人们对于岩画的认知。在岩画的视频制作、推文编撰、推广宣传、平台运营等方面,需要专业的团队进行运作,并且长期维护更新。数字媒体的传播可以提升大家对岩画整体认识,从而达到岩画文化遗产的宣传和保护工作。

（二）数字传播媒介

岩画知识的获取除了以传统的书本形式展现,我们还可以将岩画知识、岩画图片、视频等岩画资源以数字化的形式进行多渠道传播,以推文、短视频等形式推广,内容可以涉及岩画文化遗产知识、岩画保护、岩画的地域区别、岩画的释义等多方面。以这种全网覆盖的方式进行传播,即能提升岩画的影响力。

1. 短视频。近年来,抖音、快手等短视频平台已经成为多数网民的娱乐方式,短视频平台拥有大量的网民群体,具有极大的潜力。一些安全知识、防诈骗知识、文章解说等系列都在短视频平台深深扎根,得到网民的大量关注,作为一种需要被大众了解和保护的文化遗产,岩画需要迎合当代主流的传播方式,揭开岩画的神秘面纱,呼吁大家关注岩画,保护和传承岩画文化。

2. 微博,小红书。微博、小红书等平台拥有大量的用户群体,平台内容涉猎广泛,在岩画文化遗产的相关知识更新较少,知识呈现碎片化。岩画要进行宣传和传承,就要提升自身影响力与曝光度,因此,可以定期更新一些岩画的推文,或与岩画知名专家、知名博主进行合作,让岩画文化遗产进入大众视野,提升岩画文化遗产的曝光度。

3. 官方微信公众号。现有的岩画微信公众号多是以营利为目的的私人号,更新过于缓慢。建立岩画官方微信公众号,可以发布岩画界的最新动态,定期更新岩画知识,也为促进岩画的交流互动提供一个权威的官方平台。

(三)岩画主题教育

岩画知识的普及是岩画文化遗产保护和传承的重要一环。可以通过数字化方式,更生动便捷地开展科普教育;可以利用学校多媒体报告厅对大中小学学生适当开展教育课程;也可以利用岩画资源开展文化讲座、线上课程等;在社区或公园竖立媒体展示台进行图文解说、开设社区文化课堂等;对社区和当地居民进行科普教育,避免造成对岩画知识匮乏而造成岩画本体损坏等情况,并鼓励群众投身岩画文化遗产的保护中。

1. "微课堂"科普,学习岩画知识。通过"微课堂"平台上传岩画学习视频,如"五分钟带你感受岩画魅力""走进史前艺术之旅"等5至10分钟时长的微课堂;或将理论知识通过图文并茂的形式在平台推送。学生可以利用碎片化时间,进行岩画科普学习,由此提升岩画的影响力。

2. 社区数字化教育,弘扬传统文化。社区数字化教育以数据库丰富的岩画资源为依托,经过整合处理生成数字化视音频、多媒体教学软件、岩画在线学习网站等,相对于传统学习方式,数字化学习可以打破时间和空间的限制,实现随时随地学习岩画知识,使社区居民可以更便捷高效地学习岩画知识和岩画保护办法。呼吁当地居民和社区居民关注并保护岩画遗产。社区的数字化教育科普,有利于岩画文化遗产的保护与传承,从而弘扬传统文化。

在数字文明新时代的背景下,岩画文化遗产的数字化保护是新时代增强文化自信的必然要求。通过传统的保护手段与数字人文相结合,让岩画以数字化的形态进入大众视野,让人们了解中华民族的千年文化瑰宝——岩画文化遗产。通过构建系统的岩画档案数据库，不仅可以对我国珍贵岩画资源进行高效的保护，还可以对该数据库资源合理开发与利用；发掘岩画文化遗产的附加值，在提升经济效益的同时，提升岩画文化的传播力与影响力；通过科学严谨的数字化手段，积极促进新时代岩画文化发展与传播，使我国的岩画文化遗产真正地"活起来"！

# 结　　语

中国岩画文化遗产经过几十年的发展，在岩画田野调查及保护与研究方面已经取得了非常显著的成绩，总体发展情况良好。特别是随着近年来数字技术的不断推广与应用，无人机航拍、数字识别、3D 技术、VR 技术、AI 识别等数字技术与理念不断运用到岩画的研究与保护之中，使得中国岩画在数字时代有了全新的发展。同时，新兴的数字技术在世界范围内风起云涌，本书力图让数字科技与岩画文化遗产保护相互融合，借助数字媒介和人工智能，多维度探索中华早期文明传承与互鉴。

本书名为《岩画文化遗产保护与数字人文》，在对世界岩画、中国岩画、中国各省岩画进行介绍的基础上，重点对中国北方岩画特别是宁夏、内蒙古岩画进行了较为详细的阐述，并通过多个章节从岩画文化遗产数字人文保护新模式、新方法方面系统论述了岩画文化遗产保护面临的新形势、新挑战、新功能、新路径，进一步对岩画文化遗产的影像技术保护、实体技术保护、档案技术保护、法治保护、数字技术保护及利用趋势等进行了详细的探讨，同时以贺兰山岩画、大麦地岩画、阴山岩画为研究对象，就岩画档案的数字化保护进行了研究，提出了岩画档案数据库建设及数字化保护的实现路径。最后，通过《岩画图形文字符号数字模糊识别研究》《黑龙江流域人面像岩画类型及数字化研究》《中国岩画断代现状及发展趋势》《数字方法在岩画田野调查的应用》《岩画文化遗产数据库建设与开发利用》等研究专题，从不同研究方向对岩画文化遗产与数字人文理念、技术的结合进行了研究与探讨，并提出了相应的对策建议。

中国岩画文化遗产的研究与保护还有很大的发展空间，还有更漫长的路要走,如何切实保护好这一不可再生的历史文化遗产是每一名中国岩画人的责任。本书以数字人文这一崭新视角,对岩画文化遗产的保护研究进行了较为深入的探讨,是一次有意义的尝试,希望能够起到抛砖引玉的作用,吸引更多专家学者、社会公众投身到中国岩画文化遗产的保护研究之中,进而推动中国岩画的全面发展。

# 后　记

　　岩画文化遗产是早期人类文化的典型代表,蕴含着丰富的古代人类文明信息。岩画文化遗产广泛分散在森林草原、峡谷崖壁,仅依靠传统手段进行保护与研究难度较大,充分利用数字人文技术,对岩画文化遗产进行保护与研究,让岩画文化遗产以数字形态安全、便捷地进入公众视野,在更开放的实体和虚拟空间可持续地发挥文化普及与交流功能,推出系列成果,构建岩画数据库、数字博物馆,探索人类文明起源,实现岩画文化遗产"活起来"。

　　为此,项目组成员深入中国北方各省区进行持续的岩画田野调查,在搜集整理大量数据资料的基础上,经过不懈研究和探索,最终成书《岩画文化遗产保护与数字人文》。本书为国家社会科学基金重大项目"中国北方岩画文化遗产资料集成及数据库建设(18ZDA328)"的阶段性成果,同时为北方民族大学国家民委西北少数民族社会发展基地成果。由项目首席专家束锡红教授总策划,确定选题、写作提纲及总体思路,并具体负责实施、组织课题调研,协调课题进度。各章具体撰写人如下:绪论由束锡红撰写;第一编由夏亮亮撰写;第二编由夏亮亮、束锡红撰写;第三编由束锡红、夏亮亮撰写;第四编第八章由张亚莎撰写,第九章由束锡红、潘光繁撰写,第十章由叶毅撰写,第十一章由束锡红、聂君撰写;第五编第十二章由束锡红、聂君、冯艺飞撰写,第十三章由朱利峰、王阳撰写,第十四章由潘晓撰写,第十五章由夏亮亮撰写,第十六章由朱利峰、吴素云撰写;全书最后由束锡红、夏亮亮统稿和定稿。

　　本书从调查研究到付梓出版,凝结了许多人的心智和热情,在调查和研究过程中,我们得到了宁夏岩画研究中心及贺兰山岩画管理处等部门的大力支持和帮助。在这里对于给予过我们支持和帮助的人们表示最衷心的感谢！

　　由于中国北方岩画涉及地域广泛、时间久远等多种因素，我们拍摄和采集到的数据资料仍有所局限，给本书的成稿带来了一定的困难，但我们最终还是以极其认真负责的态度完成了本书的写作，受各种复杂条件的限制，加之我们在客观条件和学术视野等方面的局限性，有些内容和观点尚有不足之处。对于书中欠妥、错误之处，我们恳请广大读者和同行予以批评指正，以便我们在今后的研究中进一步修改和完善。

**图书在版编目(CIP)数据**

岩画文化遗产保护与数字人文 / 束锡红,夏亮亮著
. —上海:上海古籍出版社,2022.11
ISBN 978-7-5732-0462-2

Ⅰ.①岩… Ⅱ.①束… ②夏… Ⅲ.①数字技术-应
用-岩画-文物保护-研究-中国 Ⅳ.①K879.424-39

中国版本图书馆 CIP 数据核字(2022)第 189060 号

**岩画文化遗产保护与数字人文**

束锡红　夏亮亮　著

上海古籍出版社出版发行

(上海市闵行区号景路 159 弄 1-5 号 A 座 5F　邮政编码 201101)

(1) 网址:www.guji.com.cn

(2) E-mail:guji1@guji.com.cn

(3) 易文网网址:www.ewen.co

上海盛通时代印刷有限公司印刷

开本 700×1000　1/16　印张 24　插页 2　字数 368,000

2022 年 11 月第 1 版　2022 年 11 月第 1 次印刷

ISBN 978-7-5732-0462-2

K·3274　定价:108.00 元

如有质量问题,请与承印公司联系